日本型公教育の再検討

目　次

日本型公教育の再検討

自由、保障、責任から考える

大桃敏行
背戸博史【編】

岩波書店

序章　日本型公教育の再検討の課題

大桃敏行

一　日本型公教育のとらえ方と公教育概念の多様性

本書における日本型公教育のとらえ方

公教育のあり方が問われている。公教育の私事化や市場化の観点から教育改革を批判的に検討する論文や図書は、ずいぶん前から多く出されている。これに加えて今日では、公教育の対象や境界を問う論考が増えている。不登校児童生徒数の増加と高水準での推移、外国につながりのある子どもたちの増加、それらと関わって多様な教育機会の確保の要請、さらには格差・貧困問題が深刻化するなかでの学習塾に対する認識の変化などをその背景にとらえることができよう。このような状況のなかで、本書は日本における一条校を核とした教育保障の仕組みを「日本型公教育」としてとらえ、その揺らぎや再編課題を考察しようとするものである。

日本国憲法は教育を受ける権利を国民の基本権の一つに位置づけている。この権利の保障において中核的役割を担ってきたのが一条校、つまり学校教育法第一条に定められた学校である。一条校は学校教育法制定当初は小学校、中学校、高等学校、大学、盲学校、聾学校、養護学校と幼稚園であった。その後の法改正により高等専門学校、中等教育学校、義務教育学校が加わるとともに(1)、盲学校、聾学校、養護学校は特別支援学校となった。ちなみに、短期大学と大学院は大学に含まれる。これらの一条校は日本の教育施設において特別の位置づけがなされてきた。

設置者については、一条校は「公の性質」を有するものとされ、若干の例外はあるが国と地方公共団体と学校法人に限定されてきた。教育を受ける権利の保障のために就学義務制が採用されているが、この義務の履行は一条校に限定され、就学義務の不履行に対しては罰則規定が設けられている。市区町村には小学校と中学校(義務教育学校の設置で代えること可)を、都道府県には特別支援学校を設置することが義務づけられ、さらに市区町村には経済的理由によって就学困難と認められる学齢児童生徒の保護者に必要な援助を行うことが定められている。また、義務教育段階の一条校では、国立と公立では授業料が不徴収とされ、教科書は国公私立を問わず無償で給与されている。

このように一条校での教育保障の仕組みが整えられるとともに、一条校の教育を担う教員については、その資格が国の法令で細かく定められ、全国どこでも学校の種類と教科によって同じ免許状を有する教員が配置されてきた。教育の内容に関しては、国の定めた学習指導要領にもとづき教科書が作成され、作成された教科書は国の検定を受け、各学校では若干の例外はあるがこの検定教科書か文部科学省が著作の名義を有する教科書の使用が義務づけられてきた。このような制度整備を通じて、全国のどこにいても同じ免許状を有する教員によってほぼ同じ内容の教育を保障すること、つまり「普遍的で共通の教育」の保障がめざされてきたのである(大桃 二〇〇五、四四四―四四五頁、大桃 二〇一四、八―九頁)。

前述のように本書はこの一条校を核とした教育保障の仕組みを日本型公教育としてとらえることとするが、日本型公教育は以上のように国や地方公共団体の存在を前提として成立する公教育となる。このような公教育理解は、教育学の事典などに掲げられている公教育の定義でも示されてきた。たとえば、市川昭午は制度的(実態的)概念としての公教育を「狭義に解する場合には国や地方自治体など公共団体が設置し、管理運営に責任を負い、費用を負担する教育施設による公設、公営、公費の教育、とくに国立および公立の学校教育をさす」とするとともに、「わが国では学校教育法第一条に規定される学校の教育は私立学校を含めて広義に解するのが一般的である」と指摘している（『比較教育学事典』二〇一二、一五七頁）。本書の日本型公教育の定義も学校法人の設置した学校、つまり私立学校を上述のように含めている。

また、しばらく前になるが、真野宮雄は公教育を「公共的な性格をもつ教育であって、今日では法律上、国または地方公共団体などによって管理される教育」と定義するとともに、日本の公教育を次の三つに分けている。①「国または地方公共団体によって直接設置され管理される学校の教育」（一条校のうち国立・公立学校における教育）、②「公共的機関の直接的な管理の対象となる教育」（私立学校の教育を含めた一条校における教育）、③「公共的機関の直接的あるいは間接的な管理の対象となる教育」（一条校における教育はもとより、各種学校・専修学校の教育やさらに社会教育など、さまざまな管理形態や管理作用によって公的に営まれる教育）である（『新版　現代学校教育大事典』第三巻、二〇〇二、一六頁）。②は本書の定義にそのまま当てはまる。③については、本書は各種学校や専修学校などを公教育の枠組みから外そうとするものではないが、主対象を一条校とし、これらの学校は関連する箇所でのみ取り上げることとする。ただし、社会教育については、後述する理由で検討対象に含めることにしたい。

公教育概念の多様性

本書はこのように日本型公教育をとらえるが、市川や真野も指摘しているように、公教育の概念は多様であり、たとえば私立学校の教育を公教育の枠に入れるかどうかは国によって異なる。さらに歴史的にみれば、より多様な公教育概念が指摘されているが、ここでは次の二点を確認しておきたい。

一つ目は、以上のような国家を前提としたものとは異なる公教育の考え方が示されてきたことである。いまから六〇年も前になるが、一九六〇年に日本教育学会は「公教育の本質をどのようにとらえるか」と題する共同討議を行っている。この共同討議への補説で、西洋教育史を専門とする梅根悟はイギリスのパブリック・スクールに言及し、それを「〝公教育〟概念のヨーロッパ的伝統の本流を示しているものではないか」と述べている。イギリスのパブリック・スクールはその創設が一四、一五世紀にさかのぼり、梅根によれば「財政的にも、監督行政的にも全く国家権力や地方行政当局とは無関係であった学校」である。「この public school という概念は明かに、貴族や大ブルジョアの宮廷や私廷の中に設けられた非公開の学校に対して、誰でもが自由に入ることのできる公開学校を意味」し、「それを誰が設立し、管理していようと、そのようなことは公私の別とは無関係であった」とされている(梅根 一九六〇、二七二、二七四頁)。公教育の「公」の概念の、開かれたもの(open)としての把握である。

後に、越智康詞は公教育の定義を示すにあたって「公」概念の歴史的展開に言及し、「元来、「公」public という概念は「秘」secret の対概念であり、誰もが参加でき、誰に対してもそれが開放されているという性質を指し示すものであった」との説明を行っている。それが「「公」は大衆の福祉を掲げて国家が担う」ものとなると、「「公」の対概念は、「秘」から「私」private へと変化した」とされる(『教育思想事典』二〇〇〇、二六六頁)。この開かれたものとしての「公」の理解は、梅根の指摘と重なるものがある。

二つ目は、国家によって学校制度が整備される段階にあっても、多様な制度モデルが存在したことである。アメリカではパブリック・スクールはコモン・スクールとも呼ばれ、制度整備が進められた。一九世紀前半にマサチューセッツ州の初代教育長を務めたホレス・マンによれば、コモン・スクールは「コミュニティ全体の子どもたちが通うことのできる学校」であり、「貧困者リストにある者を除き、すべての人がこれらの学校の維持のために課税される」ものであった(Massachusetts Board of Education 1849, p. 117、大桃 二〇〇四、八三頁)。開かれたものであるとともに、コミュニティの子どもたちに共通のもの(common)であり、税負担により維持されるものとしての学校の構想である。さらに、マンの時代には州立の教員養成機関の整備も進められた。公共性論の研究者で教育研究の領域でも引用されることの多い齋藤純一は、公共性を「国家に関する公的な(official)もの」「特定の誰かにではなく、すべての人びとに関係する共通のもの(common)」「誰に対しても開かれている(open)」という三つの意味で説明している(齋藤 二〇〇〇、viii–xi頁)。一九世紀のマンの段階で、この三つの意味を含んだ学校制度構想がすでに存在していたものと理解できる。

しかし、一九世紀前半のアメリカでは四つの組織モデルが競合していたことが、これもかなり前に指摘されていた。マイケル・カッツによるものであり、父権的任意制、民主的地方分権制、企業的任意制、初期官僚制の四つである。詳細は省くが、父権的任意制は一流市民の無償の貢献によるもの、民主的地方分権制は伝統的な住民自治によるもの、企業的任意制は理事会により運営され寄付金や授業料により賄われるもの、初期官僚制は前述のマンの構想がここに含まれる(Katz 1971, pp. 3–55／邦訳一九八九、五八—一一四頁)。さらに一九世紀後半になると、以上とは異なる制度構想がカトリックによって示された。コモン・スクールのプロテスタント的性格を批判するカトリックにとって、その教育は決してコモンたりえない。カトリックが提起したのは多様性と学校選択の自由を原理とする公費支援の制度であり、設置主体の公私の区分、宗派非宗派の区分を超えた学校間競争と結果に応じた公費支出が求められた(大桃 二〇〇〇、二五一—二六四頁)。共通性の強制よりも多様な価値の存在承認、選択と競争の制度構想は、今日の公教育批判に通じるところがある。

以上の検討が示唆するものは、歴史的にみれば、今日の公教育は当然のことながら絶対的なものではなく、その変容あるいはそこからの離脱は、公教育の崩壊としてよりも、次の公教育の形態の模索としてとらえ得ることであろう。このことは、変容の実態の把握とともに、その再編課題の考察の必要性を示すものでもある。

二　日本型公教育の揺らぎあるいは境界の不鮮明化

それでは、日本型公教育にはどのような変容あるいは揺らぎが生じ、どのような再検討が求められているのか。まず一条校の設置主体については、構造改革特別区域に限られてはいるが国と地方公共団体と学校法人という規制の壁が破られ、株式会社やＮＰＯの参入が認められた。地方公共団体の設置する学校にあっても運営を民間に委ねる公設民営校が出てきている。一条校の教育を担う教員については特別免許状や特別非常勤講師の制度が設けられ、とくに近年、教員への多様な人材の採用が行われている。加えて、教育改善に向けて民間の営利・非営利組織との連携が進められ、多様なアクターが一条校の教育に関わるようになった。「社会に開かれた教育課程」の編成が改革の指針として示されるなかで、このような傾向はいっそう進むものと考えられる。「公の性質」を有する一条校の設置を国と地方公共団体と学校法人に限定し、大学で専門的養成を受けた教員がその教育をもっぱら担うという、日本型公教育の基本部分が緩みかけている、あるいは緩んできている。

本章の最初に示した不登校児童生徒数の増加と高水準での推移は、一条校での教育保障という日本型公教育の基本理念そのものの揺らぎを示すものであり、多様な場での学びの正当化の要請がなされている。また、外国につながりのある子どもたちの増加と多様化、これらの子どもたちへの教育保障の問題は、国民への教育保障という国民国家の公教育概念の根本的な再検討と関わるものである。多様な学びの場の承認、多様な個別の教育ニーズへの対応の要請は、「普遍的で共通の教育」の保障という理念との折り合いをどうつけるのかという困難な課題を突きつけるものでもある。公教育の公共性の一つの柱であるコモンの内容をどう組み替えていくのかが問われているともいえよう。

一条校と学習塾や予備校との関係も大きく変わってきた。塾や予備校は受験競争を煽るものとして批判的にとらえられることが多かったが、今日では学力向上やそのための教員の指導力アップに向けて、塾の講師が公立学校で講座を開くことが行われている。また、格差・貧困問題が深刻化するなかで、学習塾などの提供する「有償の教育機会」を含めた教育の平等保障の検討が課題となり、実際に「有償の教育機会」への公費支援が多くみられるようになった。政府が関わるオフィシャルな活動を「公」、民間組織のとくに営利追求に関わる活動を「私」とする区分はかつてのものとなりつつある。

公私の区分の不鮮明化は、一条校と家庭や地域社会との関係にも生じている。保護者・住民の学校経営への参加の制度化や、学校と地域・家庭との協働を求める施策により、保護者や住民の公教育の担い手としての取り込みが図られる一方で、学校による家庭教育支援を通じて公教育規範の家庭への浸透が進んでいる。これらは公教育における学校と家庭の壁の低下、公と私の不分明化を促すものでもある。このようななかで、行政の家庭教育支援に対して、国家による私的領域である家庭への干渉の観点から批判が出されているが、子どもの教育に対する親の責任はどのようにとらえられてきたのか、この点からの公私の抜本的な再検討がまた課題になっている。

さらに、格差・貧困問題が深刻化するなかでの学習支援・家庭教育支援施策の展開は、教育と福祉の境界領域の不鮮明化を加速させ、社会教育が学校と家庭の間に介在する多様な学びを掌握するなかで、民間の営利・非営利を含めた多様なアクターの活動が連携と競合の両要素を内在させながら展開されている。日本型公教育の境界の不鮮明化と関わって、教育と福祉の関係、学校教育と社会教育の関係の再定位もまた課題になっているのである。

三　日本型公教育の再検討の視点と本書の構成

本書の日本型公教育の再検討の視点と対象

以上の日本型公教育の変動は、国家規制からの自由の拡大によるところが多い。一条校の設置への株式会社やNPOの参入認可も、一条校の教員への多様な人材の採用も、国家規制の緩和による自由の拡大としてとらえることができる。一条校の教育の仕組みに合わない子どもたちへの多様な学びの場の承認の要請も、国家規制の緩和による自由の拡大を求めるものであるし、アメリカのように日本でもホームスクールを認めるとなると、就学義務制による親の教育の自由への制約がかなり緩和される可能性がある。

しかし、国家規制からの自由の拡大は、公教育が担ってきた国家による自由、つまり国家が担う公教育を通じての自律的市民の育成と関わって検証されるべきものとなろう。近代公教育は多様な要因により成立するが、その一つに公教育による自由な市民の育成の要請があった。義務教育制度の導入は、親の教育をしない自由からの子どもの救済、そのための公権力介入といった側面だけではない。ときには親の教育の自由を制約してでも、教育の専門家を配置した学校ですべての子どもたちに教育を保障することの要請があった（大桃 二〇〇〇、一九三―一九五、二四〇―二四三、二五九―二六四頁）。規制緩和による自由の拡大のなかで、どのような教育をどのようにして保障するのか、そして誰がその責任を負うのかが問われることになる。

このことは外国につながりのある子どもたちへの教育保障において、より複雑な課題を提起する。内なるグローバル化が進む現代社会にあって、多様なアイデンティティの育成の権利を認めたうえで、それに国家がどう関わるのか。坂田仰が指摘するように、教育の権利には「国家の干渉を否定し、私人が自己の価値観に基づいて保護下にある子どもを教育することを主張する自由権的側面」と、「その遂行に関して国家の積極的なサポートを要求する社会権的側面」が存在する(坂田 二〇〇九、二八頁)。後者の権利保障が公教育のコモンの要請と重なるとき、多様性を制約する契機が生じる。ちなみに、今日の教育機会の確保をめぐる議論において、フリースクールなどを就学義務の履行対象とする施策が進まないのは、一条校と同様の教育保障がフリースクールなどでなされ得るのかという懸念だけでなく、フリースクールなどの側にあっても自由の制約への危惧があるのであろう。

自由と保障と責任の問題は、学校と家庭・地域との関係の再編についてもいえよう。学校運営における自由の拡大、つまり「学校の自律性の確立」が教育改革の標語の一つとなり、あわせて保護者や住民の学校運営への参加の制度化が図られた。二〇〇四年に創設された学校運営協議会制度は、日本で初めて保護者や住民が権限をもって学校運営に参加することを認めるものであった。当時、「これまでの形式において正当化されてきた代議制における公共性」ではなく、「実体としての公主体によるより直接的な公共性が実現される制度的な措置が必要」とされ、子どもや保護者、地域住民の学校経営への参加が「学校の自律性確立にとっての制度的な保証措置となる」ともされた(堀内 二〇〇六、八―九頁)。しかし、日本においてイギリス流の学校理事会制度は根づかず、保護者は住民とともに「支援」や「協働」の名の下で公教育の担い手に組み込まれる一方で、子の教育に対する親の第一義的責任が主張されることになった。このようななかで、教育保障における責任の所在とあり方を学校段階でもどのように位置づけていくのか。

オフィシャルでコモンでオープンなものとしての公教育で、政府の役割、コモンの内容、対象への開かれ方がそれぞれ関係しあいながら問われている。日本型公教育についての以上のような理解のもとに、本書はその変容の動態と再編課題を自由と保障と責任を手掛かりに検討することとした。あわせて、一条校を主対象としつつも、それと家庭や地域、福祉や社会教育との関係も含めて考察することとする。また、この考察において、公教育の供給主体の多様化、就学義務の相対化(ホームスクールの承認)、教育保障の面で福祉と教育の連携などが進むアメリカとの比較の視点を入れることにより、日本型公教育の変容と課題をより鮮明に描き出せればと考えている。

なお、本書は高等教育段階を対象としていない。一条校のなかでも構成原理がかなり異なることと、執筆者たちの専門領域による。ご容赦願いたい。

本書の構成

本書は二部構成をとっている。

第Ⅰ部は一条校に焦点をあてる。まず、第一章は一条校の設置者と教育の担い手の多様化の動態を、一条校と学習塾との関係の変化を含めて検討し、規制改革のなかでの教育保障に向けたアカウンタビリティ施策の日本的特徴を考察する。第二章は今日の公教育の核ともいえる就学義務制に焦点をあて、日本の義務教育制度の特徴を整理するとともに、アメリカのホームスクールの制度とそれに関する議論を手掛かりに、親の教育の自由と国家の公教育責任の観点から就学義務制の再検討を行う。第三章は内なるグローバル化が進むなかで、外国につながりのある子どもたちへの教育保障をとりあげ、アメリカのバイリンガル教育との比較の視点を含めて日本の政策展開を考察する。日本型公教育は一条校内での教育保障に比して、いったん学校を離れた子どもたちへの教育保障の仕組みが薄い。アメリカではハイスクールの退学者などに多層的なオルタナティブ教育を整備している都市がある。第四章ではアメリカのオルタナティブ教育を参照軸に、教育の平等保障、公教育の責任の観点から公教育の射程の再検討を行う。第一章から第四章までは初等中等教育段階を主対象とするが、第Ⅰ部の最後の第五章は就学前教育・保育に焦点をあてる。施設形態についても、設置者についても、就学前教育・保育はここ一〇年で最も改革が行われた領域であり、二〇一九年より無償化も始まった。供給主体の多様化を中心に改革の課題と可能性を考察する。

第Ⅱ部は一条校と家庭や地域との関係を対象とする。まず、第六章は学校経営に焦点をあて、保護者や地域住民の参加の制度化、連携と協働の政策展開、他職種との連携や協働に伴う学校や教員の専門性の変化について検討し、保護者や住民を取り込みながら展開する教育改革の課題を考察する。第七章は一条校と家庭の教育責任の変容を対象とし、学校と家庭の役割分担論などを経て親の第一義的責任論に至る戦後の政策展開をたどりながら、教育保障と教育責任の問題を考察する。第八章は教育と児童福祉との関係に注目し、分析の視点や政策展開を整理するとともに、アメリカとの比較の視点を含めて教育と児童福祉の交錯について考察する。本書の最終章である第九章は日本型公教育の一翼としての社会教育を取りあげる。戦後改革で人々の自発的な学習の公的支援を本旨としてスタートした社会教育は、生涯学習概念の登場による変容を経て、今日では一条校に接近し関係を深めている。第九章はこの変化の過程をたどるとともに、社会教育の観点から日本型公教育の再編課題を自由と保障と責任の観点から考察し、本書のまとめとする。

注

(1) 高等専門学校は中学校から接続する五年制(商船に関する学科は五年六月)の学校、中等教育学校は小学校から接続する六年制の学校、義務教育学校は小学校課程と中学校課程を合わせた九年制の学校で、それぞれ一九六一年、一九九八年、二〇一五年の学校教育法の改正により創設された。

参考文献

市川昭午　二〇一二、「公教育」日本比較教育学会編『比較教育学事典』東信堂。

梅根悟　一九六〇、「補説——ヨーロッパ的公教育思想についての若干の補説」日本教育学会『教育学研究』第二七巻第四号。

大桃敏行　二〇〇〇、『教育行政の専門化と参加・選択の自由——一九世紀後半米国連邦段階における教育改革論議』風間書房。

大桃敏行　二〇〇四、「T・ジェファソンの教育法案等とH・マンの教育長報告書における‘public’‘common’‘private’」大桃敏行(研究代表者)『多元文化国家米国における学校の公共性論議に関する史的研究』(科学研究費補助金研究成果報告書)。
大桃敏行 二〇〇五、「地方分権改革と義務教育——危機と多様性保障の前提」日本教育学会『教育学研究』第七二巻第四号。
大桃敏行 二〇一四、「公教育システムの改革と自治体発のカリキュラム改革」大桃敏行・押田貴久編著『教育現場に革新をもたらす自治体発カリキュラム改革』学事出版。
越智康詞 二〇〇〇、「公教育」教育思想史学会編『教育思想事典』勁草書房。
齋藤純一 二〇〇〇、『思考のフロンティア 公共性』岩波書店。
坂田仰 二〇〇九、「多文化状況の進行と公教育の存在意義——憲法・義務教育制度・国民統合」日本教育制度学会『教育制度学研究』第一六号。
樋口陽一 一九九四、『近代国民国家の憲法構造』東京大学出版会。
堀内孜 二〇〇六、「学校経営の構造転換にとっての評価と参加」『日本教育経営学会紀要』第四八号。
真野宮雄 二〇〇二、「公教育」安彦忠彦ほか編『新版 現代学校教育大事典』第三巻、ぎょうせい。
Katz, Michael B. 1971, *Class, Bureaucracy, and Schools: The Illusion of Educational Change in America*, New York: Praeger Publishers.(M・B・カッツ、藤田英典ほか訳『階級・官僚制と学校——アメリカ教育社会史入門』有信堂高文社、一九八九年)
Massachusetts Board of Education 1849, *Twelfth Annual Report of the Board of Education, Together with the Twelfth Annual Report of the Secretary of the Board*, Boston: Dutton and Wentworth, State Printers(The Horace Mann League Edition 1952).

第Ⅰ部

「一条校」を核とした公教育の揺らぎ

1 学校教育の供給主体の多様化と日本型公教育の変容

大桃敏行

はじめに

国家の存在を前提として成立した近代公教育は、教育保障において国家の責任や役割が強くあらわれる。日本型公教育においても、一条校の設置者は国と地方公共団体とそのお墨つきをもらった学校法人に限定され、一条校の教育を担う教員も国の法律で資格が規制されてきた。それにより、すべての者に開かれた共通の教育の保障がめざされてきた。序章で述べたように、オフィシャルでコモンでオープンな公教育である。

しかし、一条校の設置者についてもその教育の担い手についても変化が生じている。前者は構造改革特区における株式会社とNPOの参入の認可であり、近年にあっては国家戦略特区における公設民営学校の設置である。後者は特別免許状や特別非常勤講師制度による教職への多様な人材の採用だけでなく、民間の営利・非営利組織が一条校の教育実践に関わり、教育の担い手の多様化が進んでいる。かつては公教育と敵対的関係にとらえられることもあった学習塾も、今日ではその講師が一条校で講座を担当したり、学習塾との提携による「官民一体型学校」が生まれたりしている。

これらは広く言えば国家規制からの自由の拡大としてとらえることができようが、それはどのような論理にもとづいて進められたのか。この改革により共通性を重視してきたこれまでの公教育にどのような変容が生じているのか。その変容のなかで、教育保障においてどのような責任体制が組まれ、また新たな公教育への移行に向けてどのような課題が生じているのか。

本章では、一条校の設置主体やその教育の担い手の多様化、他の教育施設との関係の変容に焦点をあて、供給面から日本型公教育の変容の動態と課題を検討する。まず、第一節では一条校の設置主体の多様化、第二節では一条校の教育の担い手の多様化の動態を検討し、第三節ではそれにもとづき日本型公教育の変容について考察する。

一　一条校の設置主体の多様化

一条校の設置主体の限定と教育の公共性の確保

教育基本法第六条第一項は「法律に定める学校は、公の性質を有するものであって、国、地方公共団体及び法律に定める法人のみが、これを設置することができる」と定めている。改正前の同法第六条第一項もほぼ同じ内容であったが、設置主体のところが「国又は地方公共団体の外、法律に定める法人のみが」とされていた。この文言の変更について、「制定時に比して私立学校の果たしている役割が質・量ともに著しく高まっている状況にかんがみ、「私立学校」の条文を新たに設けることに併せて、国、地方公共団体、法律に定める法人の三者を並列的に規定したもの」(教育基本法研究会編 二〇〇七、一〇五頁)と説明されている。ちなみに、改正教育基本法では第八条に私立学校に関する条文が新設された。

文部(科学)省は、この一条校の設置主体を多様化することに対して慎重あるいは強い反対の立場をとってきた。一九八〇年代の臨時教育審議会(以下「臨教審」)では、一条校の設置主体を含めて、徹底した規制の緩和・撤廃を求める意見が出された。教育の自由化論と呼ばれたものである。当時の文部省の立場を示したものに、初等中等教育局が臨教審に提出した一九八五年一月二三日付文書「我が国の初等中等教育」がある。同文書は冒頭で「我が国の学校教育は、過去一世紀余の間に大きな進展を遂げ、なかでも第二次大戦後発足した新しい制度の下において、今日までの四〇年間に著しく普及、発展し、国際的にも高い水準に達している」と記している(文部省 一九八五、五一頁)。

このような戦後制度の評価を基調とする同文書は、教育の機会均等の理念について「単に学校教育を受ける機会の均等の確保だけを意味するのではなく、受けるべき教育内容についてもその均質性、同質性を保障することが大切である」とし、「全国的に一定の教育水準が確保され、児童・生徒が全国どこでも同水準の教育を受け得るよう機会が保障されていることが公教育の使命である」と述べている。全国どこでも同じ教育、つまり「普遍的で共通の教育」の保障が公教育の使命とされたのである。そして、この公教育を担う学校の設置者については、「誰でも自由に設立できるようにするとすれば、教育水準の維持向上について問題が生じるほか、営利のみを目的とする学校が設立されたり、経営基盤の脆弱な学校が設立されるなど、学校教育の公共性や継続性を確保できないおそれがある」とされ、「今後、規制の緩和については、学校の公共性、継続性、安定性が損われない範囲内で検討される必要があると考える」とされた(同、五二、五五―五六頁)。

同様の見解は、小泉政権期の構造改革特区に関する議論でも示されている。「株式会社等による学校経営の解禁」について、文部科学省(以下「文科省」)は次の考えを示していた。「「公の性質」を有する学校の設置・運営は極めて公共性の高いものであり、また学校教育の非代替性から、学校経営には安定性、継続性が不可欠である。これらを担保する観点から、学校法人以外の者に学校の設置を認めることは、たとえ特区に限った場合であっても不適切であると考える」(総合規制改革会議 二〇〇二、別紙「五 「構造改革特区」制度の適切な実施と早期改善に向けて」一頁)。

このような設置主体の限定による学校の公共性や安定性の確保については、二つの問いが生じる。一つは設置主体の限定が学校教育の公共性を逆に狭めることにならないかであり、もう一つは既存の学校の設置主体が引き続き学校教育の公共性の担い手たりうるのかである。まず、前者からみてみよう。

一条校の設置主体の多様化と多様なニーズへの対応

二〇〇一年四月に設置された総合規制改革会議は、「その基本理念や制度設計等に関する当会議の提言内容が原則全て反映され」たとし、自らが「生みの親」となった形で構造改革特別区域法が成立したと述べていた。翌年一二月に出された同会議の「規制改革の推進に関する第二次答申」は「教育主体の多様化」を打ち出し、「これまでの事前規制による全国一律の画一的な教育システムを変換し、消費者の多様な価値観、ニーズに応え得る豊富な教育サービスを提供し得る事後チェック型のシステムの構築が急務である」とした（総合規制改革会議 二〇〇二、二、一〇二頁）。事前規制から事後規制への転換の要請である。

同答申では、そのためには「教育の主体について、既存の公立学校や学校法人の改革を進めるとともに、外部からの新規参入者の拡大を通じて、主体の多様化を促進し、消費者の選択肢の拡大と主体間の競争的環境を通じた質的向上を図る必要があ」り、「また同時に、教育の質と適正な競争を担保する客観的な仕組みとして情報開示や第三者評価など、事後チェックを支えるシステムを早急に構築する必要がある」とされた（同、一〇二頁）。規制緩和による供給主体の多様化、主体間への競争原理の導入、それによるサービスの質の向上、そしてサービスの質と適正な競争を確保するための事後チェックシステムの構築という、当時の規制改革の基本原理が端的に示されている。

この規制改革の要請について、ここで注目したいのはそれが「消費者の多様な価値観、ニーズ」に応えるためのものとされたことである。出口英樹は構造改革特区での学校設置者の多様化をめぐる議論に、「教育的ニーズを学校教育が満たすという公共性」と、「学校設置者に公の性質を要請することで学校の公の性質を守る公共性」の葛藤を見いだし、それは「教育の公共性、継続性、安定性を重視するあまり、特定の教育的ニーズが犠牲となる可能性が生じることを是とするのか非とするのか、と換言することもできる」と指摘していた(出口 二〇一〇、六一頁)。学校の設置主体の限定による「普遍的で共通の教育」の保障を求める主張と、「価値観の多様化」を前提に規制改革によりそれへの対応を求める主張との対立のなかで、公教育の公共性の内実が問われたのである。

後に貞広斎子は二〇一六年の教育機会確保法について、「同法が今後実質化されれば、共通性に基づいた国民教育的な公共のあり方から、「一定の多様性を含み込む公共」への転換をもたらす契機となる可能性があるといえる」と述べている。ここには、「今般の教育機会確保法は、既存の学校になじめない多様な子どもや、学齢期に十分な教育を受けられずに特別な支援が必要な人も含めて、すべての人が社会的に包摂されて生活するために、その基本となる教育機会の提供について、多様な供給主体や方法を前提として、社会的に整備していくことを確認している」との理解があった(貞広 二〇一八、一六三―一六四頁)。二〇〇〇年代初めの規制改革をめぐる議論と、今日の多様な教育機会確保の議論を、そのままつなげてとらえることは避けなければならないが、公教育の公共性と多様な教育ニーズとの関係設定の課題は共通している。

一条校の設置への株式会社の参入は、当初は大学段階に議論の焦点があてられていたが(桐村 二〇〇七)、二〇〇三年の構造改革特別区域法の改正ではこのような限定はなされず、地域の特性を生かした人材育成その他の特別の事情に対応するための教育や研究について、所定の手続きを経て認められることになった(第一二条)。また、NPO法人による学校の設置は、不登校児童生徒等を対象とした特別の需要に応ずるための教育について、大学と高等専門学校を除き所定の手続きを経て認められることになった(第一三条)。構造改革特区に限られてはいるが、一条校の設置主体の限定の壁に風穴が開けられたのである。

総合規制改革会議の第二次答申が「教育主体の多様化」について「インターナショナル・スクールに関する制度整

備」もあげていたことに触れておきたい。同答申はインターナショナル・スクールの定義を明確化したうえで私立学校に準じた支援措置を検討すべきであるとするとともに、大学や高等学校への入学機会の拡大を求めていた（総合規制改革会議 二〇〇二、一〇四頁）。二〇〇三年の文科省告示の改正で、日本の高等学校に対応する外国の学校の課程と同等の課程を有するものとして、外国の学校教育制度において位置づけられた外国人学校の卒業者に、大学入学資格が認められることになった。インターナショナル・スクールについては明確な法的定義はないが、「我が国に居住する外国人を専ら対象とするもの」は学校教育法第一二四条に規定する専修学校からは除かれるが、同法第一三四条の各種学校として認可を受けたものがある。ちなみに、専修学校については、一九八五年の文部省告示の改正により、専修学校の高等課程で一定の要件を満たす課程の修了者に大学入学資格が、一九九八年の学校教育法の改正により、専修学校の専門課程で一定の要件を満たす課程の修了者に大学編入学資格が認められた。これらは一条校の設置主体の多様化には当たらないが、制度の接続において一条校と他の教育施設との間の壁の低下をもたらすものであった。

一条校の既存の設置主体の課題

それでは、既存の設置者による一条校の状況はどうか。

国立大学附属学校は、国立大学の法人化により設置運営の形態が大きく変わった。各国立大学法人がそれぞれの大学の設置運営にあたることになり、大学経営の効率化が求められるなかで附属学校もそこに位置づけられた点、中期目標・中期計画の制度が国立大学法人にも適用され、附属学校もその評価のサイクルに組み込まれるようになった点である。文科省に設けられた国立大学附属学校に関する有識者会議は、第一期中期目標・中期計画の終盤に第二期の検討に向けて、附属学校の現状と課題をまとめている。そこでは、附属学校は「存在意義が不明確で、大学・学部、さらには地域の教育界の期待に十分応えていないとの指摘がある」とされ、また「附属学校の人件費が附属学校を持つ大学・学部の運営費の相当部分を占め、財政的に当該大学・学部の運営の大きな負担となっている」と述べられていた(文部科学省国立大学附属学校の新たな活用方策等に関する検討会議 二〇〇九、二頁)。

現在でも文科省に有識者会議が設けられ附属学校について検討が行われているが、そこでも厳しい現状認識が示されている。副主査の松木健一委員が示した「問われる国立大学附属学校の存在意義」と題する資料がそうである。同資料は冒頭で「医学部の附属病院が廃止等で取りざたされることはない」のに、「国立の教育学部の附属学校については、縮小や廃止の論議が出てくる」ことを指摘する。そして、教育実習は「公立学校でもやれるのではないか」、研究開発は「附属学校のみに通用する研究ではないか」、地域貢献については「優秀な子どもを集めて行う進学受験校であるならば、あえて国立で行わなくても私学でできるのではないか」など、附属学校への疑義をまとめている。松木は「教員研修学校として機能強化」など改革の方向性を示している(松木 二〇一六)が、国立大学の法人化を経て、附属学校はまさに存続の意義自体が問われてきているのである。

公立学校の設置主体である地方公共団体については、課題対応能力を高めるために平成の大合併が行われたが、依然として財政基盤の弱い自治体が多く、さらに少子化が公立学校運営を直撃している。市町村では学校統廃合や小中一貫教育の導入などが進められているが、ここでは都道府県の設置する高等学校を取り上げたい。生徒数の減少によって各教科・科目等の専門の教員を置けない状況が生じているのであり、生徒の通学距離や校種などから小学校や中学校以上に統合が難しい側面がある。文科省の「多様な学習を支援する高等学校の推進事業」の一つとして、ＩＣＴを用いて小規模校をつなぎ双方向的な遠隔授業を行うものがあり、当該科目を専門とする教員による専門性の高い授業の受講が可能になったり、対話的な授業により他校の生徒の多様な考えや意見を聞くことが可能になったなどの成果が報告されている(岩手県教育委員会 二〇一八、八頁)。

ＩＣＴの利用による学校連携には技術面も含めて依然として多くの課題が指摘されているが、少子化が急速に進む日本にあって、高等学校を地域に残し生徒の多様な進路希望に応える学科や科目を保障していくのに一つの有効な方法となろう。しかし、このような教育の供給方法は、他の設置主体による教育と競合することにもなる。少子化は私学経営をも直撃し、公立学校との競合は以前にも増して厳しい。私立学校のなかにはインターネットを用いた通信教育で全国展開している学校も生まれている(崎谷 二〇一七)。設置主体の規制緩和により、株式会社立学校の設置は一定の進展がみられた。しかし、閉校したものや学校法人立に変わったものがあり、現在、残っている学校の多くが通信制の高等学校である(江川 二〇一六)。学校教育の供給主体の多様化で供給主体間の競争が提起されたが、学校教育の供給方法の多様化も進むなかで、設置主体間の競争が強まっていくことが考えられる。

公設民営学校についても触れておかなければならない。二〇一九年四月に開校した大阪市立水都国際中学校・高等学校は、全国初の公設民営の中高一貫教育校とされ、「先進的なグローバル教育」の実施がめざされている。大阪市が設置し、学校法人大阪ＹＭＣＡが管理運営を行うものであり、国家戦略特区制度による設置である(大阪市立水都国際中学校・高等学校 二〇二〇)。設置者が地方公共団体、管理・運営が学校法人であり、従来の設置主体の枠をこえるものでなく、一条校の供給主体の多様化には当てはまらないが、地方公共団体と学校法人が組むことによって多様化する教育ニーズに応えようとするものである。日本の公教育の原則である学校の設置者管理主義の観点から、設置者である地方公共団体の責任が学校法人のパフォーマンスに対してどのように果たされるのか、多様性を含んだ公共性の保障と関わって問われることになる。

二　一条校の教育の担い手の多様化

一条校の教員への多様な人材の採用

一条校の教育の担い手に関する規制緩和は、一条校の設置者の規制緩和に先立って進められた。臨教審は一九八六年四月の第二次答申で、社会人の活用に向けた特別の免許状制度の創設や、免許状を有しない非常勤講師の特例措置の導入などを提言した（臨教審　一九八六、九三―九六頁）。翌年一二月の教育職員養成審議会の答申で特別免許状や特別非常勤講師制度の創設などが盛り込まれ（教育職員養成審議会　一九八七、六―七、一三頁）、その翌年一二月の教育職員免許法の改正により具体化された。設置者の規制緩和が二一世紀にずれ込みしかも構造改革特区に限定されたのに対して、教員の資格や非常勤講師に関する規制緩和は、臨教審後まもなく特定の区に限定されることもなく実現したのである。

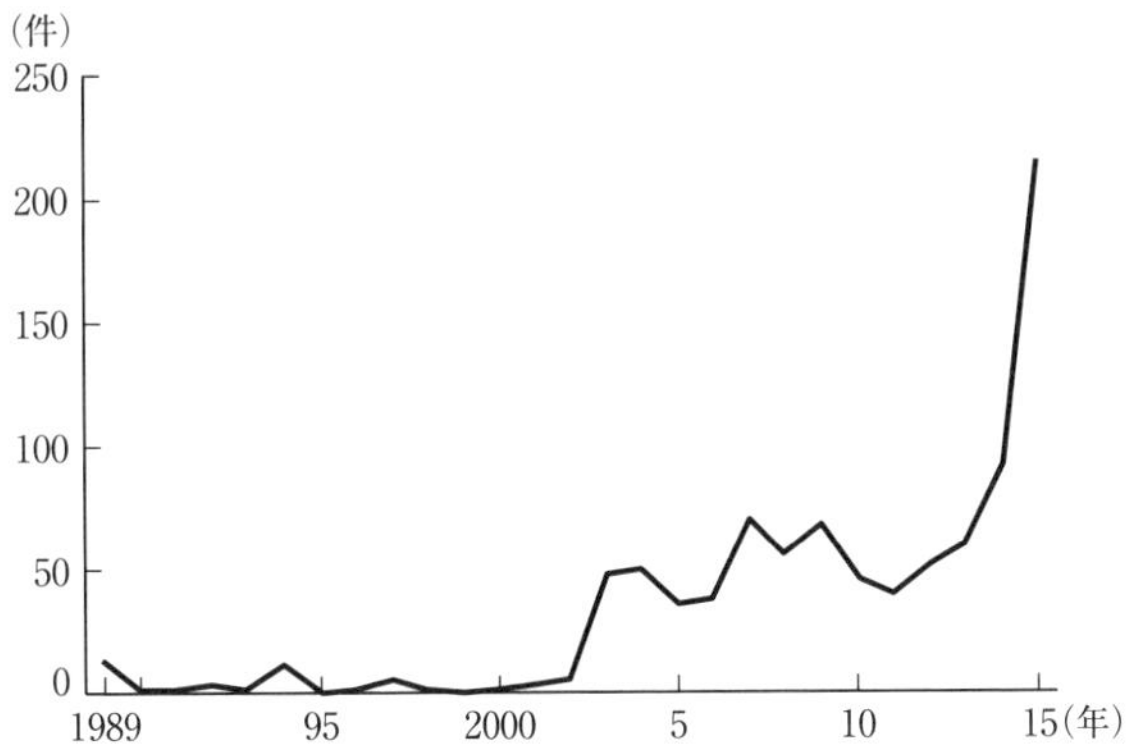

図 1-1　特別免許状授与件数の推移
出典：文部科学省「特別免許状等の活用に関する事例集――多様な教員が活躍する学校をめざして（平成 28 年度）」(2017 年, 3 頁）より作成.

特別免許状は、大学での養成課程の履修を原則とする普通免許状とは異なり、都道府県教育委員会が実施する教育職員検定により授与される教諭の免許状である（教育職員免許法第四条第三項、第五条第三項）。当初はその効力は「三年以上十年以内において都道府県の教育委員会規則で定める期間」とされていたが、何度かの改正を経て、二〇〇九年の免許更新制の導入に伴い有効期限が普通免許状と同じ一〇年になった。

図1―1は特別免許状の授与件数の推移を示している。制度の創設は早いが、ほとんどあるいはまったく授与がなされていない年もあった。二〇〇〇年代に入ると件数が増え始め、二〇一五年に急増するが、これは文科省の働きかけによる。文科省は二〇一三年に都道府県教育委員会に対して特別免許状の授与の促進に向けた依頼

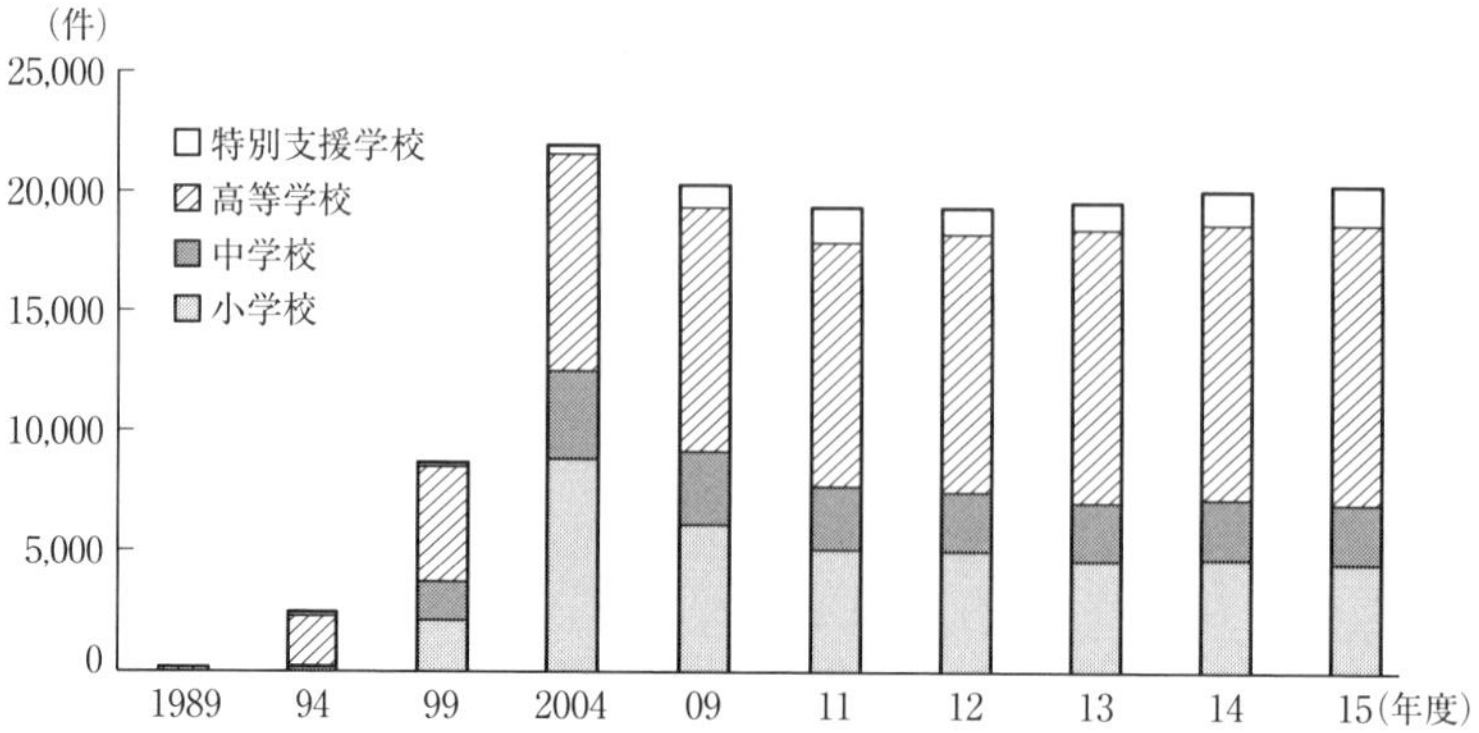

年度	1989	1994	1999	2004	2009	2011	2012	2013	2014	2015
特別支援学校	0	26	99	369	935	1,467	1,090	1,117	1,378	1,613
高等学校	167	2,068	4,803	9,049	10,175	10,168	10,761	11,387	11,458	11,663
中学校	6	232	1,604	3,649	3,038	2,628	2,450	2,425	2,495	2,466
小学校	0	2	2,140	8,881	6,150	5,114	5,057	4,655	4,730	4,559

図 1-2　特別非常勤講師採用件数の推移
出典：文部科学省「特別免許状等の活用に関する事例集――多様な教員が活躍する学校をめざして(平成 28 年度)」(2017 年，13 頁)より作成.

（「平成二四年度教員免許状授与件数等調査及び教員免許制度の適切な運用について」）を行い、翌年六月に「特別免許状の授与に係る教育職員検定等に関する指針」を策定した。特別免許状授与の促進の依頼を行った理由として、利用が進んでいないこととともに、「近年グローバル化に対応した教育環境づくりが喫緊の課題となっている状況」が指摘されていた（「「特別免許状の授与に係る教育職員検定等に関する指針」の策定について」、平成二六年六月一九日）。

特別免許状は「学校教育の多様化への対応や活性化を図ること」が目的として示され、文科省の事例集によれば、外国語（ALT、大学教員、英会話学校講師）や理科（大学教員、民間企業研究員）、自立活動（理学療法士、作業療法士、看護師）、公民（インターナショナル・スクール講師）、保健体育（国体入賞者）、国際バカロレア教育推進のためのグローバル人材育成推進員など、多様な領域で用いられている（文部科学省 二〇一七、一、三、五、一二頁）。

特別非常勤講師は、教員免許状を有しない者を教科等の領域の一部に係る事項の教授や実習に充てる制度である（教育職員免許法第三条の二）。図1－2は特別非常勤講師の採用件数の推移を示している。特別非常勤講師の採用件数も二〇〇〇年代に入る頃から増え、二〇〇四年度には二万人に達し、二〇〇九年度以降はほぼ横ばいである。特別非常勤講師も「学校教育の多様化への対応やその活性化を図ること」が目的とされ、国語（書道家、アナウンサー）、生活（農家）、音楽（和太鼓奏者、音楽療法士）、保健体育（剣道指導者）、クラブ活動（手話通訳者、囲碁・将棋の地域の人材）、総合的な学習の時間（専門学校講師、郷土史家）など、多様な領域で多様な人の採用がみられる（文部科学省 二〇一七、一三頁）。

一条校の教育活動における多様なアクターとの連携

教員への多様な人材の登用、多様な背景をもつ人たちの非常勤講師としての採用が進むなかで、学校の教育活動における民間の営利・非営利組織との連携も行われている。廣谷貴明らが二〇一五年に実施した全国調査によれば、小中学校でＮＰＯとの連携を行っている市区町村は教育課程内活動で一三・五％、教育課程外活動で八・三％、企業との連携は教育課程内活動で一九・七％、教育課程外活動で五・四％とされている。教育課程内活動については、ＮＰＯとの連携では環境教育やキャリア教育、企業との連携ではキャリア教育や理科教育に関するものが多く、教育課程外活動については、ＮＰＯとの連携では放課後学習やスポーツ、企業との連携ではキャリア教育に関するものが多いと報告されている（廣谷・藤井・青木 二〇一八）。

実際にＮＰＯや企業、そして地域の人たちとの連携は多様な形態で、多様な内容をもって展開されている。島根県の高校魅力化プロジェクトが地域・教育の魅力化を掲げる一般財団法人や、課題解決型学習に取り組んでいるＮＰＯとの連携のもとで進められてきたことはよく知られている（地域・教育魅力化プラットフォーム編 二〇一九、諏訪 二〇一八）。財団の共同代表が県教育委員会の教育魅力化特命官を務め、ＮＰＯが学校と地域をつなぐコーディネーターを派遣し、教育委員会は「県立高校魅力化ビジョン」を作成し「全ての高校において、市町村、大学、社会教育機関、地元企業等と連携し、地域等を題材とした課題解決型学習〔括弧内略〕を行う」ことを打ち出している（島根県教育委員会 二〇一九、七頁）。また、震災で大きな被害を受けた岩手県大槌町は、教育課程特例校制度を用いて独自科目の「ふるさと科」を設けた。この施策の策定に各学校の教員はもとより地域コーディネーター、漁協や農協、郷土芸能の伝承組織など多くの人が参加し、その実施においても多様な人たちが関わっていることが報告されている（村上 二〇一五、大槌町教育委員会 二〇一六）。

教育課程外活動を含めると、放課後学習や土曜活動など多様な展開がみられる。たとえば、茨城県牛久市は「学習活動の支援を行うことにより、児童生徒の基礎学力の向上及び学習習慣の定着を図ることを目的」に「うしく放課後カッパ塾」を開いている。参加費は無料、場所は小中学校で、学習指導員は「教員免許を所有する者、教員を退職した者、教員を志望する大学生、民間教育関係事業者、企業の退職者等、地域で活躍する多種多様な分野の者から、教育長が選任する」とされている（「うしく放課後カッパ塾推進事業実施規則」）。一条校の正規の教育課程の教育そのものではないが、それを下支えする役割が期待されている。小学校では「土曜カッパ塾」も開かれていて、英語や国語、音楽、絵画、料理などより広い活動が地域の人たちの協力で実施されている。

一条校と学習塾との関係の変容

民間との連携が進むなかで、一条校と学習塾との関係も変化してきた。日本国憲法は第二六条ですべて国民は「その能力に応じて」「ひとしく」教育を受ける権利を有することを定め、戦後改革でそれまでの分岐型の学校制度に替えて単線型の学校制度が導入された。単線型の学校制度は教育の機会が広く開かれるとともに、初等教育段階から中等教育段階へ、そして高等教育段階への接続において厳しい競争を生起させる要素を内在するものであった。一条校を核とする日本型公教育においても、高等学校や大学への進学率の上昇とともに受験競争が激化し、学習塾や予備校はそれを加熱させるものとして批判の対象になっていった。単線型学校制度に内在する課題が、一条校の教育の見直しだけでなく、その外にある学習塾への批判にも転化していったといえる。しかし、世紀転換以降、教育政策は学習塾への批判を抑制しながらその受容へと変化してきたことが指摘されている(高嶋 二〇一九)。

今日の学習塾と一条校との関係の変化をとらえると、まず、学習塾の講師が放課後や土曜を利用して実際に学校で講座を開設している例があげられる。たとえば、東京都教育委員会は二〇一九年度より二校の都立高校を「進学アシスト校」に指定し、塾の講師が土曜に授業を行う事業を始めた。対象は二年生と三年生、教科は国語と数学と英語、回数は年間二〇回で、受講料はかからない(日本教育新聞二〇一九年七月一日、二頁、同年一〇月二一日、一頁)。東京都教育委員会は同事業の趣旨を「大学、専門学校、就職など様々な進路希望をもつ生徒が在籍する「進路多様校」において、外部人材を活用した学習指導を行い、大学への進学実績の向上を目指すとともに、それにより得られた知見を活用して、大学受験に対応した教員の教科指導力の向上を図る」と説明している(東京都教育委員会 二〇一九)。学習塾への事業委託による生徒の指導だけでなく、教員の指導力の向上も目的に掲げられているのである。

また、学習塾がより広く学校教育に関わっているものに、佐賀県武雄市の「官民一体型学校」武雄花まる学園がある。二〇一五年に始まり、二〇一九年度には市内の一一小学校中一〇校で実施されている。同学園は「「官」のシステムに、「民」のノウハウや活力を融合させ、官と民は一緒になって教育のあり方を変え、子どもの生き抜く力を育む教育を行うことを目的」とし、「通常の教科等の授業の中に「花まる学習会」が培ってきたノウハウを大胆に活かした授業」を行うとされている(武雄市教育委員会 二〇一九、二〇二〇)。同学園は自治体と民間の学習塾との提携によるものであるが、基本理念に「地域住民との学校づくり」も掲げられ、朝の時間の「花まるタイム(モジュール授業)」への地域住民の参加なども行われている(前原 二〇一九)。

学習塾との関係の変化について、その経費への公費支援にも触れておきたい。千葉市は二〇一九年度に「学校外教育バウチャー事業」を始めた。これは「子どもの貧困対策として、学校外教育の機会均等を図るとともに、将来的な自立へと導くために、市内のひとり親家庭かつ生活保護受給世帯の児童に対して、「学校外教育バウチャー」を提供し、学習塾や習い事等に必要な費用の助成を行うもの」である(「二〇一九年度 千葉市学校外教育バウチャー事業業務委託企画提案実施要領」)である。対象は五・六年生で、各学年四五名で、月額一万円(一年度最大一二万円)である(千葉市 二〇二〇)。このような経済的に厳しい家庭の子どもたちの通塾費の補助や前述の牛久市のように公設塾の設置が広がりをみせている。

学習塾の経費への公費支援や公設塾は、塾が「私教育」の領域を超えてきていることを示すものである。塾が一般化するなかで、問題が「学習塾に通うこと」から「学習塾に通えないこと」へと転換し、学習塾は公的主体が関与する「公的補習」を含む「補完的教育」へと拡張している(ブレイ&クウォ 二〇一九、一二四―一二五頁)。公教育の境界領域の拡がりともいえるものであり、格差・貧困問題が深刻化するなかで、千葉市の文書に示されるように「学校外教育の機会均等を図る」ことが自治体の課題ともされているのである。

三　教育の質保証と多様性に開かれた教育の保障

本章の「はじめに」で示したように、一条校の設置主体の多様化もその教育の担い手の多様化も国家規制からの自由の範疇に入り、前者については多様な教育ニーズへの対応が、後者については学校教育の多様化への対応がその目的として示されていた。それでは、多様化が志向されるなかで、どのような教育を保障しその責任の体系をどう組んでいくのか。これまでの検討にもとづき、教育の質保証と多様性に開かれた教育の保障の二つの観点から考察したい。

目標設定と評価による教育の質保証

総合規制改革会議は、前述のように、多様な価値観、多様なニーズに応え得る事後チェック型のシステムへの転換を説き、そのために教育の主体の多様化と主体間への競争の導入とともに、教育の質と適正な競争を担保するための情報開示や評価など、事後チェックを支えるシステムの構築を求めていた。しかし、一条校の設置主体の多様化はさほど進まず、評価による厳しいアカウンタビリティの仕組みも導入されていない。

アメリカではチャータースクールやマグネットスクール、オルタナティブスクールなど公立学校の多様化と、営利・非営利組織の公立学校運営への参入が進んだ。たとえば、日本で構造改革特区制度が導入された二〇〇〇年代前半に、チャータースクールだけでなく一般の公立学校を含めて一〇〇校以上の公立学校の運営を受託している営利組織があった(大桃 二〇〇四)。現在でも、多くの公立学校を運営する営利・非営利組織の州の境界を越えた活動が報告されている(中島 二〇一八)。その一方で、教員有志による従来型のチャータースクールもあり、内容は多様である。アカウンタビリティについては、二〇〇二年制定の連邦法「どの子も置き去りにしない法(No Child Left Behind Act)」の下で、目標設定と賞罰を伴う評価の仕組みが形成された。アメリカでは、人種や民族間で大きな学力格差が存在する。その格差を埋めてどの子も置き去りにしないことを目的に、明確な目標設定と成果に対する厳しいアカウンタビリティが求められ、それによる教育の平等保障がめざされたのである(山本 二〇一三、大桃 二〇一七)。

しかし、アカウンタビリティの強度に差はあるが、日本でも評価による学力向上がめざされてきたことも確かである。二〇〇五年一〇月の中央教育審議会答申は、国の責任での教育の目標設定や結果の検証などによる質保証システムへの転換を提起し、義務教育の構造改革を求めた(中央教育審議会 二〇〇五、五頁)。これを受けて、全国学力・学習状況調査が導入されるとともに、学校評価制度の整備が進められた。学校評価の目標の一つに「各学校の設置者等が、学校評価の結果に応じて、学校に対する支援や条件整備等の必要な措置を講じることにより、一定水準の教育の質を保証し、その向上を図ること」が掲げられ（文部科学省 二〇〇六、一頁）、全国学力・学習状況調査の結果をふまえた学校評価が実施されるようになる。評価結果を用いた教育の質の保証と向上であり、教育の質保証と学力向上が結びついていった。

規制緩和による設置主体の多様化、株式会社やＮＰＯの参入がさほど進展をみなかった一方で、国や地方公共団体の存在を前提とした教育の質保証の仕組みが形成されたのである。教育の質保証と学力向上との結びつきの背景に、グローバル化の影響を指摘することができよう。目標管理型の教育の質保証の仕組みの整備には、アングロサクソン諸国で形成されたニュー・パブリック・マネジメント（ＮＰＭ）の理論の影響があり、全国学力・学習状況調査の導入には経済協力開発機構（ＯＥＣＤ）の学習到達度調査（ＰＩＳＡ）の実施と国家間の学力競争の影響があった（大桃 二〇一九）。国家の存在を前提とした教育の質保証の仕組みの形成はまた、同一のテストによる国家間のランキング、国家間競争で上位を占めることを意識したものでもあり、多様化よりも同一化や標準化の要素をもつものであった。

多様性に開かれた教育の保障

しかし、この施策展開の一方で、多様性を含んだ公共性の保障の動きをとらえることができる。これについて、個の多様なニーズへの対応と多様な関係に開かれた教育の二つの点からみてみよう。

前者に関しては、先述の経済的に厳しい家庭の子どもたちへの塾経費の公費支援や、塾講師を招いての土日の無償の補習機会の提供を例としてあげることができよう。このような取組は、一律の資源配分による形式的平等ではない、児童生徒およびその家庭の多様性、この場合は経済状況を考慮した個別的なファンディング（末冨 二〇一二、一五九頁）の例となる。戦後の日本は一条校を核とする公教育の仕組みを構築し、「普遍的で共通の教育」の保障をめざしてきた。しかし、公共セクターが公共性の空間を占有しない限り、教育の平等保障の問題を一条校に閉じて議論することは難しく、学習塾などの有償の教育機会との関係を問わざるを得ない(大桃 二〇一六、一二一―一二二頁)。格差・貧困問題が深刻化するなかで、家庭の経済状況に応じた個別ファンディングの必要性が通塾費への補助を含めて認識されるようになったのである。

設置主体の規制緩和との関係でいえば、株式会社立の通信制高等学校がこれまでの一条校の教育になじめない子どもたちへの選択肢を増やしている。一条校の設置主体の規制緩和では、前述のように不登校の子どもたちの特別なニーズへの対応はＮＰＯに期待されていた。しかし、それは進まず、高等学校段階ではあるが、株式会社立の通信制の学校が、全日制の一条校の教育になじめない子どもたちの受け皿にもなっている。さらに、設置主体の規制緩和とは異なる形で、フリースクールなどの多様な教育機会を求める動きが、教育機会確保法の制定につながった。いずれも個別の多様なニーズへの対応に位置づけることができよう。株式会社立の学校については、その教育の質などが問題となる一方で、財政支援との関係で学校法人立に変わったものもある(江川 二〇一六)。設置主体の多様性を残すのであれば、教育保障の責任の確保に向けた規制と支援の両面の検討が課題になる。

教育の担い手の規制緩和に関しては、文科省が例として挙げている特別支援学校への理学療法士、作業療法士、看護師などの専門家の特別免許状による配置や、特別非常勤講師としての音楽療法士の採用などは、障がいのある子どもたちへの個のニーズに応じたより手厚い教育の保障をめざすものであろうし、国際バカロレア教育の推進のための特別免許状による外国人教員の採用なども、広く多様なニーズへの対応に位置づけることができよう。さらに、第三章で検討する、外国につながりのある子どもたちへの日本語指導の教員の配置なども、多様なニーズへの対応事例となる。共通性が強調されてきた公教育にあって、教育保障の形態と内容の両面での多様化が一定の程度進んでいる。

このような個の多様なニーズへの対応とともに、学校教育の方針や内容の決定への多様なアクターの参加と、それによる多様な関係に開かれた教育の保障への取組も進められた。学校評価による教育の質保証には、前述の学力テストとの結びつきにとどまらない広がりがある。山本清は日米のガバナンス改革の比較分析を行うなかで、「日本では、明確な目標設定、権限委譲と成果責任からなるＮＰＭ的枠組みが、教育の多元的な目標や地域社会全体で子どもを成長させるというガバナンス論的枠組みと融合化された」と指摘している。日本の学校評価は学力テストと結びついているとはいえ、前述のように賞罰を伴う厳しい責任体制の導入はいまのところ進んでいない。むしろ「日本の説明責任は自己評価を通じて情報を積極的に公表し、学校づくりの他の重要な協力者である保護者、地域住民等から理解と参画を得る手段とされている」のである（山本 二〇一三、六、一〇頁）。

このような参加型のガバナンスは地域における多様なアクターの協働を導くものともなる。先に引用した事例は、ＮＰＯや地域の多様なアクターを学校の再生や魅力化に向けた意思形成に取り込むものであった。意思形成の場が多様な他者が出会う場所、多様なアクターが学校のあり方を問う場所になっており、開かれた公共空間として理解することもできよう。そして、そこで生み出される教育もまた多様な関係に開かれた教育であった。

ポスト近代公教育への志向性と学校の専門性

このような学校教育の意思形成への多様なアクターの参加と多様な関係に開かれた教育の保障への取組にも、国際的な改革議論の影響をとらえることができる。具体的にはＯＥＣＤの「教育２０３０（Education 2030）」であり、国連の「持続可能な開発のための教育（ＥＳＤ）」や「持続可能な開発目標（ＳＤＧｓ）」であり、地域との連携や多様なアクターの参加による改革にはこれらの観点からの取組が多い。国の施策においても、学習指導要領の前文で「持続可能な社会の創り手」の育成が示され、「社会との連携及び協働によりその実現を図っていくという、社会に開かれた教育課程の実現が重要となる」とされている（「小学校学習指導要領（平成二九年告示）」では一五頁）。「社会に開かれた教育課程」の取組の例として文科省があげているものの一つが、先に引用した大槌町の「ふるさと科」であった（文部科学省 二〇二〇）。

国際的な議論の影響とともに指摘しておかなければならないのが、このような議論や取組に近代公教育あるいは国民国家型の公教育を越えようとする視点が示されていることである。たとえば、北村・佐藤（二〇一九）は、ＳＤＧｓ時代の教育のあり方を検討するなかで、右肩上がりの進歩という近代的な世界観や人間観の限界性を指摘するとともに、世代内だけでなく世代間の公正を重視する社会の実現に向けた国際機関での改革議論を紹介している。また、諏訪（二〇一八）は、一九世紀後半に始まる「国民国家型教育システム」を「学校教育１・０」、一九七〇年代半ば以降の個人の資質・能力を追求する「資質・能力重視教育システム」を「学校教育２・０」、そして「持続可能社会型教育システム」を「学校教育３・０」とし、生態的・社会的な持続可能性の危機が増大するなかで「学校教育３・０」への転換の必要性を説いている。

多くの困難を抱え先の見通しが難しい社会にあって、異なる他者が交わる公共空間での意思形成による新たな教育実践の創造、多様な関係に開かれた学びの空間における新たな社会の担い手の育成が求められているといえよう。そして、多様な関係に開かれた教育、そこにおける認知的能力だけでなく数値化が難しい非認知的能力の育成は、ＯＥＣＤなどが掲げる社会や自己を変えていく主体の育成と親和性を有する面もあろう。それは、教育行政と学校の教員という閉じられた空間における、ときには官僚統制が強く働く意思決定のメカニズムとも、担任の教員と児童生徒の関係に閉じられた学びの空間とも異なるものでもあり、既存の教育のあり方に変更を迫るものである。

しかし、参加型ガバナンスには、参加者の代表性の問題、つまり意思形成に関わる者がその選出母体の意向を反映した代表であるのかという問題や、参加者間の支配関係など多くの問題がある（大桃 二〇一九、一〇頁）。また、学習塾の講師や地域の特定領域に秀でた人など、教育実践への多様なアクターの関わりは、一条校の教育の専門性、それを担う教員の専門性の内実を問うものとなる。意思決定への多様なアクターの参加と多様な関係に開かれた教育は、近代公教育を越えていくものとなるのか。多様なアクターに開かれた意思形成を機能させるメタガバナンスの仕組みの形成と、学校教育の専門性、それを担ってきた教員の専門性と責任の再定位、そして両者間の関係の再設定が、新たな公教育への移行に向けて課題になっているのである。

おわりに

一条校の設置主体とその教育の担い手に関する規制緩和、つまり国家規制からの自由を求めた論理は、多様なニーズへの対応、学校教育の多様化への対応であった。この多様化を志向した日本型公教育の改革に、二つの異なる方向性をとらえることができた。一つは、目標の設定と評価による質保証の仕組みの形成であり、国や地方公共団体の存在を前提とするものであった。評価による質保証の仕組みの形成は、株式会社などの参入による設置主体の多様化とセットで構想されたが、設置主体の多様化はさほど進展せず、評価制度の整備のほうが進められたのである。このことは日本型規制改革の一つの特徴といえる。そして国家間の学力競争のなかで、学力の向上が学校評価の目標の一つになっていった。テストの成績の向上という明示的な目標設定は、目標管理型の教育の質保証の仕組みとなじむものであり、それは多様性よりもむしろ標準化や同一化と親和性の高いものでもあった。

もう一つは、個別の多様なニーズへの対応と多様な関係に開かれた教育という、共通性を重視してきた日本型公教育において、多様性を取り込むことによってその公共性の枠を拡げようとする動きであった。前者の個別の多様なニーズへの対応については、学校外教育機会の格差是正と関わって貧困という個別ニーズへの対応、設置主体の多様化と関わってこれまでの一条校の教育になじめない子どもたちのニーズへの対応、一条校の教育の担い手の規制緩和による障がいのある子どもたちへのより手厚い教育保障の試みなどがとらえられた。後者の多様な関係に開かれた教育は、意思形成への多様なアクターの参加と多様な関係に開かれた教育の保障の両面をもっていた。意思形成については多様な他者が出会う場としての公共空間における新たな実践の創造が、そしてその実践では多様な関係に開かれた場での持続可能な社会の担い手の育成が期待されていた。

学校評価においては、設置者等が評価の結果に応じて必要な措置を講ずることにより、教育の質の保証や向上を図ることが定められたが、アメリカのように学校や教員への厳しい制裁を伴う責任体制の導入は日本では進んでいない。また、多様なアクターが関わる意思決定にはそれを機能させるメタガバナンスの仕組み形成とともに、学校の専門性、それを支える教員の専門性や責任の再定位の課題があった。後者は多様な専門職の協働を求める「チーム学校」構想とも関わっており、この点については学校経営の観点から、第六章で改めて取り上げることとしたい。

参考文献

岩手県教育委員会　二〇一八、「平成二九年度研究成果報告書　教育の質保障を目指し小規模校が連携する遠隔授業の実証的調査研究」。(https://www.mext.go.jp/component/a_menu/education/detail/__icsFiles/afieldfile/2018/12/13/1410579_01.pdf)（二〇二〇年二月一八日閲覧）

江川裕幸　二〇一六、「構造改革特区における株式会社・ＮＰＯ法人による学校設置事業に関する経緯と現状」衆議院調査局編『Research Bureau 論究』第一三号。

大阪市立水都国際中学校・高等学校　二〇二〇、「全国初の公設民営の中高一貫教育校開校」。(https://osaka-city-ib.jp/)（二〇二〇年一月一九日閲覧）

大槌町教育委員会　二〇一六、「豊かな育ちと確かな学びの実現にむけて　ふるさと科による地域住民との連携協働と地域コーディネーターの役割」。(https://www.mext.go.jp/component/a_menu/education/micro_detail/__icsFiles/afieldfile/2016/08/1

5/1375478_11.pdf）（二〇二〇年二月二八日閲覧）
大桃敏行 二〇〇四、「米国における民間営利組織による公立学校経営――規制緩和と新たな統制の契機」宮腰英一（研究代表者）『教育行財政におけるニュー・パブリック・マネジメントの理論と実践に関する比較研究』（科学研究費補助金研究成果報告書）。
大桃敏行 二〇一六、「ガバナンス改革と教育の質保証」小玉重夫編『学校のポリティクス』（『岩波講座 教育 変革への展望』第六巻）岩波書店。
大桃敏行 二〇一七、「学力格差是正に向けたアメリカ合衆国の取り組み――連邦教育政策の展開とチャーター・スクールの挑戦」日本比較教育学会『比較教育学研究』第五四号。
大桃敏行 二〇一九、「グローバル化と教育の質保証とガバナンス改革」東京大学教育学部教育ガバナンス研究会編『グローバル化時代の教育改革――教育の質保証とガバナンス』東京大学出版会。
北村友人・佐藤真久 二〇一九、「ＳＤＧｓ時代における教育のあり方」北村友人ほか編著『ＳＤＧｓ時代の教育――すべての人に質の高い学びの機会を』学文社。
教育基本法研究会編（田中壮一郎監修）二〇〇七、『逐条解説 改正教育基本法』第一法規。
教育職員養成審議会 一九八七、「教員の資質能力の向上方策等について」。（http://warp.ndl.go.jp/info:ndljp/pid/11293659/www.mext.go.jp/component/b_menu/shingi/toushin/__icsFiles/afieldfile/2012/01/23/1315356_002.pdf）（二〇二〇年一月二八日閲覧）
桐村豪文 二〇〇七、「株式会社立学校の特例措置化の政策形成過程」京都大学教育行政学研究室『教育行財政論叢』第一〇号。
崎谷実穂 二〇一七、『ネットの高校、はじめました。新設校「Ｎ高」の教育革命』ＫＡＤＯＫＡＷＡ。
貞広斎子 二〇一八、「教育主体の多様化に対する公財政支出の公共性確保――制度設計の観点から」日本教育学会『教育学研究』第八五巻第二号。
島根県教育委員会 二〇一九、「県立高校魅力化ビジョン」。
末冨芳 二〇一二、「義務教育の基盤としての教育財政制度改革」日本教育学会『教育学研究』第七九巻第二号。
諏訪哲郎 二〇一八、『学校教育３・０――国民国家型教育システムから資質・能力重視教育システムを経て持続可能社会型教育システムへ』三恵社。

総合規制改革会議 二〇〇二、「規制改革の推進に関する第二次答申――経済活性化のために重点的に推進すべき規制改革」。

高嶋真之 二〇一九、「戦後日本の学習塾をめぐる教育政策の変容」『日本教育政策学会年報』第二六号。

武雄市教育委員会 二〇一九、「官民一体型学校　武雄花まる学園」。(https://www.city.takeo.lg.jp/kyouiku/docs/20190620smile_edu01.pdf)(二〇二〇年二月一五日閲覧)

武雄市教育委員会 二〇二〇、「「武雄市　官民一体型学校」武雄花まる学園」。(https://www.city.takeo.lg.jp/kyouiku/cat66/post-93.html)(二〇二〇年二月一五日閲覧)

地域・教育魅力化プラットフォーム編 二〇一九、『地域協働による高校魅力化ガイド――社会に開かれた学校をつくる』岩波書店。

千葉市 二〇二〇、「千葉市学校外教育バウチャー事業」。(https://www.city.chiba.jp/kodomomirai/kodomomirai/kateishien/learningvoucherproject.html)(二〇二〇年一月一五日閲覧)

中央教育審議会 二〇〇五、「新しい時代の義務教育を創造する」。

出口英樹 二〇一〇、「株式会社の法人特性と学校教育の公共性――教育特区に見る学校設置者の多様化の理念と意義」日本教育大学院大学『教育総合研究』第三号。

東京都教育委員会 二〇一九、「「進学アシスト校」の指定について」(二〇一九年五月一〇日)。(https://www.kyoiku.metro.tokyo.lg.jp/school/designated_and_promotional_school/advancement/assist_school.html)(二〇一九年一一月一九日閲覧)

中島千恵 二〇一八、「アメリカにおける公立学校民営化の諸相」教育文化総合研究所『教育と文化』第九二号、アドバンテージサーバー。

浜田博文・安藤知子・山下晃一・加藤崇英・大野裕己・高谷哲也・照屋翔大・朝倉雅史・高野貴大 二〇一八、「新たな学校ガバナンスにおける「教育の専門性」の再定位――武雄市「官民一体型学校」とＢ市「コミュニティ・スクール」の事例分析」『筑波大学教育学系論集』第四二集第四号。

廣谷貴明・藤井奈々子・青木栄一 二〇一八、「学校とＮＰＯ・企業との連携に関する全国悉皆調査集計」『東北大学大学院教育学研究科研究年報』第六七集第一号。

マーク・ブレイ、オーラ・クウォ、森いづみ他訳 二〇一九、『塾――私的補習ルールの国際比較』東信堂。
前原匡樹 二〇一九、『学校を開いたら、町が人が風向きが変わった！――日本初の官民一体学校「武雄花まる学園」の五年間の軌跡』エッセンシャル出版社。
松木健一 二〇一六、「問われる国立大学附属学校の存在意義」（文部科学省国立教員養成大学・学部、大学院、附属学校の改革に関する有識者会議（第四回）配布資料）。（https://www.mext.go.jp/b_menu/shingi/chousa/koutou/077/attach/1380622.htm）（二〇二〇年一月二六日閲覧）
村上純一 二〇一五、「教育課程特例校制度を用いた復興教育の実践――岩手県大槌町の事例から」『実践女子大学人間社会学部紀要』第一一集。
文部科学省 二〇〇六、「義務教育諸学校における学校評価ガイドライン」。（http://warp.da.ndl.go.jp/info:ndljp/pid/286184/www.mext.go.jp/b_menu/houdou/18/03/06032817/003.pdf）（二〇二〇年二月二九日閲覧）
文部科学省 二〇一七、「特別免許状等の活用に関する事例集――多様な教員が活躍する学校をめざして」。（https://www.mext.go.jp/component/a_menu/education/detail/_icsFiles/afieldfile/2017/05/11/1385304_001.pdf）（二〇二〇年二月二九日閲覧）
文部科学省 二〇二〇、「社会に開かれた教育課程」。（https://www.mext.go.jp/a_menu/shotou/new-cs/_icsFiles/afieldfile/2020/01/28/20200128_mxt_kouhou02_03.pdf）（二〇二〇年二月九日閲覧）
文部科学省国立大学附属学校の新たな活用方策等に関する検討会議 二〇〇九、「国立大学附属学校の新たな活用方策等について」。（https://www.mext.go.jp/component/b_menu/shingi/giji/_icsFiles/afieldfile/2009/04/02/1259551_15.pdf）（二〇二〇年一月二六日閲覧）
文部省 一九八五、「我が国の初等中等教育」永井憲一・三輪定宣編『資料集 臨教審・教育改革の動向』エイデル研究所。
山本清 二〇一三、『アカウンタビリティを考える――どうして「説明責任」になったのか』ＮＴＴ出版株式会社。
臨時教育審議会 一九八八、『教育に関する答申（第一次～第四次）』大蔵省印刷局。

2　就学義務制の再考

宮口誠矢

はじめに

人は、充分な教育なしに、市民として権利を行使し義務を果たす主体となることはできない。基礎的な読み書き計算能力がなければ、日々の生活を満足に営むことすら困難であろう。日本国憲法下の公教育は、個人の人格形成と、国家と社会の新たな担い手の育成のため、子どもを就学させる義務を親に課して「学校に行かせない自由」を否定し、学校で普通教育を保障する。学校設置から、教育課程、教科書、教員免許、教員養成に至るまで、国公私立を問わず公的関与の下に置き、公的補助を行う。この仕組み自体は、数々の法改正を経てもなお、戦後一貫して維持されてきたといってよい。

では、一定の教育を受けさせることが子どもと国家、社会にとって不可欠だとして、学校以外の機関でそうした教育を受けさせることは否定されるべきだろうか。たしかに、戦後初期の日本では学校以外の機関で一定の質の伴った教育を継続的に供給することは困難であっただろうし、学校外教育機関を監督する国家の能力や学習評価の方法も発達していなかったため、強制的に就学させることが、全体としては子どもたちの教育保障に資するものであっただろう。しかるに、いまやそうした限界は、学歴水準の向上、通信インフラの普及、行政機関の発達、学習評価方法の理論的、技術的発展によって、克服されつつある。また、学校がすべての子どもに教育を提供できているかといえば、そうではない。現在、病気や経済的事情から長期欠席している者を除いても、学齢期の子どもの一・六九%は、年三〇日以上学校を欠席している。数にすれば、一六万四〇〇〇人である。二一世紀に入ってほぼ横ばいであった不登校児童生徒の割合は、二〇一二年以降増加している(文部科学省 二〇一九b)。教育支援センター(適応指導教室)に在籍しているのはそのうち一割強(約二万人)、フリースクールなどの民間施設に通うのは約三%であって(文部科学省 二〇一九a、二〇一九b)、それらが学校教育を補完できているわけではない。不登校である子どもの教育については、それを把握する仕組みがなく、彼らが充分な教育を受けられているかは不明である。

彼らに教育を保障するうえで、学校外教育機関や家庭での義務教育提供を認めることも考えられるが、そのような制度変更はなされていない。学校の改善によって不登校を解消させるべきとする議論もあるが、そもそも就学義務制には理論的に課題が内包されていることを確認しておかねばならない。すべての子どもに教育が保障されるべきことを前提とするならば、学校以外での義務教育提供を原則的に認めない仕組みである就学義務制は、何らかの理由で通学できない子どもに教育をいかに保障すべきかという問いに答えることが原理的に要請されている。原理的な問題にとどまらず実際的な問題として顕在化してもなお、通学できない子どもの教育保障については未だ充分な制度的対応がなされてきておらず、新たな制度づくりについての学術的知見も僅少である。学校に通えない子どもの教育保障を行うためには、就学義務制を核とする現行の義務教育制度を再構成しなければならず、再構成のあり方を考えるための知見も蓄積せねばならない。

そこで、本章では、義務教育制度の再構成が進み、州ごとに多様な義務教育制度を擁する米国の制度と議論を参照することで、学校外で教育保障を行いうる多様な制度と、再構成に向けて検討されるべき課題を明らかにしたい。そのために、まずは日本の義務教育制度がいかなる特徴を有しており、不登校をめぐる施策が日本の義務教育制度にいかなる揺らぎをもたらしてきたかをみる。ついで、義務教育制度の再構成をめぐって展開されてきた議論を概観し、構想されうる多様な制度、なかでも在宅で義務教育が受けられる制度に関する知見が必要であることを論じる。そのうえで、米国の制度と、制度設計に関する議論を参照することで、日本に導入されうる多様な制度について知見を得るとともに、義務教育制度の再構成にあたって取り組まれるべき課題を提示する。

一　日本の義務教育制度における揺らぎ

就学義務制と教育義務制

近代公教育制度における義務教育とは、国家が、親や子どもに義務を課し、子どもに一定の教育を受けさせる営みである。公教育が義務教育を内実として成立した歴史的背景や、今日の義務教育の重要性に鑑みれば、義務教育が公教育の中核にあるといっても差し支えないであろう。

その義務教育を実施するための制度には、大きく分けて二つの類型がある。一つは就学義務制であり、義務教育を行う場を学校に限定し、そこに子どもを通わせる制度である。もう一つは教育義務制であり、学校外の教育機関や家庭など、学校以外の場における義務教育の提供を認め、学校か学校以外の場で一定の教育を受けさせる制度である。

ただ、就学義務制か教育義務制かという区分はあくまで理論上のものであり、実際の制度をこれによって二分できるわけではない。日本の義務教育制度は、就学義務を課された親の子どもはすべて学校に在籍させる仕組みになっていることから、理論通りの就学義務制が制度化されている。この国の義務教育制度を就学義務制と特徴づけることは差し支えない。一方、米国諸州のように、州法で就学義務を課しながらも学校外義務教育を許容する制度がみられる。それらは教育義務制であるとみることもできるが、就学義務制の例外や代替、ないし多様な履行を認める仕組みとみることもできる。実際に、米国諸州の法制度では、就学義務の免除や履行などと位置づけられている。そのため、「就学義務か、教育義務か」という二項対立的図式では、多様な教育制度を必ずしもよく説明することができないことに留意する必要がある。

日本の義務教育制度――就学義務制×一条校主義×年齢主義

日本の義務教育制度は、その理念も仕組みも、戦後に大きく転換された。日本国憲法第二六条第一項が「すべて国民は、法律の定めるところにより、その能力に応じて、ひとしく教育を受ける権利を有する」と規定し、義務教育を受けることは、臣民の義務から国民の教育を受ける権利の保障として、根本的に異なる地位を得た。同条第二項が「保護する子女に普通教育を受けさせる義務」を国民に課し、学校教育法では子どもを就学させる義務が課されている。就学義務制が採られたのは、共通の教育を受けられる学校を全国に整備することで、すべての子どもに均等な教育機会を保障するためであった。就学先は、学校教育法第一条に定める学校、いわゆる一条校に限定され、そこに私立学校も含められている。そして、義務教育の終了基準は、満一五歳となる誕生日の属する学年が終わることとされた(学校教育法第一七条第一項、第二項)。こうした戦後日本の義務教育制度は、就学義務制と年齢主義に加え、一条校主義によって特徴づけられる。

ここでいう一条校主義とは、学校教育法第一条に列挙された学校、すなわち一条校への就学のみによって就学義務が履行でき、したがって一条校のみが義務教育を提供する権限と責任を有する仕組みをさす。一条校をめぐっては、多くの限定が付され、基準が設定されている。たとえば、原則的に、学校を設置する主体は国、地方公共団体、学校法人に限定され(学校教育法第二条第一項)、義務教育を提供する常勤の職員は教員免許を保有する者に限定されている(教育職員免許法第三条)。ほかにも、学校に備えるべき施設と職員についての規定や、学校における教育課程、教材についての規定が法令等によってなされている。

したがって、幼稚園については特例があるものの、個人や任意団体は学校を設置できず、小規模の団体が学校法人となり学校を運営するための壁は高い。また、学校教員でない者が義務教育を提供することはできない。不登校の子どもの学びの場となっているフリースクールやホームスクール（在宅学習）、独自の教育課程を有する外国人学校、オルタナティブ・スクールも正規の義務教育としては認められていない。これらは、就学義務制、すなわち学校に就学させる仕組みそれ自体がもたらしているのではなく、一条校に厳しい規制を課しつつ、一条校以外の就学先を例外なく認めないという、厳格な一条校主義によって生じている制約である。

揺らぎ――不登校をめぐる法律と行政

このように厳しい制約を設けてきた日本の義務教育制度であるが、フリースクール等の学校外教育施設の重要性が認識されてゆき、不登校を問題行動とする考え方が変容するなかで、不登校の子どもに対して柔軟に対応しうるような仕組みも設けられてきた。

就学義務制に関わる施策としてまず挙げられるのは、一九九二年に旧文部省が、学校外の公的機関や民間施設で相談、指導を受けており、校長が認める場合に、指導要録上出席として扱ってよいとの通知（平成四年九月二四日文初中第三三〇号）を発出したことである(3)。また、構造改革特別区域における特例措置をきっかけに、特区以外の地域においても、ＩＴ等を利用した学習活動を行う場合に条件を満たせば指導要録上出席扱いとし、さらに学習成果を評価に反映できるとの通知（平成一七年七月六日文科初第四三七号）も出されている。これらの出席扱いについては当初、将来的な学校への復帰を前提とする旨の記述があったが、義務教育の段階における普通教育に相当する教育の機会の確保等に関する法律（以下、教育機会確保法）の制定を受け、登校を希望するか否かを問わないことが明確にされた（令和元年一〇月二五日文科初第六九八号）。特区での特例措置を先駆けとする施策には、ほかにも、不登校児童生徒を対象とする特別の教育課程を編成して教育を実施する学校（不登校特例校）の制度がある。二〇〇五年に文部科学省が省令である学校教育法施行規則を改正し、学習指導要領によらずとも不登校の子どもに配慮した特別の教育課程を編成、実施することができることとした仕組みである。

民間施設における相談、指導やＩＴ利用の在宅学習を出席扱いとすることは、義務教育が一条校において教員免許を有する者によってのみ提供されなければならないという限定を、特定の条件を満たした場合に限って、緩和する仕組みであるといえる。また、不登校特例校は、一条校主義をめぐる諸限定のうち、教育課程に関する規制を緩和するものである。これらの仕組みにおいても、一条校が義務教育についての第一義的な権限と責任を有しているという点で、一条校主義の枠組みはなお維持されている。

不登校をめぐるこれらの仕組みは、法律で定められた義務教育制度を前提としつつ、その枠内で旧文部省や文部科学省の施策として認められてきたものである。学校外義務教育を正式な義務教育として認めるような大幅な制度変更を行うためには、それを根拠づける法律の制定が必要である。二〇一六年一二月に成立した教育機会確保法も、法案がつくられた当初は、まさにこのことをめざすものであった。

フリースクール全国ネットワークによる、学校外教育機関の登録制度、学習権オンブズパーソンの導入、学習支援センターの設置、学習支援金の支給等の構想に始まり、超党派の議員連盟においては、学校外教育を受ける場合に個別学習計画の認定を受けることで就学義務を履行しているとみなし、支援を行うことも検討されていた。複数の法案が作成されたが、与野党やフリースクール関係者からは、肯定的な評価のみならず厳しい批判もなされた。

最終的に成立した法律は、教育機会確保のための施策を行う責務や財政上の措置を行う努力義務を国と地方公共団体に課し、「休養の必要性」や不登校の子どもが学校外で行う「多様で適切な学習活動の重要性」（第一三条）を認めるなど、従来の義務教育制度の枠内で行いうることを規定するにとどまるものとなった。ただ、不登校の場合に限ってはいるが、一条校に通学しないことの必要性や、一条校以外で行う学習活動の重要性を法律で認めることは、仕組み自体を変更するものではないが、一条校のみにおいて義務教育を保障するという理念を揺らがせるものともみることができよう。

学校外における義務教育保障の制限

右にみたように、一九九二年に出席扱いについての通知が出されてから、学校教育法施行規則の改正、法律の制定が行われてきており、大きな流れとしては、通知、省令、法律と、より大きな段階に揺らぎがもたらされてきたといえる。ただ、就学義務制と一条校主義は維持され続けており、学校外義務教育は正式に認められていない。日本の義務教育制度の揺らぎは、その意味で、未だ小さなものでしかない。それが問題なのは、学校に通わない場合の代替的教育保障を限定的にしか認めていないため、本来は教育保障を行うためにあるはずの規制が、かえって一部の子どもの教育保障を制限するものとなっているからである。

二　義務教育制度はいかに再構成すべきか――日本における議論

義務教育制度の再構成をめぐる議論

就学義務制と厳格な一条校主義を採る義務教育制度に課題があるとして、それはいかに再構成すべきと論じられてきたのだろうか。学校外義務教育の制度構想をめぐっては、公教育が保障してきたもののうち何を学校外で保障すべきか、子どもの学校外への退出をどんな場合に認めるべきか、学校外義務教育をいかなる基準で認めるべきか、学校外教育の質をどう保証すべきかなどの課題について論じられてきた。

たとえば、大桃(二〇〇五)は、「制度の多様化と個別場面での多様な関係性の構築とは異な」り、「ホームスクールについては、そもそも異質な他者との出会い、異質な他者との学びの共有をどう補っていくのかが課題となる」(四五一頁)ことを指摘している。大桃の議論を踏まえ、後藤(二〇一七)は、「異質性・多様性から学ぶ機会」である学校からの退出を認める場合に、「異質性・多様性からの学び」自体からの退出は認めず、そうした学びを義務づけることを制度変更の一つのあり方として提示する。そして、異質性や多様性から学ぶ場である学校からの退出は、それを「求めざるを得ない」切実な要求がある場合にのみ認めるという、学びの場の選択について一定の基準を設ける仕組みについても論じている(後藤 二〇一七、二〇一九)。

また、学校外の教育を普通教育として認めるための基準や条件を検討したものもある。結城(二〇一二)は、「親や私教師の資質・教育能力、教材・教具、教育方法、教育評価、学習時間その他の教育・学習条件が学校におけるそれに実質的に匹敵していること」、「公的機関(現状では、さしあたり市町村教育委員会)の認定を受け、認定後も定期的な審査に服すること」(四六頁)等の基準を挙げ、米沢(二〇一六)は、「①思想、信教の自由等の憲法上の権利の侵害を理由とする学校教育の「拒否」であり、②将来自律した市民として社会生活を送るのに必要な最低限の基礎的能力を習得させる内容の家庭教育がなされており、③家庭教育の実施状況を国家が定期的にチェックすること」(一七九頁)を条件として挙げる。

さらに、オルタナティブ・スクールの質保証について国際比較を行った永田(二〇〇五)は、質保証のための統制や認証基準について検討しつつ、デンマークにみられるような、強い規制を伴わない支援制度の可能性を示す。多様な供給主体による教育の質保証について、同じく国際比較を行った貞広(二〇一八)は、教育供給の認証や評価、監査の基準をいかに多様化するか、そうした認証等をいかなる主体が行うのかという点の検討が課題となることを指摘している。

これらの議論は、学校外義務教育を提供する自由を私的主体に与える場合に保障されるべき事柄や、保障のための方策について検討したものとみることもできる。ここでは、教育保障のための多様な国家関与のあり方を想定することができる。一方、教育機会確保法をめぐる議論には、学校外教育への強制を伴う国家関与に対して否定的な見解を採る傾向がみられる。[5]

教育機会確保法やその法案段階のもの（以下、同法）をめぐっては、立法過程に関わった関係者などから肯定的な見解がみられる。そこでは、教育のインプットについての規制（個別学習計画）が支持され、経済的支援を始めとする種々の公的支援が必要であると述べられている（喜多 二〇一五、奥地 二〇一七）。これらの議論は、国家に対して、一定の教育や関係性を保障する責任ではなく、私的主体による保障を公認し、経済的支援等の公的援助を行う責任を課そうとするものである。

対して、同法に批判的な議論には、市場化、民営化を招くとして批判するものや（石井 二〇一六）、学校体系の複線化が生じて社会的不平等が再生産されかねないとして批判するもの（谷口 二〇一六）、国家が直接的に教育を監督することを批判するもの（世取山 二〇一八）など、公教育全体に対する影響を懸念するものがみられる。学校外教育や子どもの福祉への影響を危惧するものとしては、家庭の「学校化」、家で休む子どもへの「学習圧力」として作用しうるとして批判する議論などがみられる（下村 二〇一五、前島 二〇一九）。

批判的な論者が、学校外義務教育を導入せずに不登校の子どもの教育保障を行う方策として挙げるものには、学校の改善、私学関連規制の緩和による多様な教育施設の一条校化、学校外教育施設への経済的支援などがある。これらの議論において、国家は、学校の改善や経済的支援などを通して子どもの教育保障に間接的に関与する責任を負う主体として位置づけられ、国家が学校外教育に規制を課すことで直接的に子どもの教育保障に関与することは、行うべきでないとの立場が採られている。

深められていない検討

就学義務制を核とする義務教育制度の修正もしくは転換をめぐる課題や論点は、多く提示されてきた。ただ、教育機会確保法が法案として検討され始めてからは、立法に向けた動きや制度構想の分析を主眼とする研究や議論が多く、概して学校外教育への経済的支援を除いた国家関与に批判的である。学校外で教育を保障するためにはいかなる仕組みが考えられるのかという問いに答えるための検討は未だ、量的にも質的にも不足している。

とりわけ、学校外教育機会をめぐっては、家庭で義務教育を受ける仕組みについての検討にかなりの不足がある。学校外義務教育といってもフリースクールとホームスクールでは性質が大きく異なるが、両者を区別せずに論じるものも少なくない。フリースクールは実態が明確に認知されており、それを正規の教育として認めることへの要求も多くある一方、ホームスクールについては、いかなる実態があるかどうかも不確かであり、認容への要求もフリースクールほどは出されず、制度設計についての知見はほとんどない。

しかし、より多様なニーズに応答する学校づくりを実現することも、支援によってフリースクールの地域的偏在を克服することも、かなりの時間を要するとともに、一定の限界を有する。へき地や離島など、ニーズや担い手が少ない場所ではいっそう大きな限界があるだろう。それらの政策によっても教育保障を行いがたい子どもは、少なからず存在するはずである。したがって、たとえ他の教育保障の仕組みを整備するまでの暫定的な仕組みであっても、親が家庭で義務教育を提供できる制度を導入する可能性について検討することが必要だと考えられる。

学校外での教育保障のためには多様な制度が構想されうるが、上述のように、日本では知見が充分に蓄積されてきていない。制度構想について、すでにホームスクール制度を全州で導入し、さまざまな国家関与のあり方がみられる米国の実態や研究から知見を得るため、次節ではそれらを参照する。

三　義務教育制度の多様な再構成——米国の制度と議論

米国の義務教育制度

米国において、教育政策は、合衆国憲法によって各州に留保された権限の一つとみなされている。したがって、義務教育制度は州ごとに設計、運用されており、多様な制度がみられる。日本と同様に学校への就学を義務づける州が大多数であるが、教育義務のみを課す州もある(M. S. §120A. 22, Subd. 5(a) 2019)。各州は年齢主義を採用しているものの、義務教育終了年齢も州により若干の違いがある。就学義務が課されている州であっても、先にみた一条校主義のような、私立学校をも対象とした大幅な制約が課されていないことから、日本でいうフリースクールも含めた多様な教育施設が学校として認められうる仕組みである。そのため、米国の学校外義務教育とは、家庭における義務教育、すなわちホームスクールをさすことが多い。

ホームスクールは全州で合法とされており、教育上、宗教上の理由で家庭における義務教育を積極的に選択する場合が大多数である。私立学校への規制が非常に弱い州では、親が私立学校を設置し、私立学校としてホームスクールを行える場合があり、ホームスクールの法的位置づけも州によってさまざまである(6)。また、規制の異なる複数のホームスクール制度(以下、オプション)を設けている州もあることから、米国に存在するホームスクール制度は、州の数よりも多い。

ホームスクール規制制度

無規制の州から、定期的なテスト受験を課し、得点要件を課す州まで、規制のあり方は多様である。さまざまな規制があるが、おもな規制は、通知義務、教師要件、教育内容に関する規制、授業時間に関する規制、アウトカム(結果)評価義務、ホームスクールが失敗とみなされた際の強制的介入に分けられる(宮口 二〇一七b)。

通知義務のうち、ホームスクールを開始する際に学区教育委員会等に届け出るという開始時通知義務が、最も多くの州で課されている。この義務を課さなければ、学校に在籍しながら長期的に欠席している不登校の子どもと、ホームスクールで学んでいる子どもを区別するのは難しい。さらに、開始通知後に毎年度ホームスクールを継続するとは限らないため、ホームスクールを継続するかどうかを通知する義務も必要となる。実際、米国では、ホームスクールのほとんどが数年以内という短命であり(Isenberg 2007)、ホームスクールで学んだ子どもの大多数は、その後学校に就学している。[7] 通知義務は、どの子どもにどの規制や支援を適用すべきかを判断するための、最も基礎的な規制である。

教育提供主体である教師について要件を設けている州もあるが、現在ではかなり少ない。親であっても教員免許を保有していなければホームスクールを行えないという厳しい要件は過去にはみられたものの、現在は、家庭教師など親以外の者が教える場合のみ、教える学校段階や教科に対応した教員免許を有することが求められている。親に対しては、高校卒業を学歴要件として求める州や、教授能力があることといった抽象的な基準を設けている州もあるが、いずれも教育の質を担保するような規制とはいいがたい。

開始時通知と同程度によく課されるのが、教育内容に関する規制である。英語、数学、社会、理科を教えるようすべてのオプションに義務づける州がおよそ半数あり、体育、保健、美術、音楽などを教えるよう義務づける州もある。多くの場合は教える科目を指定するだけであるが、市民性や愛国心、政治参加、経済、図書館利用、交通規則についての教育など（8 NYCRR §100.10(e)(2)2020）、具体的に扱うべき内容について踏み込んで規定されることもある。また、授業期間を公立学校の学期と合わせるよう規定している州や、授業日数や授業時間数の下限を設定している州もあるが、それらが実効的な規制となるように監督する仕組みはみられない。組織的に教育が行われない場合はとくに、インプット規制の実効性を担保しがたいが、米国におけるこれらの規制も形式的に課されているだけのものが大多数で、実効性は担保されていない。

一方、学校外義務教育をめぐる日本の議論ではあまり扱われていないアウトカム評価であるが、三割程度の州ではすべてのオプションに義務づけられている。ただ、評価結果を提出する義務はそのうち半数ほどの州でしか課されていない。学習評価の頻度については、毎年義務づける州が多いが、学齢期に計三、四回評価すればよいとする州もある。評価方法としてよくみられるのは、標準化されたテストと、教員免許保有者等の専門家による評価である。その他に、学習の証拠や成果物を提出させることによって教育成果を確認する仕組みを設けている州もある（20-A M. R. S. §5001-A(3)(A)(4)(b)2020）。専門家による評価を選択した場合に、面談が義務づけられるものの、親が教員免許保有者や私学教員、臨床心理医等から評価者を選択できる州もある（24 P. S. §13-1327.1(e)(2)2020）。親や子どもの事情に合った人選を行う自由を認めつつ、虐待やネグレクトを発見する機能をも有する仕組みといえるであろう。

アウトカムを評価するだけではなく、ホームスクールにおける充分な学業上の進捗がみられないなどの場合に、行政機関が介入するよう規定している州もある。介入内容には、公立学校または私立学校への強制的な就学や、専門家による監督の義務づけなどがある。介入基準としては、テストや専門家による評価の結果を基準とする州に加え、法令を遵守しない場合に介入するという基準や、行政当局の責任者が適切な教育が行われていないと判断した際に介入するという、抽象的な基準を設けている州もある。

ホームスクール支援制度

公的支援についても、まったく行っていない州から複数の支援を認める州まで存在するが、規制ほど多様ではない。米国における典型的な公的支援は、授業の履修、課外活動への参加、部活動への参加、障害を有する子どもへの支援の四つである。授業の履修については、二重在籍(dual enrollment)やパートタイム就学(part-time attendance)などと呼ばれ、履修科目数や履修期間の上限を超えない範囲で、フルタイムで在籍している子どもたちとともに公立学校の授業を履修できる仕組みがある。そうした正規の授業のみならず、課外活動や部活動への参加が認められている場合もある。さらに、障害を有する子どもに対しては、公立学校で提供されている支援の利用を認める州が多い。ホームスクールへの支援は、州レベルで二重在籍等の容認や禁止について規定されず、学区に委ねられていることがあり、州で禁止されていないものについては、学区が独自に提供していることもある。

以上の典型的な支援制度に加え、州独自の支援プログラムを設けている州としては、アイオワ州が注目される(宮口二〇一九)。規制の異なる複数のオプションを設け、より強い規制を受けるオプションほど、より多くの支援が受けられるという、多元的なホームスクール制度が設けられている。州独自のホームスクール支援プログラム(Home School Assistance Program)を通して支援を行う教員は、参加する家庭と四五日間ごとに四回以上の連絡を取り、そのうち少なくとも二回は子どもとの面会を行うことが定められている。

同プログラムについては、教員による評価や助言を提供するよう州レベルで定められているが、それにとどまらず、学区は追加的な支援を行うことができる。プログラムを実施するか否かの決定は学区の裁量に委ねられているが、別の学区に登録すること(open enrollment)ができるため、多くの学区のなかから、子どものニーズに合った支援を提供する学区を選ぶことができる。同プログラムの参加者数や公立学校の二重在籍者数に応じ、州から学区に補助金が支出されており、州が財政的に一定の責任を負う仕組みが採られている。さらに、アイオワ州は、学校に在籍する子どもがウェブ上で科目を履修できる仕組みを有しており、現在はホームスクールの子どもにも門戸を開いている。

これらは教育機会や教育資源の提供を通した支援であるが、特定の条件を満たせば経済的支援を受けられる仕組みもある。たとえば、税控除を通して経済的負担の軽減を図る仕組みや(西村 二〇一六)、専用の口座に州から補助金が振り込まれ、教育関係費用に支出できる教育預金口座(education saving account)の仕組み(西村 二〇一七)は、複数の州で導入されている。学費等に充てられるクーポンを支給するバウチャー制度を導入している州のなかには、経済的に困窮しているホームスクール家庭に対する支給を認めているところもある。

学校外義務教育の保障内容と保障手段をめぐる規範的議論

米国におけるホームスクールの制度設計については、立場を大きく異にする議論がみられる。ホームスクールをめぐる規範的議論では、国家と親の関係に焦点が当てられ、義務教育を提供する親の権利について論じられることが多かった。しかし、二〇〇〇年代以降、政治哲学者ロブ・リーシュ(Rob Reich)が子ども、親、国家の三つ巴の関係について論じたことをきっかけに、子どもの教育を保障するための制度と、それを根拠づける国家と親の権限や責任について議論が発展してきた(宮口 二〇一七a)。

国家が子どもに保障すべきものとしてリーシュが挙げるのは、多様な価値や信条と継続的に接触させることによって、子どもに多様な価値の存在を教え、それらの価値を吟味する能力を育成する教育である。リーシュによれば、ホームスクールでは、親が自己の支持する価値観以外に触れさせないという「親の専制(parental despotism)」によって、子どもが「倫理的な隷属状態(ethical servility)」に置かれる可能性があり、それは子どもの「最低限の自律性(minimalist autonomy)」の育成を妨げるものである。したがって、学業上の進捗を測定する規制のみならず、親が支持するもの以外の価値に継続的に触れさせ、価値を吟味する能力を育成するような「多文化的カリキュラム(multicultural curriculum)」を義務づける国家関与が正当化されるとリーシュは論じる。その義務を果たさせるための仕組みとしてリーシュが例示するのは、カリキュラムの認定を受けさせる制度や、子どもを公立学校での授業や活動に参加させる制度などである(Reich 2002)。

この議論は多くの批判を集めたが、その一つが、米国の学術雑誌(*Educational Theory*)上に掲載された、教育学者ペリー・グランザー(Perry Glanzer)の論文である。グランザーによれば、たしかに自律性の育成は教育の重要な目的であるが、子どもの養育と同じく、家庭で親によって行われるホームスクールに国家は原則的に介入すべきでない。そして、児童福祉政策と同様の国家関与の原理、すなわち虐待やネグレクトがない限り国家介入を行わないという原理が採用されるべきであり、そのような事後介入を除いては、通知義務も含めて一切の規制を行わない制度が支持される(Glanzer 2008)。

同誌上では、リーシュがグランザーからの批判に応答し、国家による規制の正当性を主張する。すなわち、家庭教育と正規の学校教育(formal schooling)では達成すべき任務が異なるのであり、家庭で正規の学校教育を提供するのであれば、親はそれに応じた新たな責務を負うのであるから、義務教育政策としての規制に服させることは、正当化される(Reich 2008)。

その後、再び同誌上で、教育学者ロバート・カンズマン(Robert Kunzman)が、子どもの教育保障のためには一定の規制が必要であるとしつつも、ホームスクールに対するインプット規制には実効性がないとして、それを批判する。さらに、リーシュが唱導するような、多様な価値観との接触やそれを通した自律性の育成については、成果を測定し、保障する能力を国家が有しておらず、保障されるべき自律性の内容についての合意も得がたいことから、義務づけるべきでないと論じる。そのうえで、国家が測定、保障することができ、かつ保障されるべき能力について合意が得られる基礎的学力については、それを保障するための国家関与が正当化されると結論づける(Kunzman 2012)。

三者の議論では、国家によって保障されるべき教育内容があるのか、あるとすれば基礎的学力の育成のみか、多様な価値との接触を通した自律性の育成も含まれるのかという点について立場が分かれている。また、保障手段についても見解が大きく割れている。保障に関する権限と責任は国家でも学校でもなく親が負うべきであるとする立場からは無規制が支持され、国家の保障能力や合意形成を重視する立場からはアウトカム評価の義務づけのみが支持され、子どもの将来の自律的な人生選択を重視する立場からは「多文化的カリキュラム」の義務づけなど、インプット規制を含めた国家関与が支持されている。子どもの教育保障を視野に入れた米国の議論は、教育保障にあたって国家と親のいずれがどこまで権限と責任を有すべきかという問いに答える、複数の制度構想としてみることもできよう。

おわりに

就学義務制を再考することは、学校以外の場における義務教育をいかに認めるべきか、認めざるべきかを考えることである。学びの場を多様化するならば、国家と教育提供主体による権限と責任の分有の様相もいっそう多様になりうる。日本ではインプット規制と経済的支援が議論の中心であったが、米国では、アウトカム評価や教育資源の提供、学校教員等の専門家による評価や助言、公立学校やウェブ上での履修など、より多様な制度が設計され、議論されてきた。学校外教育に対する国家関与の具体的な仕組みを幅広く取り上げて検討することは、日本の公教育制度の再構成に向けて問われるべき事柄や、ありうべき再構成の形を見出すために、今後も取り組まれる必要のある課題であろう。

米国では実効的な規制を課さない州が多くみられるが、教育放棄(educational neglect)が長期間発見されなかった事例もある。このことは、最低限必要な教育が提供されない事例が存在しても、それを国家が容易には把握できなくなるほどの、広範な自由を私的主体に認めてよいのかという問いを提起する。日本の公教育は、一条校以外による義務教育の提供を認めない仕組みを採りつつ、事実上フリースクールなど学校外の主体にも義務教育保障の一部を担わせてきたが、そうした教育機会への規制は課していない。それは、広範な自由の問題を等閑にしているに等しい。

さらに、教育機会確保法をめぐる議論の中心にあった個別学習計画は、インプット規制のみによって教育保障がなされているとみなす仕組みであるが、実効的な監督手段が伴わないこの制度も、広範な自由の問題をはらむものである。保障されるべき自由とそうでないものを峻別することが必要となるが、そのためには、そもそも学校外で学ぶ子どもに保障されるべきものが何であるかを検討することが課題となる。

学校外義務教育をめぐる日本の議論では、米国に比して、共通に保障されるべき最低限必要な教育についてはあまり論じられてこなかった。米国において、最低限保障されるべき教育の候補として挙げられることが多いのは、基礎的な学力の育成である。基礎的な読み書き計算能力の育成は、まずそこに含まれるであろう。さらに、民主主義社会における市民の育成という点に着目すれば、政治体制や投票の仕組み、市民の権利義務についての教育も重要である。労働者の育成という観点からは、市場の仕組みや労働者の権利義務についても教えられるべきかもしれない。自己の健康を自ら管理できるようにするためには、ヒトの身体や心理についての知識が必要であろうし、価値観の異なる他者と共存するためには、寛容の精神を養うことが重要となるかもしれない。こうして「保障すべき教育」のリストが膨れ上がれば多くのことを学校外で保障しうるが、一方で、その基準を継続的に達成しうる教育機会が減少し、学校外義務教育制度からも取りこぼされる子どもが増えるというジレンマに突きあたる。すべての子どもに教育を保障することを公教育の目的とし、通学できない子どもをそこに含めるならば、「普遍的で共通の教育」(本書序章)から「最低限必要な教育」をいかに抽出すべきかを問うこともまた重要な課題となる。

そして、理論的な課題に応答するだけでなく、教育保障を実現するためには、学校外義務教育についての具体的な制度設計も必要である。二重在籍制度は、学校に通えるか通えないかという二項対立を生む制度にせず、家庭や学校外教育施設を義務教育の拠点としながら学校に通うことを許容するものである。学校に通うか否かをめぐり親と子どもの意思が対立する場合にも、部分的な出席を選択肢として設けることで、親と子どもの選択の自由を調整しうる仕組みとして検討されてよい。二重在籍を認めれば、規制を通して保障されうる「最低限必要な教育」を超えた教育を、多様な同級生とともに受ける機会を、すべての子どもに均等に開くことにもなる。

また、日本では一元的な学校外義務教育制度の導入がおもに検討されてきたが、より自らの子どもや自分自身に適合的な規制を選択する自由を親や子どもに保障しながら、同時に教育保障を行いうる仕組みとして、複数の異なる規制を選択肢として用意する多元的な制度の導入も検討されるべきであろう。

現行制度で充分な教育を受けられない子どもに目を向けて就学義務制を再考するとき、例外的事例として教育保障の枠組みから弾かれる子どもの教育に、国家がいかに関与すべきかという問いに答えることは、避けて通れない。学校や学校外の教育機会でも充分な教育を受けられない子どもに、国家や学校、学校外の主体はいかなる責任を負い、いかにそれを果たすべきなのか。この問いへの答えが、公教育の再構成のあり方を根拠づける。その意味で、新たな公教育制度への道は、教育機会を剝奪された少数者へのまなざしが拓いてゆくであろう。

補記

新型コロナウイルスの感染拡大によって、学校における教育保障を長期的に行えなくなる事態が生じ、通学を前提とする日本の公教育制度のあり方が、新たな形で問われることとなった。在宅の子どもへの教育保障策がにわかに注目を集めたが、これは一過性の課題として扱われるべきでない。不登校への対応を背景として、通学できない状況においても教育を保障できるものへと公教育を再編することは、長年残されてきた課題だからである。これを解決するためには、家庭における義務教育の提供を支援する仕組みや、学校や行政機関が遠隔で在宅の子どもに教育を提供する仕組み(たとえば、拙稿(二〇二〇)を参照)

を導入し、それらの教育を正規の義務教育として認めることが必要となる。ただ、そのための知見は、わずかしかない。

本章では、不登校の子どもの教育保障に向けた公教育再編をめぐる課題として、「最低限必要な教育」の内容を抽出することを挙げたが、これは、休校期間や登校再開後に優先的かつ共通に保障されるべき教育内容を明確にし、それを適切に保障するための手段を講じるうえでも必要なことである。今後は、こうした、休校時の教育保障と不登校の子どもの教育保障に通底した課題を検討しつつ、そのいずれの保障にも適う在宅学習制度を整備していくことが求められよう。そうすれば、通学できるか否かにかかわらず、すべての子どもに教育を保障しうる、新たな公教育の実現へと、大きく歩を進めることができるはずである。

注

（1）本章では、国家という語を、国と地方公共団体を区別せず、統治機構の総体をさすものとして用いる。したがって、どこまでが地方公共団体によって担われ、どこからが国によって担われるべきなのかは問わない。

（2）本章では、学校は学校教育法第一条で規定された「法律に定める学校」、いわゆる一条校をさす。米国について論じる部分では、州法上学校とみなされている「公立学校および私立学校」（ただし、法令上学校に分類されるホームスクールを除く）をさす。

（3）ここで扱う施策に関連するものとして、中学校卒業程度認定試験がある。同試験の受験資格は拡大されてきており、現在では、受験日が属する年度に満一五歳になり、「中学校を卒業できないと見込まれることについてやむを得ない事由があると文部科学大臣が認めた」場合、もしくは満一六歳であれば無条件で、同試験を受けることができる（就学義務猶予免除者等の中学校卒業程度認定規則第三条第二号、第三号）。不登校の子どもの中学校卒業が認められなかった場合や、認められない見込みである場合でも、「中学校の国語、社会、数学、理科及び外国語」の筆記試験（第五条第一項、第二項）に合格すれば、中学校の卒業証書を授与されることができる。ただし、利用者はわずかであり、二〇一九年度は受験者八五名、合格者六〇名（文部科学省「中学校卒業程度認定試験実施結果について」）にとどまる、ごく例外的な仕組みである。

（4）教育機会確保法をめぐる議論の動向について整理、検討したものには、山本（二〇一六）、前島（二〇一九）、高山（二〇一九）などがある。

（5）同法の法案をめぐる議論のなかには、国家による学校外教育への介入に肯定的なものもみられる。たとえば、西原（二〇一六）は、「国家は、子どもの教育を受ける権利を保障する立場にある者として、親や他の者による子どもの発達機会の妨害を防ぎ、必要な学習発達の可能性を確保しなければなら」ず、「多様であっていい範囲を逸脱しないことを担保するために……多様な教育機会確保法案にいう「個別学習計画」のような抑制措置を考えざるを得ないことになる。そして、子どもに影響力を持つ者による力の濫用を防止するために、公権力機関がコントロールを引き受けることは不可避となる」（八三頁）と論じる。

（6）公立学校とホームスクールの関わり方も、州ごとに多様である。規制の緩やかな新しいタイプの公立学校（charter schools）が自宅学習者を在籍させることを認める州がみられ、従来型の公立学校による自宅学習プログラムが州レベルで設けられていることもある。本章では親によるホームスクールのみを扱っているが、宮口（二〇二〇）では、公立学校による遠隔教育も広義のホームスクールととらえて米国の制度を整理し、それが日本の制度設計に示唆するものを検討している。

（7）日本の学区は通学区分を意味するが、米国の学区は教育行政区分を意味する。ホームスクール規制の設定は、市民の権利義務に関わるため、州議会の制定した法律や州教育省の行政立法によって行われる一方、ホームスクール家庭との連絡、事務手続き、法令が遵守されているか否かの確認等は、学区によって担われることがほとんどである。ホームスクール支援についても、州単位でプログラムが策定されることは稀であり、学区単位で策定され、運用されることがほとんどである。

引用文献

石井拓児　二〇一六、「福祉国家における義務教育制度と学校づくり――「多様な教育機会確保法案」の制度論的・政策論的検討」『日本教育政策学会年報』第二三号、二八―四三頁。

大桃敏行　二〇〇五、「地方分権改革と義務教育――危機と多様性保障の前提」『教育学研究』第七二巻第四号、四四四―四五四頁。

奥地圭子　二〇一七、「「教育機会確保法」基本指針に対する意見聴取資料」ＮＰＯ法人フリースクール全国ネットワークウェブサイト。（https://freeschoolnetwork.jp/wptest/wp-content/uploads/2016/01/20170223_fsnet_iken.pdf）（二〇二〇年一月五日閲覧）

喜多明人 二〇一五、「法律案に関する論点別の解説――一〇の疑問に答える」ＮＰＯ法人フリースクール全国ネットワークウェブサイト。(https://freeschoolnetwork.jp/wptest/wp-content/uploads/2015/09/kitaakito_rontenkaisetsu_20150905.pdf)（二〇二〇年一月五日閲覧）
後藤武俊 二〇一七、「大桃敏行による教育機会の平等保障論の再検討――異質性・多様性から学ぶ機会の保障の観点から」『東京大学大学院教育学研究科教育行政学論叢』第三七号、二九―三八頁。
後藤武俊 二〇一九、「公教育における「多様な学びの場」の正当性と可能性」(日本教育学会第七七回大会報告「義務教育を問い直す」後藤報告部分)『教育学研究』第八六巻第一号、五五―五七頁。
貞広斎子 二〇一八、「教育主体の多様化に対する公財政支出の公共性確保――制度設計の観点から」『教育学研究』第八五巻第二号、一六二―一七四頁。
下村小夜子 二〇一五、「「義務教育の段階に相当する普通教育の多様な機会の確保に関する法律案」(多様な教育機会確保法案)に反対する声明文」不登校の子どもが危ない！ ＳＴＯＰ！「多様な教育機会確保法」ウェブサイト。(http://ftk.blog.jp/jikoshokai/seimei+4+21_150825_05.pdf)（二〇二〇年一月五日閲覧）
高山龍太郎 二〇一九、「教育機会確保法の成立過程とその論点――ニーズ対応型教育課程という観点から」永田佳之編『変容する世界と日本のオルタナティブ教育――生を優先する多様性の方へ』世織書房、一三五―一七一頁。
谷口聡 二〇一六、「「学校体系の複線化」政策の現代的特徴と課題」『日本教育法学会年報』第四五号、六四―七四頁。
永田佳之 二〇〇五、『オルタナティブ教育――国際比較に見る二一世紀の学校づくり』新評論。
西原博史 二〇一六、「就学義務から「多様な学び保障」へ――義務教育段階における国家の役割と子どもの学ぶ権利」『日本教育法学会年報』第四五号、七五―八四頁。
西村史子 二〇一六、「アメリカ合衆国におけるホームスクーリングと税控除政策の動向」『共立国際研究：共立女子大学国際学部紀要』第三三巻、一一七―一三〇頁。
西村史子 二〇一七、「アリゾナ州の非就学型教育と公的支援の動向――ＥＳＡプログラムを事例として」『共立国際研究：共立女子大学国際学部紀要』第三四巻、八五―九六頁。
前島康男 二〇一九、「現代日本社会における登校拒否・不登校問題――いくつかの重要な論点について」『ＡＣＡＤＥＭＩＡ』

第一七二号、一―二五頁。
宮口誠矢 二〇一七a、「米国ホームスクール政策に関する理論的課題――子ども・親・州の三者関係に着目して」『日本教育政策学会年報』第二四号、一二四―一三七頁。
宮口誠矢 二〇一七b、「米国ホームスクール規制法制の現状と課題――「子どもの将来の自律性」と「親の教育の自由」の観点から」『東京大学大学院教育学研究科教育行政学論叢』第三七号、五五―八二頁。
宮口誠矢 二〇一九、「義務教育としてのホームスクールの制度原理――米国アイオワ州の規制制度と支援制度を事例として」『日本教育行政学会年報』第四五号、一〇三―一一九頁。
宮口誠矢 二〇二〇、「学校教育とホームスクール――家庭を学習拠点とする義務教育機会の諸相」『日本教育政策学会年報』第二七号、頁数未定。
文部科学省 二〇一九a、「「教育支援センター（適応指導教室）に関する実態調査」結果」。(http://www.mext.go.jp/component/a_menu/education/detail/__icsFiles/afieldfile/2019/05/20/1416689_002.pdf)（二〇二〇年四月一五日閲覧）
文部科学省 二〇一九b、「平成三〇年度児童生徒の問題行動・不登校等生徒指導上の諸課題に関する調査結果について」。(https://www.mext.go.jp/content/1410392.pdf)（二〇二〇年四月一五日閲覧）
文部科学省「中学校卒業程度認定試験実施結果について」。(https://www.mext.go.jp/a_menu/shotou/sotugyo/1411519.htm)（二〇二〇年一月一九日閲覧）
山本宏樹 二〇一六、「教育機会確保法案の政治社会学――情勢分析と権利保障実質化のための試論」『〈教育と社会〉研究』第二六号、五―二一頁。
結城忠 二〇一二、『日本国憲法と義務教育』青山社。
世取山洋介 二〇一八、「「義務教育段階における普通教育に相当する教育の機会の確保等に関する法律」の再検討」全国登校拒否不登校問題研究会『登校拒否・不登校問題のこれからを考えよう その2』六八―九七頁。
米沢広一 二〇一六、『憲法と教育15講（第四版）』北樹出版。
Glanzer, P. 2008, "Rethinking the boundaries and burdens of parental authority over education: A response to Rob Reich's case study of homeschooling", *Educational Theory*, 58(1), pp. 1–16.

Isenberg, E. 2007, "What have we learned about homeschooling? ", *Peabody Journal of Education, 82*(2–3), pp. 387–409.
Kunzman, R. 2012, "Education, schooling, and children's rights: The complexity of homeschooling", *Educational Theory, 62* (1), pp. 75–89.
Reich, R. 2002, *Bridging Liberalism and Multiculturalism in American Education*, Chicago, IL: University of Chicago Press.
Reich, R. 2008, "On regulating homeschooling: A reply to Glanzer", *Educational Theory, 58*(1), pp. 17–23.

3 「内なるグローバル化」による日本型公教育の「揺らぎ」

髙橋 哲

はじめに

本章の目的は、従来、「日本国民」を対象とし、外国にルーツをもつ子どもたちを排除、ないし、例外として扱ってきた「日本型公教育」が、「内なるグローバル化」のなかでその枠組みを変容させているのか否かを日米比較の観点から検討することにある。

第一章にみたように、日本型公教育の特徴は、学校教育法(以下、学校法)第一条に定められた国、地方公共団体、および、学校法人によって設置された「一条校」を中心とする教育保障の枠組みにある。一条校は、文部科学省(以下、文科省)が法的拘束力を主張する学習指導要領を教育課程の基準とし(学校法施行規則第五二条)、文部科学大臣が検定を行った教科書の使用義務が課され(学校法第三四条)、さらに、教育職員免許法に定められた教員免許状を所持する教員のみが教壇に立つことが許されるという制度枠組みを前提としている(免許法第三条)。後に詳しくみるように、この「一条校主義」ともいえる公教育の枠組みは、朝鮮学校をめぐる問題に象徴されるように、外国にルーツをもつ子どもたちを排除する歴史的役割を果たしてきた。いわば、外国にルーツをもつ子どもの教育政策は、在日朝鮮人政策、ないし、朝鮮学校政策と同義として行われ、これらの子どもを公教育の「対象外」として扱ってきたのである

(韓 二〇一五、一一一頁)。

一方、一九八一年の難民条約締結に伴うインドシナ難民の受け入れや、一九八九年入管法改正以降、「ニューカマー」と呼ばれる人々が日本国内で急増するなかで、在日朝鮮人政策と同義とされてきた外国人政策は、大きな転機を迎えつつある。法務省出入国在留管理庁の公表によると、二〇一八年末時点での在留外国人のうち、一番多い国籍は中国で七六万四七二〇人(構成比二八・〇%)、二位が韓国で四四万九六三四人(構成比一六・五%)、以下、ベトナム三三万八三五人(構成比一二・一%)、フィリピン二七万一二八九人(構成比九・九%)、五位ブラジル二〇万一八六五人(構成比七・四%)となっている[1]。また、旧植民地出身者を示す特別永住者の数は、三二万一四一六人で在留資格者の構成比でも一一・八%を示すにとどまっており、もはや在日朝鮮人は日本に在留する外国人のなかでもマイノリティとなりつつある。二〇一八年一二月には入管法改正により「特定産業分野」に就労する在留資格が認められたため、今後、「ニューカマー」と呼ばれる外国人労働者や子どもの数はさらに増えることが予想される(宮島・鈴木 二〇一九、一六―一七頁)。

さらに、文科省が実施する「日本語指導が必要な児童生徒の受入状況等に関する調査(平成三〇年度)[2]」にみるならば、全国の公立初等・中等レベルの学校に在籍する「日本語の指導が必要な外国籍の児童・生徒」は、二〇〇七年に二万五四一一人であったものが、二〇一八年には四万七五五人となり、これらの子どもが在籍する学校数も五八七七校から七八五二校へと増加している。また、これらの指導の対象となる子どもの約四分の一にあたる一万二七四人は日本国籍を有する児童生徒であることが示されており、日本語指導をめぐる問題は、必ずしも「外国人」をめぐる問題ではなくなりつつある。

このように、外国人政策は在日朝鮮人政策にとどまりえず、またその子どもたちの教育をめぐる問題も「外国にルーツをもつ子どもの教育保障」へとその射程を広げざるを得ない客観的条件が顕在化している。本章の課題は、これまで日本国籍をもつ子どもたちを対象としてきた日本型公教育が、「内なるグローバル化」のもと、外国にルーツをもつ子どもたちを包摂する仕組みへと変貌を遂げたといえるのか、ないし、その枠組みは揺らいでいるのかを問うことにある。以下ではこの問題を、外国にルーツをもつ子どもたちへの国による教育施策を中心に検討し、日本型公教育の「揺らぎ」を検証する。この課題にあたり、まず、外国にルーツをもつ子どもに教育を保障するとはいかなることなのかを考える視座として、米国におけるバイリンガル教育の事例を検討したい。

一 アメリカにおける外国にルーツをもつ子どもの教育保障

外国にルーツをもつ子どもの教育＝バイリンガル教育の意義

周知のように、アメリカ合衆国は、移民国家であると同時に、多様な人種と民族を内包する国である。それゆえ、子どもの教育保障をめぐる問題は、マイノリティの権利獲得運動の過程の一環として展開されてきたのであり、典型的には、一九五四年のブラウン判決(*Brown v. Board of Education* (1954))を契機として興隆した公民権運動と、その後の連邦教育政策の展開をあげることができる。連邦最高裁はブラウン判決において、それまでの判例法理であった「分離すれども平等(separate but equal)」原則を否定し、人種による別学制度を合衆国憲法修正第一四条の「平等保護(equal protection)」条項に違反すると判示したのである。これにより、強制バス通学等による人種分離是正措置が各地で実施されていく。連邦政府はさらに、一九六五年に初等中等教育法(Elementary and Secondary Education Act of 1965)を制定し、連邦補助金の受給を通して人種分離是正を積極的に行い、また、「低所得家庭(low-income families)」の子どもたちを主たる対象とする補習プログラム等を連邦補助金のもとで利用可能としたのである(中村 二〇一一、二〇四―二〇五頁、Jennings 2015, pp. 121-122／邦訳 一二一―一二二頁)。

米国における外国にルーツをもつ子どもへの教育保障もまた、マイノリティの権利獲得の一環として位置づけることができる。ただし、これらの子どもは、外国籍をもつ子どもに限らず、米国で生まれ米国籍を有しながらも英語能力が十分でない子どもが含まれてきたため、「外国籍の子ども」として焦点化されるのではなく、「言語マイノリティ」問題として検討されてきた。日本においては同様の子どもの教育保障の問題を「外国人児童生徒教育[3]」として、あくまで「外国人」問題として対応してきたことと大きく異なる点である。

米国においてこの言語マイノリティの教育保障の重要施策とされてきたのが、バイリンガル教育である。末藤美津子によれば、バイリンガル教育とは、「生徒の母語を育てていくこと、生徒に第二言語を習得させること、母語と第二言語を用いた教科教育を行うこと、という三つの条件を同時に満たした第二言語習得のための教育方法のこと」(末藤 二〇〇二、一九頁)と定義されている。このバイリンガル教育には、「権利としての言語」という概念が背景となり、「母語を用いる権利や母語教育を受ける権利を基本的人権の一つとしてとらえる言語観」(同、一五二頁)を前提としてきたとされる。

米国におけるバイリンガル教育もまた、ブラウン判決と公民権運動の興隆のもとに展開されてきた。一九六八年のバイリンガル教育法(Bilingual Education Act of 1968)は、先にみた初等中等教育法の第七章(Title VII)として制定され、「英語の会話能力が十分でない子ども(limited English speaking ability)」を対象とする教育プログラムに連邦補助金を支給したのである。そこでは、補助金対象となるプログラムとして、バイリンガル教育、「民族の歴史と文化を教えるプログラム」など、子どもたちの母語と文化の教育を保障しながら英語能力を獲得することがめざされていた。一方、一九六八年制定のバイリンガル教育法は、補助金の対象となる生徒に世帯所得の制限がかけられ、また、補助金額も少額にとどまっていたため、多くの課題を残していた。そのようななかで、言語マイノリティの教育保障のあり方が裁判で争われることとなる。

カリフォルニア州の中国系生徒とその保護者を原告として争われた一九七四年の連邦最高裁ラウ判決(*Lau v. Nicols*, 414 U. S. 563(1974))では、言語マイノリティを学校教育において放置することは公民権法第六〇一条に違反するとして以下のような判示がなされた(4)。

ただ単にこれらの生徒たちに同じ施設、教科書、教員、そしてカリキュラムを提供するだけでは平等な取り扱いにならない。英語を理解できない子どもたちは、意味ある教育(meaningful education)から実質的に締め出されている。基礎的な英語のスキルは、公立学校の教育内容の中心そのものであるといえる。教育プログラムに彼らが効果的に参加することができるようになる以前に、その子どもがこのような基礎的なスキルを修得していなければならないという義務を課すことは、公教育をまがいものにすることである。

このように、ラウ判決においては、言語マイノリティの子どもに、英語を母語とする子どもと同様の教育条件を与えるだけでは、子どもたちが「意味ある教育」から締め出されているとして、その法律違反を認めたのである。このラウ判決への立法的対応として制定されたのが、一九七四年の平等教育機会法(Equal Education Opportunity Act of 1974)である。そこでは、「人種、皮膚の色、あるいは国籍を理由に学校において差別を受ける」ことを禁止するとともに、「言語上の障害を克服するための適切な措置(appropriate action)」を学区、州政府に義務づけたのである(20 U. S. C. A. §1703)。また、連邦公民権局は、ラウ判決を受けて、一九七五年に「ラウ救済策(Lau Remedies)」と呼ばれる指針を示した。そこでは、各学区に子どもの言語能力に応じた「適切な形式の教育プログラム」の提供を義務づけ、たとえば、母語しか話せない小学校の子どもには、「移行型バイリンガル教育」「バイリンガル/バイカルチャル・プログラム」「多言語/多文化プログラム」のいずれかを提供することを推奨した。さらに、ラウ救済策は、プログラムの対象となる子どもの判定、英語能力取得の評価、通常学級への合流の手続きを明記するなど、子どもたちの言語能力の発達を見極める厳格な手続きを示したのである。

ラウ判決を受けて、バイリンガル教育法も改正を重ねていくこととなる。一九七四年改正では、プログラム対象者の所得制限が撤廃され、補助金も増額された。また、一九七八年改正においては対象者を従来の「英語の会話能力が十分でない子ども」から「英語の修得が十分でない子ども(limited English proficiency)」へと変更し、学校での学習に必要な英語能力全般を対象とすることとなった。さらに、プログラムに参加する子どものうち四〇%まで、英語を母語とする生徒の参加が可能となり、通常学級からの「取り出し」による子どもの分離(segregation)を克服することがめざされたのである(Ovando & Combs 2018, p. 56)。

また、これらの立法政策の傍ら、訴訟運動においても、言語マイノリティへの教育保障を実質化するための試みがなされている。平等教育機会法の「言語上の障害を克服するための適切な措置」が抽象的な定めであったのに対し、一九八一年の連邦控訴審ピカード判決(*Castemeda v. Pickerd*, 648 F. 2d 989(1981))では、具体的な施策の基準が示された。判決は、「適切な措置」の三つの条件として、①そのプログラムが「適正な教育理論(sound education theory)」にもとづくこと、②プログラムが十分な支援と人員によって効果的に実施されていること、③言語指導だけでなく、すべての教育課程に関与するうえでプログラムが効果的であると評価され設定されていることを掲げた。ピカード判決は、事実上、ラウ救済策を実施するうえでの法的基準を設定し、言語マイノリティの子どもへの教育施策を厳格なものとしたのである。

また、外国にルーツをもつ子どもの教育保障において重要判例とされるのが、一九八二年連邦最高裁プライヤー判決(*Plyer v. Doe*, 102 S. Ct. 2382(1982))である。同判決は、テキサス州の不法移民の子どもたちへの州教育補助金の取り下げ、および、学区による就学拒否を許容する州法は、修正第一四条の平等保護条項に違反すると判示した。判決は、不法移民の子どもの教育保障の否定は差別にあたるとし、「不利益を課されているかれらの親の行動、あるいは、かれらの移民としての地位に対して子どもは責任を有していない」、あるいは、「公教育の剝奪は、その他の政府による利益の剝奪と同じではない」ことを理由に、「州民のための限られた資源の保全という理由は、州の利益として認められない」として平等保護条項違反を認めたのである。この判決により、正規の移民であるか否かにかかわらず、子どもを教育において差別することは、合衆国憲法上禁止されることとなった。

このように、米国においては、国籍の有無や移民としての地位にかかわらず、言語マイノリティの子どもを放置することや、公教育の提供において差別することは合衆国憲法、連邦法上許されないものとされてきた。言語マイノリティの子どもたちへの教育保障は、学区、州政府の義務として定着してきたのである。

バイリンガル教育のその後

しかしながら、一九八〇年代から二〇〇〇年代にかけて、言語マイノリティの教育保障をめぐる問題は、ある種の民族紛争に発展する。一九六〇年代から七〇年代にかけて、言語マイノリティはおもにスペイン語を話す家庭の子どもたちであった。それゆえに、バイリンガル教育をめぐる紛争は、スペイン語とラテン民族の文化をアメリカ国内で維持しようとする人々と、英語を事実上の公用語として維持しようとする保守勢力との対立点となったのである。ジェニングスは、このバイリンガル教育をめぐる問題の背景を以下のように指摘している。

バイリンガル教育はまた、この国の主たる言語としての英語を失うこと、職が現在の市民からより低賃金で働く新参者へと移ること、あるいは、何百万人もの新たな移民の登場により「アメリカのアイデンティティ」を失うことへの怖れなど、アメリカ社会が変わってしまうことに対する脅威の矢面に立たされることになったのであ

る(Jennings 2015, p. 116／邦訳一一六―一一七頁)。

このような対立が顕在化するなか、レーガン政権の誕生とともに、バイリンガル教育は予算削減の対象とされていく。一九八一年にはラウ救済策が廃止され、各州政府、学区には言語マイノリティへの教育にあたり広範な裁量が与えられることとなった(Crawford 1996, p. 284)。一九八四年のバイリンガル教育法改正では、言語マイノリティに提供する教育補助金のうち一〇%を上限として母語を用いないプログラムに支給することが認められ、さらに、一九八八年改正では、二五%までこれが認められることとなった。同時に、一九八四年には、バイリンガル教育を受ける期間の上限が原則三年間とされたのである(Jennings 2015, p. 114／邦訳一一四頁)。

さらに、バイリンガル教育の後退を決定づけたのが、二〇〇二年に初等中等教育法の改正法として制定された「どの子も置き去りにしない法(No Child Left Behind Act of 2001)」(以下、NCLB法)であった。NCLB法は、まず連邦補助金の受給条件として、州が学力スタンダードを設定し、州統一学力テストにもとづき、すべての子どもが少なくとも「修得(proficiency)」のレベルに達することを義務づけ、さらには、学校にその「結果責任」を負わせるという仕組みを形成した(20 U. S. C. §6311(b)(2)(F))。州は、生徒が修得レベルに達する各年度の目標値を「毎年の適切な進捗(adequate yearly progress)」として設定するものとされ、二年続けてこの進捗に到達できなかった学校には、同法に定められた制裁措置の実施が義務づけられたのである。さらにNCLB法は、①経済的不利な立場にある生徒、②特定の人種・民族の生徒、③障がいのある子ども、そして、④「英語の適性が十分でない子ども(limited English proficiency)」を四つの「特定グループ(subgroup)」として設定し、それぞれの到達度を個別に測定、報告することを義務づけた(20 U. S. C. §6311(b)(2)(C))。これにより、言語マイノリティの子どもたちの教育方法は、バイリンガル教育という手法の如何にかかわらず、英語(reading)と数学の州統一テストの結果に委ねられることとなったのである。また、

ＮＣＬＢ法の制定に伴い、バイリンガル教育法は名称を変え、「英語習得、言語促進、および学力向上のための法律(English Language Acquisition, Language Enhancement, Academic Achievement Act in 2001)」となり、バイリンガル教育という名称自体が消失することとなる。

この傾向は、ＮＣＬＢ法の後継で初等中等教育法の最新改正法である二〇一五年一二月制定の「すべての子どもが成功するための法(Every Student Succeeds Act of 2015)」(以下、ＥＳＳＡ)にも引き継がれることとなった。言語マイノリティの子どもたちは、ＮＣＬＢ法と同様に、四つの「特定グループ」の一つと位置づけられているが、その名称を変え「英語学習者(English learners)」とされた。あくまで「英語」を習得することが強調されたのである(20 U. S. C. §6311(c)(2))。

一方、ＮＣＬＢ法においては学校全体の目標達成の失敗が是正措置の対象とされていたのに対し、ＥＳＳＡにおいては特定グループの学力不振が改善措置の対象とされた。ＥＳＳＡにおいては、ＮＣＬＢ法で明記された具体的な是正措置の義務づけが削除され、制裁措置について以下のような二種類の措置がとられた。第一が、州全体の下位五％の学校に対して行われる「包括的支援・改善策(comprehensive support and improvement)」である(§6311(d)(1))。第二に、既述の四つの特定グループの一つが、州全体で成績下位五％、あるいは、継続的成績不振であることが認定された学校に実施される「集中的支援・改善策(targeted support and improvement)」である(§6311(d)(2))。これらの対象となった学校を州が学区に告知し、告知を受けた学校は、学校レベルでの改善計画を策定、履行しなければならない。さらに、上記の措置をとったにもかかわらず、四年を最長とする特定期間内に改善がみられない場合は、「介入措置の履行など、州が決定するより厳格な措置」をとることが義務づけられている。

このように、ＮＣＬＢ法の制定以降、言語マイノリティの教育保障は、州統一学力テストによって測られる達成度に焦点化され、その手法としてバイリンガル教育の「特権」的地位は失われることとなった。特定グループの一つとされた言語マイノリティの子どもたちの呼称が、「英語学習者」とされたように、教育保障の目的は、あくまで子どもたちに英語を習得させるものとされた。そこには、子どもたちの母語と文化を保障するバイリンガル教育の理念に対し、英語を事実上の公用語とみなす見解の優位をみることができる(5)。

しかしながら、バイリンガル教育を重視する立場においても、英語習得を重視する立場においても、これら言語マイノリティの子どもたちを公教育に包摂するという点においては争いがない。アメリカ国内で生活するうえで、言語上不利な立場にある子どもたちに、何らかの言語プログラムを公教育の「本体」として提供し、そのための制度を整える点においては一致をみているのである。NCLB法、ESSAにおいても、学力テスト成績の偏重という問題がありながらも、法形式上、特定グループの一つとしてその学力保障を州政府、学区に義務づけている点において、子どもたちはあくまで公教育の「本体」に位置づけられている。この点が、アメリカにおける言語マイノリティをめぐる教育保障の特徴であり、日本における外国にルーツをもつ子どもたちの教育保障をめぐっても、その子どもたちが果たして公教育「本体」の対象とされているのかが問われなければならない。ゆえにこの観点から、以下、日本における外国にルーツをもつ子どもの教育保障の歴史と現状をみていきたい。

二　戦後の「外国人政策」としての「朝鮮学校政策」

日本国憲法における外国人の人権享有主体性

上にみてきたアメリカにおける言語マイノリティの子どもの教育保障が、公教育の「本体」に位置づけられたうえでの教育方法、理念のせめぎ合いであったとみるならば、日本における外国にルーツをもつ子どもの扱いは、公教育からの「締め出し」であったといえるだろう。その「締め出し」の法的枠組みとして機能してきたのが、日本型公教育を象徴する「一条校主義」であった。

周知のように、日本国憲法第二六条第一項には「教育を受ける権利」が定められ、教育がすべての人々にとっての人権であることが明記されている。しかしながら、憲法上の人権において、外国人は異なる扱いがなされてきた。外国人の人権享有主体性を争ったマクリーン事件最高裁判決（最大判民集第三二巻第七号一二二三昭五三・一〇・四）においては、「基本的人権の保障は、権利の性質上日本国民のみをその対象としていると解されるものを除き、わが国に在留する外国人に対しても等しく及ぶ」として、「権利の性質説」がとられた。すなわち、憲法に明記された個々の権利の性質によって外国人への適否を区別するという立場がとられたのである。この「権利の性質説」のもと、憲法上の自由権は外国人であっても保障されるが、参政権、社会権、入国の自由については原則として適用を否定するという解釈が通説とされてきた（芦部 二〇一九、九二―九三頁）。

憲法上、「教育を受ける権利」は一般的に社会権と解されており、外国人の社会権保障については、本国が保障すべきとの「所属国責任論」、あるいは、それらは時の立法政策に委ねられるべきとする「立法政策論」により消極的に解されてきた（成嶋 二〇一八、一二一―一三頁）。しかしながら、日本は一九七九年に社会権規約（経済的、社会的及び文化的権利に関する国際規約）を批准し、さらに一九九四年に国連子どもの権利条約を批准している。社会権規約は「教育についてのすべての者の権利を認める」（第一三条第一項）と定め、子どもの権利条約も「締約国は、教育についての児童の権利を認める」（第二八条第一項）としている。このようななか、日本における外国にルーツをもつ子どもが法制上、どのように扱われてきたのかを次にみていきたい。

在日朝鮮人の子どもたちの教育政策上の扱い

一九四六年一一月に日本国憲法が公布され、一九四七年四月に教育基本法、および、学校法が施行される。当時の学校法第一条では、「この法律で、学校とは、小学校、中学校、高等学校、大学、盲学校、聾学校、養護学校及び幼稚園とする」と定められ、この八種の学校が「法律に定める学校」とされた。また、同法第八三条において「第一条に掲げるもの以外のもので、学校教育に類する教育を行うものは、各種学校とする」と定められ、一条校以外の学校を「各種学校」とする二元体制がとられたのである。さらに、第二二条において、「保護者……は、子女の満六才に達した日の翌日以後における最初の学年の初から、満十二才に達した日の属する学年の終りまで、これを小学校又は盲学校、聾学校若しくは養護学校に就学させる義務を負う」として、就学義務の対象を一条校に限定する日本型公教育の枠組みが形成された（中学校等への就学義務は第三九条）。

冒頭にみたように、学校法制定以降の政策動向にみるならば、外国籍の子どもの就学をめぐる問題は、在日朝鮮人政策と同義として行われてきたのであり、それは公教育からの「排除」と「同化」の歴史であったと総括されている（韓 二〇一五、一一六―一一七頁）。戦後直後、連合国軍の占領下にあって、在日朝鮮人は戦前期からの「皇国民」として日本国籍を有するという扱いがなされていた。文部省（当時）は一九四七年三月の通達「朝鮮人児童の就学義務に関する件」（雑学第一二三号）において、「一応朝鮮児童についても日本人と同様就学させる義務があり、かつ実際上も日本人児童と異なった扱いをしてはいけない」として、学校法上の就学義務を在日朝鮮人にも適用することを示していた。[6]また、この就学義務の適用にあたっては、「就学義務を強制することの困難な事情があり得るから、実状を考慮して適切に措置されたい」として柔軟な対応をすることが盛り込まれていたのである。このもとで、一九四七年一〇月には在日朝鮮人の子どもを対象とする学校は五〇〇校を数え、就学者数も約五万七〇〇〇人に達していた（呉 二〇一九、五四頁）。

ところが、米ソ対立による冷戦構造の顕在化のもと、一九四八年一月二四日付文部省学校教育局長通達「朝鮮人設立学校の取扱いについて」（官学第五号）では、「朝鮮人の子弟であっても、学令に該当するものは、日本人同様市町村立又は私立小、中学校に就学させなければならない」とし、一条校である日本の小中学校に就学させる義務を在日朝鮮人に適用したのである。この結果、各地域においては、朝鮮学校閉鎖措置がなされ、一九四八年四月に、大阪では関係の生徒一名が警官の発砲によって死亡する事件が起こっている（金 二〇〇二、八五―八六頁）。

一方、在日朝鮮人の就学問題は、一九五二年のサンフランシスコ講和条約の発効により、大きな転換期を迎える。日本政府は、平和条約発効に伴い旧植民地出身者は日本国籍を失い「外国人」になるとして、在日朝鮮人の日本国籍を一律に無効としたのである（田中 二〇一九、六六頁）。これに伴い、一九五三年二月の文部省初等中等教育局長通達「朝鮮人の義務教育諸学校への就学について」（文初財第七四号）では、「教育委員会は朝鮮人の保護者からその子女を義務教育学校に就学させたい旨の申し出があった場合には日本の法令を遵守することを条件として、就学させるべき学校の校長の意見を徴した上で、事情の許す限りなお従前通り入学を許可する」として、校長の裁量を前提に「施し」として、公立学校への入学を許可したのである（韓 二〇一五、一一五頁）。さらに通達は、在日朝鮮人の子どもたちは「学令簿に記載する必要はないし、就学履行の督促という問題もなく、なお外国人を好意的に公立の義務教育学校に入学させた場合には義務教育無償の原則は適用されない」として、就学義務、無償教育の対象から除外した。

このような公教育からの「締め出し」政策のもと、日本の公立学校に入学する在日朝鮮人の無償措置については、一九六五年六月に締結されたいわゆる日韓協定に伴い、一定の改善がはかられる。文部事務次官通達「日本国に居住する大韓民国国民の法的地位および待遇に関する日本国と大韓民国との間の協定における教育関係事項の実施について」（文初財第四六四号）は、協定によって永住を許可された者については、「授業料は徴収しないものとすること」、および、「教科用図書の無償措置の対象とするものとすること」、さらには「就学援助措置についても、日本人子弟の場合に準じ、同様の扱いとするものとする」として財政面において大きな改善がなされた。一方、同通達では「朝鮮人の教育については、日本人子弟と同様に取り扱うものとし、教育課程の編成、実施について特別の取り扱いをすべきでないこと」とし、特別な教育課程を一切拒絶したのである。

さらに、上記の通達と同日に発せられた文部事務次官通知「朝鮮人のみを収容する教育施設の取り扱いについて」(文管第二一〇号昭和四〇年一二月二八日)では、「朝鮮人学校は、わが国の社会にとって、各種学校の地位を与える積極的意義を有するものとは認められないので、これを各種学校として認可すべきでない」として、朝鮮学校を一条校から排除するだけでなく、各種学校としての地位も否定し、学校教育制度の枠組みから排除する見解が示された。しかしながら、各種学校認可をめぐっては、認可事務が自治体の裁量とされていたことから、一九六八年の東京都における朝鮮大学校の認可を皮切りに、全国の朝鮮学校が各種学校として認可されている(田中 二〇一九、二〇三頁)。

これらにみられるように、一条校を中心とする「日本型公教育」の枠組みは、在日朝鮮人の子どもや朝鮮学校を排除する手段として機能してきたといえる。先にみた米国の事例との比較でみるならば、日本型公教育は、国内に居住する子どもを民族、国籍にもとづいて排除することを公然と認めてきた点に最大の特徴をみることができる。

三　外国にルーツをもつ子どもの教育保障の現状

「朝鮮学校政策」から「外国人児童生徒教育政策」へ

これら「外国人政策＝在日朝鮮人政策」として行われてきた教育政策には、引き続き、朝鮮学校の「締め出し」が継続して行われる傍ら、一つの変化が生じることとなる。冒頭にみた一九八一年の難民条約加入後のインドシナ難民の受け入れ、ならびに、一九八九年、二〇〇九年入管法改正による外国人労働者の流入により、「外国人児童生徒教育政策」が展開されるのである(宮島・鈴木 二〇一九、一〇頁)。この「ニューカマー」と呼ばれる人々の増加のもと、旧総務庁は、一九九六年二月に、文部省に対し、「外国人子女及び帰国子女の教育に関する行政監察」の結果にもとづく勧告を行い、県教委および市教委を通じて、外国人児童生徒の保護者に対する外国語による就学案内、就学援助制度等の情報提供を要請していた。同通知を受けて、文部省は、「就学ガイドブック」を作成、配付するなどの対応を行っていたが、二〇〇三年八月に総務省行政評価局は再び文科省に対して、「外国人児童生徒等の教育に関する行政評価・監視結果に基づく通知」を発し、改めて外国にルーツをもつ子どもたちの就学について改善を求めたのである。

これをうけて、二〇〇六年六月に文科省初等中等教育局長通知「外国人児童生徒教育の充実について」(文科初第三六八号)が発せられる。そこでは、「外国語による就学案内、就学援助制度等の教育関連情報の的確な提供を行うこと」が示され、就学案内の充実により「外国人児童生徒」を公立学校に積極的に受け入れることが要請された。さらに、「外国人児童生徒の居住地等の通学区域内の学校が日本語指導体制が整備されていない場合には、地域の実情に応じ、日本語指導体制が整備されている学校への通学を認めるなど、柔軟な対応を行うこと」が求められたのである。

二〇〇九年三月にはリーマンショックによる景気後退のもと「日系ブラジル人等の定住外国人の雇用状況が厳しくなっており、ブラジル人学校等に通学しているこれらの者の子どもの就学が困難になりつつある」との懸念にもとづき、文科省初等中等教育局長「定住外国人の子どもに対する緊急支援について」(文科初第八〇八三号)が発せられている。そこでは、「外国人児童生徒を受け入れる学校においては、外国人児童生徒のための日本語指導教室等を設けるなどして、日本語指導や適応指導を適切に行うこと」として、各学校における日本語指導の実施が要請されたのである。次に、この日本語指導を提供するにあたり国はどのような制度的対応をしているのかをみていきたい。

教育保障としての日本語指導

文科省は、二〇一四年一月に学校法施行規則を改正し、日本語指導のための「特別な教育課程」を編成する根拠規定を新設した。それまでは、不登校等の子どもたちを対象とする同規則第五六条の「特別の教育課程」を根拠としていたのに対し、日本語指導に特化した条文を定めたのである。新設された学校法施行規則第五六条の二は「小学校において、日本語に通じない児童のうち、当該児童の日本語を理解し、使用する能力に応じた特別の指導を行う必要があるものを教育する場合には、……特別の教育課程によることができる」とした（同じく、中学校、中等教育学校、特別支援学校にも準用）。また、規則改正と同時に示された文科省告示「学校教育法施行規則第五六条の二等の規定による特別の教育課程について定める件」（平成二六年文科省告示第一号）では、「特別の指導に係る授業時数は、年間一〇単位時間から二八〇単位時間まで」と定められている。このように、文科省が学習指導要領の法的拘束力の主張を維持する一方で、「例外」として、日本語指導に係る「特別の教育課程」が許容されたのである。

また、日本語指導にあたる教員配置についても、「公立義務教育諸学校の学級編制及び教職員定数の標準に関する法律」（以下、義務標準法）の二〇一七年改正によって対応がはかられている。従来、日本語指導を担当する教員は、基礎的な定数とは別に、追加的に補充される国庫加配教員が配置されてきた（山﨑ほか 二〇一七、八六―八七頁）。こうしたなか、二〇一七年の義務標準法改正では、日本語指導教員に特化した根拠規定が定められ、その配置が基礎定数化されたのである。義務標準法の第七条第六号では「小学部及び中学部において日本語を理解し、使用する能力に応じた特別の指導であつて政令で定めるものが行われている児童及び生徒の数に十八分の一を乗じて得た数」として、各都道府県、政令指定都市ごとに日本語能力に課題のある児童生徒一八人あたりに一人の教員が配置されることとなった。

日本語指導に関する教員配置が独立した根拠規定をもち、それまで文科省の裁量による加配によって配置されてきたことにみるならば、それは外国にルーツをもつ子どもの教育保障において大きな前進であったといえる。しかしながら、教員一人を配置するのに、管区内に一八人の子どもの在籍が前提とされる仕組みは、限定的な対応であったと評価せざるを得ない。日本語に課題をもつ子どもは、必ずしも一つの学校に集中して在籍していないため、各学校に日本語指導を担当する教員が訪問するか、指導が必要な子どもたちが自分の在籍する学校を離れて指導を受けるしかない。その意味で、基礎定数化は重要な前進ではあるが、十分な教育保障とまではいい難い。このことが、以下にみるように、外国にルーツをもつ子どもたちに提供される日本語指導においても課題を残すものとなっている。

文科省「日本語指導Q＆A」にみる特徴

文科省は、上記の日本語指導に係る「特別な教育課程」を実施するにあたり、二〇一四年一月に初等中等教育局長通知「学校教育法施行規則の一部を改正する省令等の施行について」(文科初第九二八号)を発し、対象となる児童や運用方法について周知を行っている。さらに、「海外子女教育、帰国・外国人児童生徒教育等に関する総合ホームページ」において、日本語指導に関する「Q＆A」を掲載しその詳細を定めている。[7]「Q＆A」は、指導内容の詳細について「日本の学校生活や社会生活について必要な知識を学び、日本語を使って行動する力を身につけることが主な目的となります。……「サバイバル日本語」と呼ばれることがあります」とするように、子どもたちに教授される日本語能力は、あくまで「サバイバル」に必要な能力とされている。

また、「日本語指導が必要かどうかの判断は、校長の責任の下で行うことになります」(Q９)とするように、必ずしも日本語指導の専門でない校長が、自らの裁量のもとで判断するものとされている。さらに、日本語指導の担当教員の資格については、「小学校であれば小学校教諭の免許状が、中学校であれば中学校教諭の免許状が必要です」(Q11)というように、通常の学校種の免許状があれば、誰でも日本語指導を担当することができるとされる。また、指導の形態としても、「日本語指導を行う場所は、対象児童生徒の在学する学校において、在籍学級とは別の教室で行うことを原則とします」(Q25)とするように、指導を受ける子どもたちを通常学級から「分離」する手法がとられている。

重要なのは、教員配置や財政負担が基本的に自治体責任とされており、また、ボランティア等の活用を前提とする仕組みとなっている点である。文科省の「Q＆A」では、先にみた子ども一八人に教員一人の枠組みを前提としたうえで、「それぞれの学校に教員を配置することは困難であり、教員の複数校兼務あるいは非常勤講師の任用など、各教育委員会で、実情に応じて工夫することが求められます」（Q29）とし、不足する人員は各自治体で確保するものとされている。また、「日本語指導の補助を行う支援者やボランティアを確保するためにも、大学や地域のNPO等との連携を設置者として積極的に行うことが大切です」として、支出の必要のないボランティアに依存した仕組みを形成している。さらに、「これらの取組を円滑に進めるために、必要な予算を計画的に計上することが必要です」（Q45）というように、日本語指導に必要な予算は自治体自らが確保することが前提とされている。

これら、文科省の進める日本語指導の施策にみるならば、それは、日本語指導に伴う教育課程の特例と、指導にあたる教員を基礎定数によって配置するという一定の前進をみることができる。しかしながら、教育課程に関しては、学習指導要領の法的拘束性をそのままに、その「例外」として「特別な教育課程」を認めるという体裁をとっている。また、教員配置に関しても、子ども一八人あたりに教員一人の配置とされ、また、必ずしも日本語指導を専門とする教員を前提としていない。日本語指導は、外国にルーツをもつ子どもたちを公教育の対象として取り入れようとする試みであることは確かであるが、米国の事例からみるならば、子どもたちの母語や文化に対する配慮はなされず、また、日本語指導においても限定的な制度的条件が提供されるのみとなっている。その意味で、一定の前進がありながらも、外国にルーツをもつ子どもたちは、公教育の「本体」ではなく、いわば「例外的対象」に位置づけられているとみることができる。

自治体発の教育保障施策

上記のような限定的な条件にとどまる国の施策を補っているのが、各自治体発の教育保障プログラムであり、以下の浜松市にみられるような外国人集住地域の取組に顕著にみられる(8)。浜松市は「外国人集住都市会議」に参加する一三都市の一つであり、二〇一九年現在、外国人人口は二万四四三三人と、同会議に参加する都市のなかで最も多い。二〇〇一年一〇月一九日に初めて開催された会議においては、「「地域共生」についての浜松宣言」が採択され、このなかで、「健全な都市生活に欠かせない権利の尊重と義務の遂行を基本とした真の共生社会の形成を、すべての住民の参加と協働により進めていく」ことが宣言された(9)。同時に「外国人住民に関わる「教育」についての提言」が示され、「公立学校における日本語等の指導体制の充実」、ならびに、「就学支援の充実」が課題として提示された。なかでも、後者については、「公立小中学校への就学促進や、外国人学校への就学支援、さらには生活サポートのための施策など、滞在形態の実状に対応した教育環境の整備も必要になってきている」として、一条校への就学にとどまらない支援を示している。

浜松市は、この「宣言」をもとに、二〇〇一年に「浜松市世界都市化ビジョン」を策定し、これを二〇〇七年に改訂、さらに、二〇一八年に「第二次浜松市多文化共生都市ビジョン」(以下、第二次ビジョン)を策定し、いずれにおいても教育支援を「重点施策」に位置づけている。「第二次ビジョン」では「次世代の育成・支援」が重点施策として掲げられ、その三つの柱として、「子供たちの国際感覚の涵養」、「外国にルーツを持つ子供たちへの教育支援」、そして「学齢期を過ぎた外国にルーツを持つ青少年のキャリア支援」が示されている。このうち、第二の柱の「教育支援」については、「外国人子供教育支援推進事業」が中心施策として掲げられている(10)。

浜松市の「外国人子供教育支援推進事業」は、同市教育委員会学校教育部指導課教育総合支援センターの外国人支援グループが中心となって実施しており、具体的な事業の一つとして、「バイリンガル支援者」が配置、派遣されている。二〇一九年五月現在、この支援者のうち、「初期適応サポーター」はポルトガル語、スペイン語、タガログ語、中国語、ベトナム語、インドネシア語、英語を話せるサポーター一五人が、子どもの学校編入時に派遣され、適応指導、通訳・翻訳業務を担当している。また、「就学支援員」は、ポルトガル語、あるいは、タガログ語が話せる一四人の支援員が、対象となる子どもが多数在籍する学校に各自常勤配置され、初期適応指導や学習支援を担当している。さらに、NPOへの委託により、日本語・学習支援者の派遣を行い、日本語基礎の学習や、教科の補習が行われるなど、幅広いニーズに応える施策が実施されている(11)。

このように、浜松市においては、外国にルーツをもつ子どもに対して、日本語指導にとどまらず、母語を通じた支援が行われている点に大きな特徴をみることができる。また、「第二次ビジョン」にみられるように、外国にルーツをもつ子どもへの支援は、一条校への就学と日本語指導にとどまらず、日本国籍を有する子どもを含めた国際感覚の涵養や、学齢期を過ぎた青少年へのキャリア支援が示されるように、それは浜松市の住民として暮らしていくための「多文化共生施策」として位置づけられている。ここには、国の施策が限定的な制度的条件にとどまるなか、外国にルーツをもつ子どもの教育保障を、自治体が補おうとする姿をみることができる。浜松市の施策は、公教育の「例外的対象」とされる子どもたちの教育保障を自治体施策として充実させようとする取組であるともいえるだろう。その意味で、日本型公教育の枠組みは、自治体の取組によって、揺り動かされつつあるともいえるだろう。

おわりに

上記にみてきたように、戦後、外国にルーツをもつ子どもの教育政策は、「朝鮮学校政策」として行われ、公教育の対象外として「排除」を伴う施策が展開されてきた。その後の「ニューカマー」の到来は、「外国人児童生徒教育政策」を生みだし、外国にルーツをもつ子どもたちを公教育の対象とせざるを得ない客観的条件をつくり出してきたのである。これに対応する国の施策としては、日本語指導の充実が掲げられるが、実施する制度的条件は限定的であり、外国にルーツをもつ子どもたちは公教育の「例外的対象」として位置づけられるにとどまっている。こうしたなかで、浜松市にみられる自治体の取組は、国の施策を補う形で、「例外領域」の教育保障を充実させる取組であるとみられ、その意味で、日本型公教育の「揺らぎ」を示す事例ともみることもできる。しかしながら、そこで付言すべきは、公教育の「例外領域」の充実がはかられる一方で、その「本体」は現状のままでよいのかという問題である。

すでにみたように、日本国憲法第二六条第一項は「教育を受ける権利」を定め、第二項において義務教育を定めている。これに対し、近年の文科省見解を示す二〇一九年の文科省通知「外国人の子供の就学の促進及び就学状況の把握等について」（文科教第五八二号）においては、「外国人の子供の保護者については、学校教育法第一六条等による就学義務は課されておらず、学校教育法施行令第一条に規定する学齢簿の編製については、外国人の子供は対象とならない」として、依然として外国にルーツをもつ子どもたちを就学義務の対象から除外する対応がとられている。外国にルーツをもつ子どもたちを就学義務の対象外とすることについては、「制度上、外国人の子どもの教育が義務とされていないという事態が、一部の自治体や学校による支援を制限し、教員個人に負担が偏ったり、地域ボランティアやNPO等の学校外の支援に頼ったりせざるを得ないという結果を生み出している」（東京大学教育学部教育ガバナンス研究会編 二〇一九、七四頁、高橋史子）との指摘がなされている。そこでは、子どもの教育に就学義務を課すこと、あるいは、義務教育とは何を意味するのかが問われなければならないだろう[12]。

日本国憲法における義務教育の内容は、制定当初から、保護者の就学義務のみを意味するのではなく、これを実現するための国家による「学校を設立する義務」、あるいは、「保護者の負担をできるだけ軽減する義務」を含むとされてきた（法学協会編 一九四八、二五六頁）。つまり、義務教育には、子どもの教育を受ける権利を保障する国家の教育条件整備義務が含まれているのである。それゆえ、「権利保障的・現代公教育的な義務教育にあっては、いぜん親の就学義務を伴うとはいえ、親が子を就学させる義務の権利保障的意味あいは弱まってきており、むしろ国家が原理的に負う教育条件整備義務のほうが重要なのである」(兼子 一九七八、二三五頁)と指摘されている。このような、「教育を受ける権利」をベースとする義務教育観からみるならば、本来、多様な背景をもつ子どもたちの個別ニーズに応えうる教育条件整備が国家に義務づけられ、公教育の「本体」でこれらのニーズに対応することが求められる。

米国のバイリンガル教育をめぐる議論においては、子どもたちの母語と文化の保護か、英語教育の提供かが論議されていたが、いずれの立場においても、子どもたちを公教育「本体」の対象とすることは前提条件とされており、少なくとも法制度上はこれらの子どもたちへの学力保障を担うことが州、学区の義務として位置づけられている。そこからみるならば、日本型公教育は、これらの子どもたちを「例外」として位置づけ、その「例外領域」における教育保障を自治体の努力によって充実させるという施策にとどまっている。

その意味で、「内なるグローバル化」に伴い従来の日本型公教育は揺らいでいるのか、という問いに答えるならば、国の日本語指導の推進や、自治体の努力によって「例外領域」が発展し、一定の「揺らぎ」が起こりつつも、日本型公教育の「本体」は依然として頑強な制度として存続しているといわねばならない[13]。

付記 本章脱稿後、二〇二〇年三月二七日に外国人児童生徒等の教育の充実に関する有識者会議による報告書が公表され、「外国人の子供の保護者に、日本人と同様に就学義務を課すことについては、子供の教育に関する義務と権利の在り方、外国人学校等との関係や、国際的な動向等を踏まえつつ、引き続き慎重な検討を行う必要がある」(一九頁)と明記された。文科省の政策機関として、おそらくはじめて外国にルーツをもつ子どもに関する就学義務について提言するものであり、今後の展開が注目される。

注

(1) 法務省ホームページ、http://www.moj.go.jp/content/001308162.pdf。(二〇二〇年二月二九日最終閲覧)

(2) 文部科学省「「日本語指導が必要な児童生徒の受入状況等に関する調査(平成三〇年度)」の結果について」二〇一九年九月二七日、https://www.mext.go.jp/content/20200110_mxt-kyousei01-1421569_00001_02.pdf。(二〇二〇年二月二九日最終閲覧)

(3) たとえば、文部科学省ホームページにおいては、「帰国・外国人児童生徒教育情報」とのタイトルが付けられている。https://www.mext.go.jp/a_menu/shotou/clarinet/003.htm。(二〇二〇年二月二九日最終閲覧)

(4) 公民権法第六〇一条は、「合衆国にいるいかなる個人も、人種、皮膚の色、あるいは国籍によって、連邦財政上の支援を受けたプログラムや活動から参加を拒否され、その利益の享受を否定され、または、差別されてはならない」(42 U. S. C. 2000d)と定められている。

(5) 一方、カリフォルニア州においては、一九九八年に州民投票によってバイリンガル教育が事実上廃止された後も、オルタナティブ・スクールにおいて、同様のプログラムが存続してきたことについては滝沢(二〇一三)に、さらに、上記の住民投票の内容が二〇一六年一一月の新たな住民投票によって廃止されたことについては、末藤(二〇一九)が詳しい。

(6) これら、戦後から一九九〇年代の文部省通達等については、日本教育学会(一九七〇)、および、鄭ほか編(一九九五)を参照。

(7) 文部科学省ホームページ、https://www.mext.go.jp/a_menu/shotou/clarinet/003/1341923.htm。(二〇二〇年二月二九日最終閲覧)

(8) 浜松市における日本語指導の実践については水野(二〇〇三)が参考になる。

(9) 外国人集住都市会議「【浜松宣言】及び【提言】」二〇〇一年一〇月一九日、https://www.shujutoshi.jp/siryo/pdf/20011019hamamatsu.pdf。(最終閲覧二〇二〇年二月二九日)

(10) 浜松市「第二次浜松市多文化共生都市ビジョン」二〇一八年三月、https://www.city.hamamatsu.shizuoka.jp/kokusai/kokusai/documents/iccvision-jp.pdf。(最終閲覧二〇二〇年二月二九日)

(11) 浜松市教育委員会「「外国人子供教育推進事業」説明資料」二〇一九年五月一日更新、https://www.city.hamamatsu.shi

zuoka.jp/shido/gaikokunitunagarukonosien/documents/010501.pdf。（最終閲覧二〇二〇年二月二九日）

(12) また、就学義務の導入にあたっては、外国人学校等への選択を保障したうえでの義務化であるべきとの指摘がある（宮島 二〇一四、九二―九三頁、小島 二〇一六、一六七頁）。

(13) なお、本来であれば、この「例外領域」からも排除される重大事例として、朝鮮学校の高校無償化、幼保無償化の除外問題を取り上げるべきであるが、紙幅の関係上、最終段階で割愛せざるをえなかった。この問題については、板垣（二〇一三）、李（二〇一八）、成嶋（二〇一八）、田中（二〇一九）などに詳しい。

参考文献

芦部信喜 二〇一九、『憲法（第七版）』岩波書店。

板垣竜太 二〇一三、「朝鮮学校への嫌がらせ裁判に対する意見書」同志社大学社会学会編『評論・社会科学』第一〇五号、一四九―一八五頁。

呉永鎬 二〇一九、『朝鮮学校の教育史――脱植民地化への闘争と創造』明石書店。

兼子仁 一九七八、『新版 教育法』有斐閣。

金徳龍 二〇〇二、『朝鮮学校の戦後史――一九四五―一九七二』社会評論社。

小島祥美 二〇一六『外国人の就学と不就学――社会で「見えない」子どもたち』大阪大学出版会。

近藤敦編著 二〇一五『外国人の人権へのアプローチ』明石書店。

末藤美津子 二〇〇二、『アメリカのバイリンガル教育――新しい社会の構築をめざして』東信堂。

末藤美津子 二〇一九、「アメリカにおける英語と英語以外の言語の教育――バイリンガル教育に着目して」『東洋学園大学教職課程年報』第一号、三一―四八頁。

滝沢潤 二〇一三、「双方向イマージョン・プログラムを実施するチャーター・スクール――アカウンタビリティとバイリンガリズムを両立した意義とその要因」大阪市立大学大学院文学研究科紀要『人文研究』第六四集、七七―九三頁。

田中宏 二〇一九、『在日外国人 第三版――法の壁、心の溝』岩波新書。

鄭早苗・朴一・金英達・仲原良二・藤井幸之助編 一九九五、『全国自治体在日外国人教育方針・指針集成』明石書店。

東京大学教育学部教育ガバナンス研究会編 二〇一九、『グローバル化時代の教育改革——教育の質保証とガバナンス』東京大学出版会。

中村雅子 二〇一一、「人種格差社会アメリカにおける教育機会の平等」宮寺晃夫編『再検討 教育機会の平等』岩波書店。

成嶋隆 二〇一八、「朝鮮高校無償化訴訟の諸論点」新潟大学法学会『法政理論』第五〇巻第一号、一〇—四九頁。

日本教育学会教育制度研究委員会外国人学校制度研究小委員会 一九七〇、『「在日朝鮮人とその教育」資料集』第一集。

韓東賢 二〇一五、「朝鮮学校処遇の変遷にみる「排除／同化」——戦後日本の「排除型社会」への帰結の象徴として」『教育社会学研究』第九六集、一〇九—一二九頁。

法学協会編 一九四八、『註解日本国憲法 上巻』有斐閣。

水野かおる 二〇〇三、「浜松市における外国人児童生徒の日本語指導に関する調査報告」『国際関係・比較文化研究』第一巻第二号、一九七—二一四頁。

宮島喬 二〇一四、『外国人の子どもの教育——就学の現状と教育を受ける権利』東京大学出版会。

宮島喬・鈴木江理子 二〇一九、『新版 外国人労働者受け入れを問う』岩波書店。

山﨑洋介・ゆとりある教育を求め全国の教育条件を調べる会 二〇一七、『いま学校に必要なのは人と予算——少人数学級を考える』新日本出版社。

李春熙 二〇一八、「司法は行政による差別を追認するのか——「朝鮮高校無償化訴訟」の現状」『法学セミナー』第七五七号、五六—六一頁。

Crawford, James 1996, "Summing up the Lau Decision: Justice Never Simple", Proceedings of a National Commemorative Symposium Held on November, 3–4, 1994, in San Francisco, California, ARC Associates.

Jennings, Jack 2015, *Presidents, Congress, and the Public Schools: The Politics of Education Reform*, Harvard Education Press.（J・ジェニングズ、吉良直・大桃敏行・髙橋哲訳『アメリカ教育改革のポリティクス——公正を求めた五〇年の闘い』東京大学出版会、二〇一八年）

Ovando, Carlos J. and Combs, Mary Carol 2018, *Bilingual and ESL Classrooms: Teaching in Multicultural Contexts*, Sixth Edition, Rowman & Littlefield.

4
公教育の射程と困難を抱える子ども・若者への教育保障

後藤武俊

はじめに

一条校を核とした教育保障のあり方に揺らぎが生じている。二〇一六年一二月に成立した「義務教育の段階における普通教育に相当する教育の機会の確保等に関する法律」、いわゆる教育機会確保法では、「特別な教育課程」(第一〇条)にもとづく教育を行う学校や「学校以外の場」(第一二条)の学習状況の把握、「多様で適切な学習活動」や「休養」に関する規定(第一三条)などが盛り込まれた。また、学齢期を経過した者で十分な就学機会を得られなかった者については、夜間等に授業を行う学校(いわゆる「公立夜間中学」)への就学の機会を提供すること(第一四条)が地方公共団体の講ずべき措置とされた。このように、不登校児童生徒や学齢期を経過した者については、一条校以外の場での公的な学習機会、もしくは民間団体との連携を通じて提供される学習機会が徐々に整えられつつある。しかも、教育機会確保法は、「全ての児童生徒が豊かな学校生活を送り、安心して教育を受けられる」(第三条)ことを基本理念としており、「安心」の視点から一条校における教育保障のあり方自体を見直す契機も潜在させている。

このように、一条校の枠組みはその外延が揺らぎつつあるようにみえるが、そもそも一条校が保障する教育とは何であるのか、ここで改めて考えておく必要があるだろう。義務教育段階の一条校の意義を理念的に述べるなら、それは、近代国民国家の成立とともに整備された国民教育制度を正当化する論理＝統合学校（コモン・スクール）の理念に連なる。「統合」とは、宮寺晃夫によれば「同じ規格の学校で、平等に教育を受けた子どもが、将来同じ社会の担い手になっていく。それにより、社会の統合が維持される」という理念（宮寺 二〇一四、一三一頁）である。大桃敏行もまた、現行の義務教育制度にこのような「統合」の理念を見出し、次のように述べている。「現行の義務教育制度は、「画一的」と批判されるが、多様な子どもたちの交わりと、多様な教育の内容を、全国どこでもほぼ「画一的」に供給してきた。「金太郎飴」的に多様性を強制してきたのである」（大桃 二〇〇五、四五一頁）。そして、こうした視点から、「多様な学びの場」を創り出そうとする政策においては、「個々の学校や教育プログラムにおける学習者の同質化」が避けられず、「制度全体としての多様性の承認が、多様な個々人の交わりや、異質な他者との出会いの場の構築につながらず、むしろそれを狭めてしまう契機を持つ」（大桃 二〇〇一、三〇頁）という課題が指摘される。

こうした議論が示唆するのは、異質性・多様性に満ちた空間＝公共的空間としての義務教育の位置づけであり、「多様な学びの場」を選べるようになることは、そうした公共的空間の縮減をもたらす可能性が高い、ということである。齋藤純一（二〇〇八）や広田照幸（二〇〇九）が指摘するように、公共的空間の縮減は、異質だが同じ社会を構成する人間としての他者への想像力の低下をもたらす。[1]それは、多様な生き方を追求するための基本財（自由、権利、機会、資源など）が誰にでも等しく保障される社会への支持基盤を掘り崩しかねない。すなわち、誰もが公正に扱われる社会の一員という自己認識の育成に向けて「多様性・異質性から学ぶ場」としての義務教育が正当化されることになる。

しかし、問題は、「多様性・異質性から学ぶ場」の意義をどれほど強調したとしても、いじめや障害、貧困、家庭環境の問題などさまざまな困難を背景として、そのような場になじめなかったり、苦痛を覚えたり、不当に扱われたりしている子どもや若者が現に存在していることである。それは、教育機会確保法が想定している不登校児童生徒や学齢超過者に限ったことではない。たとえば、事実上義務教育化している高等学校についても、不登校生徒と中途退学者を合わせると毎年一〇万人弱にのぼる。こうした困難を抱える子ども・若者も視野に入れるなら、「多様性・異質性から学ぶ場」＝統合学校の論理を画一的な学びの保障に直結させるのではなく、個々の子ども・若者のニーズに応答する柔軟性を含むものとして描き直す方向性を追求することが必要となる。

そこで本章では、貧困や虐待といった家庭の問題や、ひきこもり・不登校・中途退学などのさまざまな困難を抱える子ども・若者への学習機会を、公的に保障するための原理を検討したのち、その具体的な制度のあり方を日米の事例を通じて検討していく。米国については、困難を抱える子ども・若者への教育保障の取組として注目されるオレゴン州ポートランド学区およびケンタッキー州ジェファソン郡学区の事例を検討する。日本については、おもに子どもの貧困対策の方策として注目される「学校プラットフォーム」や、学校と地域包括支援体制との関係について検討を加える。以上を通じて、困難を抱える子ども・若者への教育保障から見えてくる日本型公教育の問い直しの方向性を示すことにする。

一　困難を抱える子ども・若者の存在が要請する一条校型教育保障原理の転換

統合学校の理念をもとに、高校段階までの一条校が共通に果たしてきた基本的役割を規定するならば、先の大桃（二〇〇一）にならい、学習指導要領の枠組みのもとで多様な教育内容を全国一律に画一的に提供してきたことだといえるだろう。義務教育段階の公立学校に限っていえば、ここに、通学区域内のすべての子どもに開かれることによって多様な背景の子どもたちが交わる機会を提供する、という要素を加えることができる。もちろん、高等学校についても、学力レベルや課程、学科によって振り分けがなされるとはいえ、それ以外の側面では多様な背景や個性をもった生徒が集まっているはずである。問題は、多様な教育内容を画一的に学ぶこと、具体的には学年制のもとでほぼ同一年齢の集団とともに一定のペースで多様な教育内容を学んでいくという性質ゆえに、こうした集団構成から突出する者への排除・抑圧や、個別に抱える個人的・社会的困難への無配慮といった課題が生じやすいことである。一条校の基本的役割が「多様性・異質性の場での学び」を通じた民主的社会の一員としての自己認識の育成だとしても、自らの「多様性・異質性」ゆえに困難や危害を経験している子どもにまで、そこでの学びを強制することが正当化されるのだろうか。

ここで踏まえるべきは、一条校以外の学習機会を公的に提供することと、その機会を誰もが「選べる」ようにすることは必ずしも直結しないということである。公教育である以上、誰もが「選べる」ことよりも、義務教育においてさまざまな理由で困難や危害に直面しているために、学校以外の「別の学びの場」(家庭での休息も含め)を「求めざるをえない」ときに、そうした学びの場を公的に保障することは、積極的に考えられてよい。すなわち、「選好充足(よりよいものを選びたい)要求」への応答と「切実な(求めざるを得ない)要求」への応答を区別し、後者を公的責任の範疇に含めることである。これは、教育機会確保法の基本理念である「安心して教育を受けられる」機会の保障に相当するものである。しかも、これは結果として、すべての子どもに学習機会のセーフティネットを保障することになる。たとえば、不登校は「誰にでも起こりうる」ともいわれるように、いつ・誰が一条校での学びに困難を覚えるかは予見しえないからである。

この区別に一定の正当性を与えてくれるのが、ハウ(Kenneth R. Howe)の提示する「非抑圧の原理」に関する議論である。ハウは、教育機会の平等保障においては、「何が平等なのか」をめぐる協議の場に不利な立場にある人々の「参加」(発言権や意見の反映)が保障されるべきことを提唱したことで知られている。そのような「参加」を要請する原理の一つが「非抑圧の原理」である。これは、「周縁化され、有意義な民主的参加から排除されることによって脅かされてきた集団を保護するためのより強い原理」であり(Howe 1997/邦訳二〇〇四、一〇八頁)、「抑圧されていると見なされ、それゆえに特別保護を正当に主張しうる集団を識別することが求められる」とする(同、一一〇頁)。そのうえで、ヤング(Iris M. Young)の議論を参考に、抑圧の五つの形態(搾取、周縁化、無力化、文化帝国主義、暴力)を挙げ、「学校教育は、これらの抑圧を一つ一つ排除することに貢献する責任を負っている」としている(同、一一一頁)。この議論を踏まえれば、困難や危害に直面する子どもへの「特別保護」、たとえば別の学習の場を提供したり、より多くの資源を配分すること(アファーマティブ・アクション)などを、公的責任とすることが正当化される。結城忠もまた、教育を受ける権利に「安全に教育を受ける権利」が包摂されていると解釈するなら、いじめ等の恐れがあるような「危険な学校教育」を拒否する権利も想定されると述べている(結城 二〇一二、四四頁)。これらを踏まえれば、困難や危害の回避をもとめる「切実な要求」に応じるための居場所や施設の整備が公的責任となる一方、「選好充足要求」への応答は、原則的には「切実な要求」の充足がなされた後の余剰資源で応答すべきものとなる[2]。

なお、「切実な要求」への応答にあたっては、想定される「切実さ」(情動面や社会性に困難を抱えている、社会経済的に困難を抱えている、子育て中やホームレス状態にあるなど)に応じて、衣食住等の生活・生存保障を含む多様な学びの場や機会を準備することが求められる。この場合、そうした支援に強みをもつ民間団体等への公費支出は十分に正当化されうるし、そうした選択肢の存在は、すべての子ども・若者にとってのセーフティネットの整備につながる。もちろん、公費が支出される以上、民間団体等も含めた全体的なサービスの維持管理や質保証をいかにして行うかがセーフティネットの運用上の課題となってくる。

さらに考慮しなければならないのは、選択肢が存在するだけではセーフティネットが整備されたことにはならないという点である。なぜなら、多様な選択肢は、それらの質的な違いを認知・評価できなければ存在していないに等しく、また選択行動以前に自らのニーズ自体を自覚できていない場合も十分に考えられるからである。必要なのは、選択肢を自らが望む生き方の実現へとつなげるための支援である。たとえば、「切実な要求」に応答する学びの場や生活の場の情報が共有・集約され、適切な場へと子どもを接続するワンストップ・サービスや、頻繁に家庭を訪問して子ども本人や保護者と粘り強く関係を築いていくアウトリーチなどを行い、「切実さ」に応じた支援や学習機会へと接続する機能も必要となってくる。

以上の方向性は、セン（Amartya Sen）のケイパビリティの概念に重なる。ケイパビリティとは、ある個人が選択可能な「機能」（ある状態になったり、何かをすること）のすべての組合せであると同時に、その「機能」のうちから一つを選びとって「福祉を達成する」＝より良い生活を送ることがどの程度可能なのかを示す概念である（Sen 1992／邦訳五九―六〇頁）。困難を抱える人々の境遇をこの概念からとらえるなら、それは「受け入れ可能な最低限の水準に達するのに必要なケイパビリティが欠如した状態」であり（同、一七二頁）、必然的にこうした人々へのケイパビリティの保障が優先されることになる。(3) 一部の人々のケイパビリティが最低水準以下であることを許容する社会は、正義に適う社会とはいえないからである。このように考えるなら、ワンストップ・サービスやアウトリーチ支援の整備を公的責任とすることが、制度設計の基本原理に関わる重要な分岐点であることがわかる。

したがって、生活・生存保障を含む多様な学びの場や機会の提供と、それらの維持管理および質保証、そして一人ひとりの「切実な要求」に即した学びの場や機会を利用可能にするサービスを保障することが、「非抑圧の原理」という民主的社会の高次の要請に従いつつ、すべての人々にケイパビリティを保障することになる。これは、一条校の前提にある異質性・多様性の保障の論理を拡張することで、日本型公教育＝現実の一条校が潜在させている同質性・抑圧性の傾向を相対化するものであり、さらにはその先にあるオルタナティブな公教育制度の探求をわれわれに促すものである。

それでは、多様なニーズや困難を抱える子ども・若者への教育保障とは、具体的にいかなる制度や取組を要請することになるのか。ここまでの検討を踏まえれば、「切実な要求」に応答する公教育制度には、（A）子ども・若者の多様なニーズ・困難に応答できる場や機会の提供、(B)その全体的な維持管理と質保証の仕組みの確立、(C)そうした場や機会の利用可能性の拡大、といった要素が求められるといえる。そこで、次節以降では、この三つの視点から米国の二つの事例を検討し、そこで得られた知見を踏まえて、日本における既存の取組や新たな動きを再評価することにする。

二　多様な学習機会と適切な接続サービスの提供——オレゴン州ポートランド学区事例

はじめに、オレゴン州ポートランド学区におけるオルタナティブな学校・プログラムとそのガバナンスをみていく。ここで焦点を当てるオルタナティブな学校・プログラム(以下、「オルタナティブ学校」)とは、おもに高等学校段階以上で、不登校や怠学、非行などが原因で高校を中退した、もしくは中退しそうになっている若者、ホームレスや貧困状態、妊娠・子育て中などの若者を対象として、通常の公立学校とは別の場所で学習機会を提供するものである。ポートランド学区は、二〇一九—二〇年度の時点で総生徒数が四万九四七八人、人種の主な構成は白人五六・七%、ラテンアメリカ系一六・五%、アフリカ系八・七%、アジア系六・五%、その他一一・八%となっている。また、低所得家庭の割合の指標となる無料／減額給食の対象者は学区全体で三八・一%である。公立のオルタナティブ学校に通う生徒は全体で一六三二人(三・三%)、NPOやコミュニティ・カレッジなどの地域団体(Community-Based Organizations、以下、CBO)が設置するオルタナティブ学校に通う生徒は九七三人(一・九%)となっている[4]。これらを管轄する部門として学区には「多元的卒業保障部門(Multiple Pathways to Graduation)」が置かれている。個々の学校、サービス等の概要は表4-1のとおりである。

ポートランド学区の取組には以下のような特徴がある。第一に、オルタナティブ学校の多様性である。表4-1に

保障部門が管轄する学校・プログラム

カテゴリー	学校・プログラム名	特徴
CBO 立 オルタナティブ	Portland Youth Builders	17–24 歳の低所得層の若者を対象とし，高卒のための単位と建築・IT 関係の技術の取得を支援する学校．ベースとなっているプログラムはニューヨーク市を発祥とし，全米に拡大している．卒業後も引き続きカウンセリングや職業面でのアドバイスを受けられる．
	Rosemary Anderson High School	伝統的な教育方法になじめなかった生徒を対象．高卒資格と GED 取得のいずれかを選ぶことができる．生徒のニーズと卒業後のキャリア形成を重視し，柔軟なプログラム構成を行っている．
	SE Works	GED 取得とキャリア形成支援を行っている．居心地のよい環境づくりに努め，教師と生徒が協力しあうことを重視している．
	Youth Progress Learning Center	心理面・行動面での課題を抱えた生徒に教育的・職業的・心理的サービスを提供するプログラム．
その他の サービス (学区提供)	Evening Scholars	落第した科目の単位回復・更新のための夜間コース(午後6時～午後9時)．1学期で 0.5 単位修得できる．Benson Campus にて開設．夕食も提供される．
	Summer Scholars	落第した科目の単位回復・更新のための夏期集中プログラム(有料)．
	Virtual Scholars	通信を利用した単位回復のためのプログラム(無料)．
	Teen Parent Service	妊娠中・子育て中の生徒に必要な知識を提供したり，利用できるプログラムへの接続，メンタルヘルス・サービスなどを行う．9–12 学年を対象とし，選択科目の2分の1単位として認定される．
	School Social Work Service	オルタナティブな学校・プログラムに通う生徒に対して，ポートランド州立大学ソーシャルワーク大学院と連携して生活面や家族への支援を行う．

出典：ポートランド学区多元的卒業保障部門 HP(https://www.pps.net/domain/189)(2019年9月27日最終確認)掲載資料，各団体 HP，訪問調査時配付資料をもとに作成．

＊ マルトノマ教育サービス学区：個々の学区では十分に提供できない教育的支援を広域的に(郡レベルで)提供する公共的団体．運営の財源はおもに州政府によって提供されている．

＊＊ GED：日本における高卒認定試験に相当する．

表 4-1　オレゴン州ポートランド学区の多元的卒業

カテゴリー	学校・プログラム名	特徴
ワンストップ・サービス／アウトリーチ	Reconnection Service	オルタナティブな学習機会を求める生徒に対して最適な学校／プログラム／サービスにアクセスできるように支援する活動．Reconnection Center の一機能．
公立オルタナティブ	Reconnection Center	他の学校から接続されてきた生徒に対して，最適なオルタナティブ学校やプログラムに接続されるまでの間(通常は2学期制の1学期未満)学習機会を提供する．Benson Campus に置かれている．
	Alliance High School	少人数で個性に応じた指導により，芸術，環境保全，および機械系の専門技術と高卒資格を提供する Meek Campus と，16–21歳で，残り10単位以内で高卒資格の取得が可能な生徒に昼夜二部制で授業を行う Benson Campus の2カ所がある．
	Dart Schools	メンタル面でのケアを必要とする生徒に，少人数で自分のペースで学べる包摂的な学習環境を提供する学校．
	Metropolitan Learning Center	1968年に実験的学校として開校．幼稚園から高校卒業段階までを対象として経験主義にもとづく教育を提供する学校．校外での学習を含む探求型の学習と習熟にもとづく評価を重視している．困難を抱えた生徒よりも，こうした教育内容を求める親・子どもが選んで通ってくる．9–12学年では，通常の高校での学習に困難を感じる生徒が Reconnection Center を通じて転校してくる．
	Helensview Middle and High School	マルトノマ教育サービス学区*が運営．中途退学，妊娠・育児中，仮釈放・執行猶予中，出席・行動上の問題を抱える若者(6–12学年に相当)を支援する学校．個に応じた，柔軟性のあるカリキュラムでカレッジや職業への円滑な接続を行うことを目指している．
CBO立オルタナティブ	DePaul Alternative School	薬物・アルコール依存からの回復を目的とする療養施設に設置された学校．
	Mt. Scott Learning Center	6–12学年で，伝統的な教育方法に合わない生徒を対象とする．コミュニティのような関係性のなかで，学業の達成と職業への接続を支援する．
	NAYA Many Nations Academy	9–12学年を対象．ネイティブ・アメリカンの文化と，少人数による生徒の個性を尊重する学習環境を提供している．高卒単位とカレッジ単位の取得が可能．
	Portland Community College	2つのプログラムがある．Gateway to College は高卒単位とカレッジ単位の併修プログラムで，同校を発祥として全米に広がっている．Yes to College は，GED**とカレッジ単位の併修プログラム．いずれも，学費や学用品，テスト受験料などの補助が受けられる．

あるように、公立で五種類、CBO立で八種類の学校があり、それぞれ高卒資格もしくはGED（日本における高卒認定試験に相当する）とコミュニティ・カレッジの単位の併修や、高卒資格・GEDと職業技術・資格の取得、文化的背景や個性に応じた指導、個別の困難に即した支援、居心地の良さなど、さまざまな特徴をもっていることが挙げられる。学校によっては食料や衣類の提供などの生活支援機能を備えていることも注目される。[5] また、残り僅かな単位で高卒資格を取れる、比較的困難度の低い生徒のための学校もあれば（例：Alliance High School）、薬物依存や仮釈放中といった困難度の高い生徒のための学校もあること（例：DePaul や Helensview）、こうした学校への接続がなされるまでの間にも学習機会が提供されること（例：Reconnection Center）、さらには、すべての生徒が利用できるサービスとして、単位回復にむけた補習プログラムや妊娠・子育て中の生徒への支援プログラムがあることも注目される。

第二に、CBO立も含めて学区管内のオルタナティブ学校のすべてを授業料無償にすると同時に、これらの質保証に向けた取組も行っていることである。オレゴン州法には、私立（＝民間団体の設置する）オルタナティブ学校にも公費を支出するための規定がある。[6] それによると、通常の学校における学業継続に困難を抱える生徒のための学習機会を提供している設置者は、州の登録団体となることで、運営費の全額もしくは当該学区の一人あたり教育費の八〇％が支払われることになっている。ただし、登録団体は単位認定や個別教育計画の作成などに関して州の定める教育要件を満たすことや、所在する学区の教育方針に沿った運営を行うことが求められる。この規定にもとづき、ポートランド学区では、私立オルタナティブ学校のうち学区と提携しているものをCBO立オルタナティブ学校と位置づけ、管理している。具体的には、テスト成績の上昇率やGED取得者のデータにもとづく実績評価、学校改善計画の作成・提出、学区教育政策に関する研修、その他運営に関する指導助言などを行っている。このように、オルタナティブ学校に関しては公立とCBO立の双方にわたるガバナンスが州および学区によって行われているのである。

そして第三に、Reconnection Center（以下、RC）では、生徒の個性や困難に応じて適切な学校に接続するためのワンストップ・サービスおよびアウトリーチ活動(Reconnection Service)が行われていることである。RCは「つながりを失った若者を教育機会に再度参加させること」を理念として、「生徒の学力を見極め、単位の修得状況を評価し、〝最適(bestfit)な〟教育の場を探し出すこと」を目的としている。[7] 具体的には、在籍する学校のカウンセラーを通じて中退の危機にある生徒がRCに接続される場合と、RCに所属するアウトリーチ・コーディネーターが中途退学者のもとを訪問してRCへと接続する場合があり、[8] いずれの場合もRC内での協議やカウンセリングを経て適切な学校・プログラムへと接続される。生徒本人が他者との関係形成等に課題を抱えている、もしくは学校側に空きがないなどの場合には接続に時間がかかるため、接続を待つ間はRCで学習機会を得られるようになっている。したがって、多数のオルタナティブ学校が存在するだけでなく、それらへの適切なアクセスを可能にするためのサービスが提供されているのである。[9]

以上より、ポートランド学区には、(A)多様なニーズ・困難に応答するオルタナティブ学校の設置・承認、(B)多元的卒業保障部門による学習機会の維持管理・質保証、(C)RCによる学習機会の利用可能性の拡大という三つの側面が備わっていることがわかる。二〇一九年一月に公表された卒業率調査の結果によると、こうした取組を続けてきた成果として、高等学校の四年卒業率が二〇〇九―一〇年度の五三・五五%から二〇一七―一八年度の七九・六%まで上昇したことが指摘されている。[10] 困難を抱える生徒への学習機会保障のあり方の、一つのモデルケースともいえる。

しかし、その反面、このようなシステムは多数の民間団体の存在によって成り立っていることや、困難を抱える生徒を安易にオルタナティブ学校・プログラムへと送ろうとするインセンティブが通常の学校(生徒の原籍校)側に生じやすいなどの課題を抱えている。多様な民間団体の存在を前提とせずに、困難を抱える生徒が必要な学習機会にアクセスできるようなシステムを考えるとすれば、どのようなものになるだろうか。こうした事例の一つとして、次にケンタッキー州ジェファソン郡学区をとりあげたい。

三　学校を拠点とした重層的支援体制の構築——ケンタッキー州ジェファソン郡学区事例

ケンタッキー州ジェファソン郡学区は、州内第一の規模となるルイビル市を管轄する学区であり、二〇一九—二〇年度で総生徒数が九万八三八一人、人種のおもな構成は白人四一・二%、アフリカ系三六・五%、その他二二・二%となっている。無料／減額給食の対象者は学区全体で六二・七%となっているが、学校によって差があり、三〇%以下の学校もあれば(七校)、一〇〇%の学校もある(八四校)。[11] このようなジェファソン郡学区に見られる特徴的な取組として、以下の二点を挙げることができる。

第一に、Family Resource and Youth Service Center(以下、FRYSC。現地では「フリスク」と発音されている)の存在である。FRYSCは「学習する前にたちはだかる学業以外の障壁を取り除き、生徒の学業上の成功を促進すること」を目的として、子育て支援や学習支援、キャリア教育、健康管理などのサービスを学校単位で提供する、ケンタッキー州政府の取組である。[12] FRYSCは、一九九〇年当時、全米最低水準にあった教育環境を改善するために制定されたケンタッキー州教育改革法によって設置が始められた。[13] 設置の条件となるのは無料もしくは減額給食プログラムの資格者数が二〇%を超えた学校である。しかし、一度設置されると当該学校に通うすべての生徒と家族が個別の経済状況にかかわりなく利用することができる(Frankl et al. 2016, p. 47)。二〇一九—二〇年度現在、州全体で八五六カ所のFRYSCが存在し、サービス対象校は約一二〇〇、支援を受けている生徒は約六四万人とされる。[14] うちジェファソン郡学区には一〇七のFRYSCがあり、一四一校が支援を受けている。

FRYSCには、州法にもとづく二つの設置形態があり、それぞれの業務が規定されているが、統合型で設置されているセンターもある(**表4-2**)。各センターにはFRYSCコーディネーターと呼ばれる担当者が置かれ、このコ

表 4-2　ケンタッキー州における FRYSC の設置形態と主要業務一覧

FRYSC の設置形態	主要業務(core component)	設置数(2019-20年度)
Family Resource Center (FRC)	(a) 2-3 歳の幼児への就学前保育 (b) 4-12 歳の子どもに対する，放課後の預かり保育．夏期休業中および休日も利用可能． (c) 家庭教育．家庭訪問，グループミーティング，子どもの発達診断などを統合的に提供． (d) 家族の学習支援．基礎教養・ライフスキル・親としての知識・雇用能力の育成などに加え，親と子どもが生涯学習に向けてともに学ぶ機会も提供する． (e) 医療サービスおよび専門機関への紹介	442
Youth Service Center (YSC)	(a) 医療およびソーシャルサービスへの紹介 (b) キャリア形成支援 (c) 高校生への夏期および短期の職業紹介 (d) 薬物濫用防止教育およびカウンセリング (e) 家族の危機的状況への対応とメンタルヘルス	295
Family Resource and Youth Service Center (FRYSC)	FRC と YSC の統合型．両方にわたるサービスを提供する．	119

出典：ケンタッキー州法(KRS)156.496，および https://chfs.ky.gov/agencies/dfrcvs/dfrysc/Pages/regions.aspx, 2020 年 1 月 29 日確認にもとづき作成.

ーディネーターが専門機関への接続と地域のニーズに応じた支援プログラムを企画・運営する。代表的なものとしては、高校生による小学生への放課後学習支援(一定期間参加した高校生は大学進学用の奨学金を得ることができる)や、中退防止・進学支援プログラム、子ども・保護者を対象とした健康サービス(予防接種、健康診断、メンタルヘルス、歯科治療など)、子育て支援(育児に関する講座の開催、家庭訪問による育児支援など)を挙げることができる(Frankl et al. 2016, p. 49)。日本になぞらえれば、FRYSCは保育園、児童館、保健センター、福祉事務所、ジョブカフェなどのサービスを地域のニーズに応じて選択的に提供する機関であり、子どもと家族の生活全般への支援を行う拠点として学校を位置づける取組と考えることができる。こうした取組の結果、現在ではケンタッキー州の生徒の高校卒業率や学力格差は一九九〇年当時と比べて大きく改善され、「他のすべての州への見本」とも言われている[15]。

なお、FRYSCを州レベルで管轄しているのは教育省ではなく、健康・家族サービス省であり、このなかにあるＦＲＹＳＣ管理課が直接の担当となっている[16]。同部門が州内の学区と契約を結び、ＦＲＹＳＣコーディネーターの人件費と研修の機会を提供している。

第二に、ＦＲＹＳＣの取組に加えて、ジェファソン郡学区では Neighborhood Place（以下、「地域支援センター」）と呼ばれる、子どもと家族がより広範な支援を受けられるワンストップ・サービス機関が設置されていることである。地域支援センターは州政府とルイビル市政府の家族支援関係部署、ジェファソン郡学区の専門機関（ＦＲＹＳＣを含む）、公共サービスを提供するＮＰＯから派遣された職員が同居する組織であり（Coverstone & Van Heukelum 2013）、二〇一九年段階で郡内八カ所に設置されている。具体的には地域のニーズに応じて、①家族への金銭的支援、②食料配給券の給付、③薬物濫用防止教育、④ソーシャルサービス、⑤子育て支援、⑥児童保護、⑦妊娠中の母親支援、⑧児童養護・里親サポート、⑨雇用促進・職能開発、⑩奨学金の提供などを行っている[17]。多くの点でＦＲＹＳＣと機能が重なるが、ＦＲＹＳＣでは学校ごとのコーディネーターが支援プログラムや専門機関への接続を行うのに対して、地域支援センターでは接続先となる公的機関の職員が一カ所に同居しているため、より直接的かつ迅速な対応が可能となっている。また、統一された診断フォームと個人情報の共有に関する簡便な同意書により、支援の重複が生じない工夫もされている。

地域支援センターの現状に関する調査によると（Coverstone & Van Heukelum 2013）、多くの人々は食料配給券の給付を受けるために立ち寄り、その際に他に抱えている困難の発見と支援への接続がなされているケースが多い。また、学校やその近くに地域支援センターが設置されているために配給を受けることへの心理的障壁が低くなり、他の大都市と比較しても食料配給券の受給率が高い傾向にあるとされている。

以上より、ジェファソン郡学区では、子ども・家族の困難に対する支援の拠点としてのＦＲＹＳＣに加えて、金銭・食料の提供や児童保護・児童養護など直接的な支援や介入を伴う事案には、多機関連携で運営される地域支援センターが対応する体制が整えられていることになる。「切実な要求」に応える公教育制度の観点に即して言えば、（A）学校自体を複合的な困難に対応する拠点とし、これを数多く設置することで、学習への障壁を取り除こうとしている、（B）FRYSCと地域支援センターは、ともに州や学区、NPO等の多機関連携のもとで運営されている、そして（C）FRYSCの設置された学校では誰もがそのサービスを利用でき、地域支援センターもアクセスしやすい工夫がなされている、という特徴をもっていることになる。ポートランド学区が多元的選択肢とワンストップ・サービスによる教育保障の体制であったとすれば、ジェファソン郡学区の場合は学校単位での重層的支援と地域支援センターとの協働による教育保障の体制であるといえるだろう。

四　日本における困難を抱える子ども・若者への教育保障の再検討

以上のような米国の事例を念頭におくと、日本における困難を抱える子ども・若者への教育保障の、現在の取組において再評価できる部分や、新たな動きにおいて再検討すべき部分がみえてくる。

まず、（A）子ども・若者の多様なニーズ・困難に応答できる場や機会については、ポートランド学区のように豊富な選択肢を準備することは容易ではないとしても、表4-1の「その他のサービス」にある各種の学習機会は、高校における留年や退学を防ぐ方策として参考になる。これらは、定時制高校に通いながら通信制の科目を履修できる「定通併修」や、全日制に通いながら定時制の科目を履修できる「全定併修」など、既存の仕組みの再活用にもつながるものである。また、教育機会確保法のもとで公立夜間中学への注目が高まっているが、実際にはNPOや任意団体が運営する「自主夜間中学」もあり、その多くが行政から施設利用料の減免や金銭的支援、公立学校の教室提供などの援助をうけて運営されている。「公立」と「自主」では役割が大きく異なり（たとえば、成績付与や「卒業」概念の有無など）、フリースクール的な側面ももっているため、仮に同一自治体内で設置されたとしても、両者は棲み分けがなされていくと予想される。むしろ、それによって選択肢の拡大につながるとみることもできるだろう。

一方、ジェファソン郡学区のように、選択肢を増やすのではなく、学校を拠点として幅広い困難に対応していく方向性は、現在子どもの貧困対策で掲げられている「学校プラットフォーム」に近いといえる。山野則子は、「学校プラットフォーム」の枠組みのもとで、スクールソーシャルワーカーが学校内の教育相談・特別支援担当者や養護教諭、スクールカウンセラーとともに「チーム学校」を組織し、ここが情報の「伝える」先として明確に位置づけられることで、困難に応じたサービスにつなぎやすくなるとする。また、必要に応じて戸別訪問を行い、不登校や非行、児童虐待などの問題の未然防止や早期解決につなげることもできるという（山野 二〇一八、一八六―一八七頁）。ただし、現在よくみられる月二回や週一回程度の勤務形態では以上のような役割を果たすことは難しく、教師へのコンサルテーション（助言・支援）で終わってしまうとも指摘している（同、一九一―一九二頁）。さらに、小川正人によれば、日本では、地域（学校）間の格差是正が政策的に優先され、個別のニーズには教員が学級単位で対応することが基本とされてきた。すなわち、生徒の困難やニーズは担任教諭が一次的に責任を負ってきたのであり、こうした組織文化のもとでは、安易な外部人材の導入は教員の多忙化に拍車をかけることになるという（小川 二〇一八、一一一―一一二頁）。この指摘は重要であるが、本章の課題から見れば、このような組織文化のあり方こそ、同一年齢集団による一定のペースでの多様な教育内容の学習（の強制）とともに、日本型公教育において強く問い直されている部分であるともいえる。

次に、（B）ニーズ・困難に応答する体制の維持管理・質保証について、現状では子ども・若者育成支援推進法（以下、「子若法」）にもとづいて自治体ごとに設置できる子ども・若者支援地域協議会が比較的近い役割を担っていると考えられる。子若法は「社会生活を円滑に営む上での困難を有する子ども・若者の問題が深刻な状況にあることを踏まえ……総合的な子ども・若者育成支援のための施策」（第一条）を推進することを目的としており、そのために教育、福祉、保健、医療、矯正、更生保護、雇用に関する業務を行っている公的機関や公益法人、民間団体が連携することを求めている。その連携の要となるのが協議会であり、地方公共団体がその設置主体となる（第一九条）。協議会は必要に応じて構成機関に対し「支援の対象となる子ども・若者に関する情報の提供、意見の開陳その他の必要な協力を求めることができる」（第二〇条）とされている。ただし、実際の設置状況をみると（二〇一九年三月現在）、都道府県で四二、政令指定都市で一四、市町村で六七にとどまっており、より身近な単位での設置が進められるべきだろう。

そして、（C）多様なニーズ・困難に応答する場や機会の利用可能性の拡大については、現状では子若法にもとづく子ども・若者総合相談センターが、連携する機関へと子ども・若者を接続するワンストップ・サービスの役割をもっていることが該当する。こうした取組のなかには、アウトリーチ活動や学習の場の提供、就労支援など幅広いサービスを提供する民間団体がセンターの運営を受託することで、困難に即したサービスへの接続が有効になされている事例もあることが知られている（たとえば、佐賀県のステューデント・サポート・フェイスの取組など）。ただし、注意しなければならないのは、こうした地域包括支援体制の枠組みでは、学校がどこまで主体的なアクターになりうるかは不透明だということである。場合によっては、困難を抱える子どもや家族の存在が公教育の役割の問い直しに及ぶことなく、むしろ困難に応答する役割を他の公的機関や民間団体に「丸投げ」することになる可能性もある。ジェファソン郡学区が学校を拠点とするＦＲＹＳＣと地域支援センターを連携させていたように、日本においても「学校プラットフォーム」と地域包括支援体制が結びつくような方向性を検討すべきだろう。

おわりに

以上、本章ではおもに高等学校段階において困難を抱える子ども・若者への教育保障の観点から、揺らぎつつある日本型公教育のむかうべき方向性について検討を加えてきた。はじめに、これまでの一条校型の学びのあり方を支えてきた制度原理を「異質性・多様性からの学び」という点に見出し、そこに民主的社会の一員としての自己認識の育成という重要な役割があることを認めつつも、家庭環境の問題や自らの異質性・多様性ゆえに一条校的な学びの場では十分に学ぶことができず、苦しさを感じている人々にまでそこでの学びを強制することはできないことを確認した。そして、そうした人々の「切実な要求」に焦点化して、生活・生存保障も含めた別の学びの場や機会の提供を公的責任とすることが、従来の一条校的な学びに伴う同質性・抑圧性の相対化につながること、この方向性は統合学校理念に抵触するものではなく、むしろその根底にある異質性・多様性尊重の論理にかなうものであることを指摘した。

次に、制度原理の検討を通じて導かれた視点、すなわち(A)子ども・若者の多様なニーズや困難に応答できる場・機会の提供、(B)その全体的な維持管理と質保証、(C)困難に応答する場・機会の利用可能性の拡大という三つの視点から、米国の事例に検討を加えた。ポートランド学区の場合、民間団体も含めた多様なオルタナティブ学校の提供と学区によるそれらの一元的な管理、ワンストップ・サービスを通じた子ども・若者の円滑な接続という特徴が見出された。一方、ジェファソン郡学区の場合は、学校を拠点とした困難への対応と、生活・生存保障に関わる州や学区の専門部署やNPO等によるワンストップ・サービスの提供、これらの利用可能性を高める工夫などが見出された。

最後に、以上の知見を踏まえて、日本における既存の取組や新しい動きについて検討を加えた。その結果、全日制・通信制・定時制を横断した単位修得の可能性や、夜間中学の多様化による選択肢の拡大、「学校プラットフォーム」の拡充などが従来の一条校的な学びの転換につながることがみえてきた。また、子若法にもとづく地域包括支援体制により、多様な困難・ニーズに応答する場・機会の維持管理や利用可能性の向上が期待できることを指摘したが、この体制のなかで学校が主体的な役割を果たすような仕掛けを組み込まなければ、むしろ従来型の公教育の役割が温存される可能性もあることを指摘した。

以上に述べたことは、日本型公教育の見直しという点ではごく限られたものにとどまるものであろう。しかし、この作業を通じて、生活・生存保障が学習への障壁を取り除くという視点が重要であること、そのうえで教育保障のあり方をより柔軟にしていくこと(たとえば別の学びの場・機会を分断して扱うのではなく融合的にとらえることなど)が公的責任として求められることを、基本的な方向性として確認することができた。もちろん、学校の組織文化などを拙速に変えることは思わぬ副作用をもたらす可能性もある。既存の制度や仕組みの再評価も含め、多角的に検討していくことがさらに求められるだろう。

付記　本研究はＪＳＰＳ科研費 18H00972 の助成を受けたものです。

注

(1) たとえば、齋藤純一は「新しいもの、予期せぬもの、異他的なもの、要するに「自らのものではないもの」との交渉を可能にする公共的空間は、自らを他に対して曝していく行為、自らの安全装置を部分的に解除する行為によって形成され、維持される。他からのアクセスを拒み、他者との接触を可能なかぎり絶とうとする行動は、物理的にも精神的にも安全柵で囲われた私的な空間──他者の存在を奪われた空間──を増殖させることになる」と述べる(齋藤 二〇〇八、一五〇頁)。広田照幸もまた、「親の教育関心を重視した当事者による選択や協議のシステムは、公共性を欠落させた、私的利害や要求の間での調整に終始することになりかねない。本来、「公共性」の射程は、その場に居合わせた諸個人の集合によってではなく、地理的・時間的要因で「討議の場」に参加しえない者も含めた世界に向けて開かれたものであるべきであろう。機会の平等を、その場に居合わせない他者とともに享受すること、選択能力や発言力を持たない弱者に配慮した教育のあり方を構想すること、有限な環境・資源の制約の中で、想像力を欠如させていたら見えない「異質な他者」まで含めた「これからの世界」を思い描いて、あるべき教育を構想すること──公教育がこうした公共的役割を果たすためには、「親のニーズ」を超える視点が必要になってくる」と述べている(広田 二〇〇九、二二二頁)。

（2）ここで課題となるのは、何が「選好充足要求」であり、何が「切実な要求」であるのかを明確に区別できるのか、という問題である。当然、その区別は個人がどのような社会に生き、どのような家庭環境に置かれているかなどによって変わってくる。これは生活保護費の費目をめぐる問題と同様の論理構造をもつが、本章では、ひとまず両者を区別することの必要性を確認することに留める。

（3）原著では「潜在能力」と訳されているところを、ここでは「ケイパビリティ」と表記している。なぜなら、ケイパビリティの概念が示すとおり、それは人が何かをできるようになるための外的条件の整備・保障まで含んでおり、内在性を含意する「能力」という概念では表しきれない要素を含んでいるからである。

（4）School Profiles and Enrollment Data 2019–20 にもとづく。ここには表4–1中の Helensview の生徒数は含まれていない。また、同学区にはチャータースクールも六校あり、一三八五人（二・七九％）の生徒が通っているが、その大半が第八学年までのプログラムとなっている（一校のみ第一二学年まで対象としている）。チャータースクールに関しては、後述する Reconnection Service による仲介等は行われておらず、学区はHP上で学校名と概要を記載するにとどめており、希望する保護者は直接学校にアクセスしなければならない。学業の継続や生活に困難を抱える生徒を対象としていないチャータースクールの存在は、本章の枠組みでいえば「選好充足要求」に応えるものであることから、ここでは分析の対象から外している。

（5）たとえば、表4–1中の Alliance High School の Meek Campus では、生徒の食事だけでなく家庭のための食料配給や、衣類の提供も行っている。二〇一八年一二月一二日訪問調査による。

（6）オレゴン州法（2017 Oregon Revised Statutes）の 336.615 から 336.655 までがオルタナティブ教育プログラムの規定となっている。詳しくは、https://www.oregon.gov/ode/learning-options/schooltypes/AltEd/Pages/Alt-Ed-laws-and-rules.aspx を参照（二〇二〇年一月一九日確認）。

（7）https://www.pps.net/Page/1752、二〇二〇年一月一六日確認。

（8）アウトリーチ・コーディネーターとは、生徒をRCに接続し、継続的な移行支援を提供することを役割としている。また、学齢期の中途退学者に対しては、毎年度初めに全戸訪問を行っているという。二〇一八年一二月一三日訪問調査時のインタビューによる。

(9) ポートランド学区を含む、米国のオルタナティブ学校の現状については、後藤(二〇一八)を参照のこと。
(10) Portland Public Schools 2019. *2017–18 Graduation Rates*, p. 8.
(11) Kentucky Department of Education, Division of School and Community Nutrition 2019, *Qualifying Data Report, Program Year: 2019–2020* による。
(12) https://www.jefferson.kyschools.us/student-support/frysc/goals、二〇一九年一月二九日確認。
(13) 詳しくは柳林(二〇一一)を参照のこと。
(14) したがって、一つのセンターが二つの学校を管轄するケースもある。https://chfs.ky.gov/agencies/dfrcvs/dfrysc/Pages/default.aspx、二〇一九年一月二五日確認。
(15) https://www.americaspromise.org/report/2015-building-grad-nation-report、二〇二〇年一月二二日確認。また、Frankl et al.(2016)によれば、ケンタッキー州は教育に関する主要な指標のトータルで一九九〇年の四八位から二〇一六年の二七位にまで上昇し、高校生の卒業率は全米九位、中退率は全米一三位の低さにまで改善したとされる。
(16) 教育省はＦＲＹＳＣ関連予算を計上しているが、この予算が健康・家族サービス省に移され、ＦＲＹＳＣ管理課が一元的に運用する形になっている(Frankl et al. 2016, p. 50)。
(17) 二〇一九年九月一八日訪問調査時配付資料による。

参考文献

大桃敏行　二〇〇一、「参加型学校改革——親子間の距離の縮小と多様性の承認」『教育制度学研究』第八号、二四—三三頁。
大桃敏行　二〇〇五、「地方分権改革と義務教育——危機と多様性保障の前提」『教育学研究』第七二巻第四号、四四四—四五四頁。
小川正人　二〇一八、「教育と福祉の協働を阻む要因と改善に向けての基本的課題——教育行政の立場から」『社会福祉学』第五八巻第四号、一一一—一一四頁。
後藤武俊　二〇一八、「米国におけるオルタナティブ教育の公的ガバナンスに関する考察——困難を抱えた若者への学習機会保障の観点から」『東北大学大学院教育学研究科研究年報』第六七集第一号、七九—九二頁。

齋藤純一 二〇〇八、『政治と複数性――民主的な公共性にむけて』岩波書店。
広田照幸 二〇〇九、「社会変動と「教育における自由」」広田照幸編『自由への問い5 教育』岩波書店、二〇三―二二六頁。
宮寺晃夫 二〇一四、『教育の正義論――平等・公共性・統合』勁草書房。
柳林信彦 二〇一一、「米国ケンタッキー州における教育改革（Kentucky Education Reform Act 1990）形成の背景と改革戦略の特徴――アメリカにおける教育改革の展開とケンタッキー州の社会的・教育的要因に焦点を当てて」『高知大学教育学部研究報告』第七一号、三九―五一頁。
山野則子 二〇一八、『学校プラットフォーム――教育・福祉、そして地域の協働で子どもの貧困に立ち向かう』有斐閣。
結城忠 二〇一二、『日本国憲法と義務教育』青山社。
Coverstone. A. and Van Heukelum. J. 2013. *Neighborhood Place: Unpacking the Role and Reach of a Community-Based Service Collaborative*, Capstone: Vanderbilt Peabody College.
Frankl. E. et. al 2016, *Community Schools: Transforming Struggling Schools into Thriving Schools*, Center for Popular Democracy.
Howe, Kenneth R. 1997, *Understanding Equal Educational Opportunity: Social Justice, Democracy, and Schooling*. NY: Teachers College Press.（ケネス・ハウ、大桃敏行・中村雅子・後藤武俊訳『教育の平等と正義』東信堂、二〇〇四年）
Sen. Amartya 1992, *Inequality Reexamined*, Oxford University Press.（アマルティア・セン、池本幸生・野上裕生・佐藤仁訳『不平等の再検討――潜在能力と自由』岩波書店、一九九九年）
Young, Iris M. 1990, *Justice and the Politics of Difference*, Princeton University Press.

5　就学前教育・保育における供給主体の多様化による課題と可能性

下村一彦

はじめに

一条校を軸に日本型公教育をとらえる本書の視点にたつと、就学前段階では幼稚園を中心に論じることになる。しかし、わが国の就学前施設は戦後長らく、学校教育法に規定される幼稚園と児童福祉法に規定される保育所の二元制度を軸に展開してきた。保育所で行われる保育は養護と一体的な営みとはいえ教育であり（以降、幼児教育を含む概念として「保育」と表記する）、幼稚園と保育所は、対象年齢、標準的な保育時間、設備基準などが異なるものの、法令に関しては、保育所保育指針が幼稚園教育要領の改訂を踏襲し、二〇〇八年の保育所保育指針の告示化以降は同時に同内容に改訂されており、満三歳から就学までの保育内容に求められる方向性は同じである。したがって、就学前段階の日本型公教育に関しては、幼稚園に加えて保育所、さらには制度の一元化をめざして設けられた四類型の認定こども園や待機児童対策で新設された企業主導型保育所など、多様な施設とその供給主体をとらえることが肝要である。

ところで、供給主体が多様化するなかにあっても、保育内容は先述の指針や要領の告示化による保障がめざされている。しかし、それらが小学校以上の学習指導要領と比べて大綱化されていることに加えて、行政による監査も有資格者の配置や設備、事務書類をおもな対象としている。そのため、圧倒的に私立が多い幼稚園はもちろん、民営化の推進で二〇〇八年には私立が公立より多くなり、現在では約七割が私立の保育所や、待機児童対策やさまざまな保育ニーズへの対応で認可園同様にわが国の保育を担うことが期待されている認可外の施設では、園ごとに多様な特色がある。なお、二〇一九年秋からの保育無償化では、幼稚園・保育所・認定こども園といった認可園に加えて、認可外の施設も一部は無償化対象となり、公教育としての位置づけが強まっている。

保育の自由が広く保障されているのが日本型公教育の特徴ともいえるが、規制緩和の度合いが大きい供給主体の多様化のなかで、保育の環境・プロセスをどのように構築するかの責任は各園に委ねられている部分が大きく、園ごとに大きく異なる保育の質を保証する責任のあり方が問われている。以上のような保育の現状を検討することは、保育が公教育の土台部分であるだけに、日本型公教育を再検討するうえでの見通しを深めることにつながると考える。

さて、保育の質への関心が、近年、保育による成果への注目から改めて高まっている。その大きな契機が、幼児教育にアクセスする機会の乏しい地区において、午前中二時間半の遊びを中心とした幼児教育と週一回の家庭訪問を提供した層と提供しなかった層の四〇年間の追跡調査を行った「ペリー就学前プロジェクト」である。ノーベル経済学者のヘックマンが、同プロジェクトの検証を通して、幼児教育への投資により自己肯定感や自制心などの非認知的特質を育むことで、将来的な経済的自立や犯罪率等の面で高い経済効果をもたらすことを示した著書は、わが国でも『幼児教育の経済学』(ヘックマン 二〇一五)として出版されている。

ただし、改めてと述べたように、わが国では、二〇〇五年、中央教育審議会が幼児教育に関する初めての答申『子どもを取り巻く環境の変化を踏まえた今後の幼児教育の在り方について――子どもの最善の利益のために幼児教育を考える』を出し、「近年の幼児期から学齢期にかけての子どもの育ちの課題については、幼児教育がその機能を十分に発揮できれば、その解決に大きな役割を果たすことができる(第一章第五節より抜粋)」と、幼児教育を教育改革の優先課題とすることを求めていた。同答申は翌年の教育基本法改正において、幼児期の教育の重要性と行政による振興を規定した第一一条の新設へとつながり、今日の保育行政の土台となっている。また、一九八九年の幼稚園教育要領改訂以降、「遊びを通しての指導」という視点が強調され、先述の中教審答申でも幼児教育と早期教育は異なることが明示されたほか、現行の指針・要領でも「幼児期の終わりまでに育って欲しい一〇の姿」として非認知的特質を成果の質として示している。

以上のように質保証が注目される一方で、待機児童解消に向けた量の確保も同時に求められているのがわが国の保育の現状であり、「平成期の保育政策の特徴は、良く言えば、社会の要請を受けた保育の一般化と多様化の推進であり、悪く言えば、量の確保のための施策と質の確保のための施策との整合性の欠如といえるように思います」（柏女二〇一九、五九頁）と総括されるように、質と量、両方の保証は道半ばである。本章では、量の確保を背景とする供給主体の多様化に着目し、その課題を整理しながらも、多様化による質向上の可能性を述べる。具体的には、第一節で行政の役割の変容とそこでの課題を整理し、第二節では地域の特色を活かした保育をめざす行政と民間団体の新たな連携による責任の共有など認定こども園制度の可能性、第三節では、企業主導型制度での新規参入園が果たす新たな質保証の可能性を述べる。そして、最後に第四節では、今後の保育の質保証とその責任を検討する。

一　待機児童対策と地方行政改革に伴う供給主体の多様化

供給主体の多様化による市町村の役割の希薄化

わが国では、幼稚園と保育所の一元化・幼保一体化に向けた内閣府「子ども・子育て新システム検討会議（二〇一〇年四月―一二年三月）」の議論を経て、二〇一五年から子ども・子育て新制度が始まった[1]。同制度では、一体化に向けて認定こども園を設けたが、幼稚園・保育所に移行を促すインセンティブが乏しく、主要施設は実質三元化している。

また、施設の新設が困難な都市部での保育の量の拡大、および少子化で施設の維持が困難な過疎地域の保育の確保を目的に、三歳未満児を対象とする地域型保育（六人以上一九人以下の子どもを保育する「小規模保育」、五人以下の子どもを保育する「家庭的保育」、「居宅訪問型保育」、「事業所内保育」）を新設したことで、供給主体はいっそう多様化している。経済の観点からの待機児童対策と多様な働き方の保障が制度改正の原動力であったために、保育の「質」より「量」の政策が先行した結果ともいえるが、その過程で、市町村の保育への法的責任は希薄化している。

新制度以前の児童福祉法第二四条では、市町村に対象児童への保育所での保育実施が規定されていた（第一項）。新制度でも、ニーズ把握を含めて保育の実施主体は市町村とされ、担当部局の一本化も進んだが、新制度に伴い二〇一六年に改正された同法では、保育所に関する第一項の規定は残しながらも、認定こども園と地域型保育に関しては、必要な保育を確保するための措置を講じると規定されている（第二項）。すなわち、今後、保育所の認定こども園への移行が進むなかで、市町村の役割が、保育実施から保育実施者確保という間接的なものとなるのである。

さらに、二〇一六年度以降、小規模保育のなかの事業所内保育の新規募集が停止され、三歳以上児も対象とする企業主導型保育所制度が新設されたことで、市町村の関与はいっそう低下している。わが国では、二〇一三年四月に「待機児童解消加速化プラン」が策定され、二〇一四年度末までに二〇万人分の保育の新たな確保がめざされ、実際約二二万人分確保されたにもかかわらず、二〇一五年四月は五年ぶりに待機児童が増加した。それに対して、同年の一億総活躍国民会議「一億総活躍社会の実現に向けて緊急に実施すべき対策」で示された事業主拠出金制度の拡充により、二〇一六年度と一七年度に五万人分の計画で整備が進められたのが、企業主導型の保育所である。企業主導型保育は、事業所内保育よりも補助率が引き上げられたほか、定員の柔軟な設定が認められた。具体的には、事業所内保育では定員の四分の一を従業員以外から受け入れる義務があったのに対して、企業主導型では義務がなくなり、定員の二分の一を上限に各園で地域からの受入を設定できるようになった。ただし、企業主導型は、補助率の優遇や地域枠設定の裁量権の拡大を通して新規参入が促進されただけでなく、市町村が認可する事業所内保育と異なり、内閣府の児童育成協会の審査を経た認可外保育施設という位置づけとなった[2]。したがって、地域の保育ニーズを把握し、保育実施主体となる市町村は、企業主導型保育の設置に関与できないのである。そのなかで、利用者を行政が措置する保育所に対して、直接契約の企業主導型では利用者の選別もあり得ること等を危惧する論考(岩藤 二〇一八)もある。

なお、後述するように低い定員充足率等の地域ニーズとのミスマッチが指摘されるなかで(近藤 二〇一八、一八〇頁、中山 二〇一九、九四頁)、二〇一八年度には、児童育成協会への新規申請に際して、市町村への相談が義務づけられた。しかし、相談項目の規定もなく、市町村は経営を指南する立場にもないことから、定員設定の見直しを求めることなどはできず、情報提供にとどまるのが実情のようである。

公立園の減少による市町村の役割の希薄化

ところで、待機児童問題が大きく取り上げられるなかにあっても、少子化を見込んで公立私立にかかわらず認可園の増加に慎重になる自治体や、財政上の理由で公立園の民営化を進める自治体も少なくない。この方向性を後押しする形になっているのが、二〇一三年の「インフラ長寿命化基本計画」にもとづいて各自治体が策定した「公共施設等総合管理計画」である。同計画では、総務省の指針にもとづき、人口予測等を踏まえた公共施設の将来のあり方も検討されている。各自治体で進められる公立園の統廃合や民営化は、保育枠の削減と必ずしも同義ではないものの、少子化するという人口予測を実現するための計画になる危惧が指摘されている(中山 二〇一九、七五頁)。

また、二〇一九年秋からの保育無償化に伴い、公立幼稚園の減少が加速するといわれている。女性の就労率確保を含む経済対策として進められた新制度では、一日一一時間を「標準」保育時間としており、長時間・長期間の保育利用が当たり前、土曜日も利用しなければ損という風潮を生んでいる(柏女 二〇一九、六五頁)。そのため、二年保育の公立幼稚園のなかには、少なくとも三年保育への移行や、認定こども園への移行がなければ深刻な園児不足に直面することが見込まれる園もある。この公立幼稚園の存続問題に関しては、次節の後半で認定こども園制度を活用した先駆的取組を取り上げるが、本節で確認してきた市町村の関与の低下や公立園の減少は、保育の社会的地位の低下を招き、結果として質の保証を危うくすることが懸念されている(秋田監修 二〇一六、二八頁)。

二　認定こども園制度の下での新たな公私関係

地方裁量型――自然保育による保育の多様性と地域振興の可能性

二〇一五年からの新制度では、認定こども園への移行を促す観点から、幼稚園と保育所の両方の基準を満たす幼保連携型のほかに、どちらかの基準を満たす幼稚園型と保育所型、つまり、従来から幼稚園、保育所として運営されていた類型が設けられている。加えて、保育ニーズを把握する立場にある市町村の意向を尊重しつつ、都道府県が認可外の施設を認定こども園と位置づける地方裁量型も設けられた。地方裁量型は他の三類型に比べて非常に少なく、定員超過の劣悪な保育環境と県のずさんな監査が問題になった「わんずまざー保育園」(兵庫県)のようなケースがある一方で、二〇〇七年から「森のようちえん」として保育を行ってきた「Ｆｕｊｉこどもの家バンビーノの森」(山梨県富士吉田市・株式会社バンビーノの森)が、二〇一六年に認定されている(国土緑化推進機構編著 二〇一八、一六八頁)。同園は、株式会社立ゆえに学校に位置づけられる幼稚園型や幼保連携型の認可は受けられず、九時間の開所時間のため、一一時間が標準保育時間の保育所型の認可も受けることができなかった。地方裁量型は、「バンビーノの森」のように特色ある保育を提供しようとする運営主体の安定的な運営に寄与する枠組みとなっているのである。

ところで、全国ネットワーク加盟園だけでも二五〇園ある「森のようちえん」のなかには、認可された幼稚園や保育所もあるが、多くは設置基準を満たしていない、もしくは森での暮らしを優先するために満たすことを望まない認可外の施設であり、一条校の幼稚園と異なることから平仮名表記されている。一条校主義の規制に対する保育の自由の実践と運営の一つの形態といえるが、認可外であるだけに高くなる傾向の保育料や、限られた運営費ゆえに送迎を自身で担える保護者に利用を限定せざるをえないなど、普及には課題もある。二〇一八年一二月には、長野・鳥取・広島三県の知事が発起人となった「森と自然の育ちと学び自治体ネットワーク」が設立され、いっそうの普及がめざされているが、保育の無償化に際して、大きく二つの難しい状況が生じている。

一つは、利用する保護者の就労状況により保育料負担の差が生じる状況である。当初、認可園を対象に構想されていた保育の無償化は、待機児童問題への配慮から認可外も対象となったが、待機児童ではない一号認定[3]の認可外の施設での保育は、無償化の対象外とされた。保護者の不公平感を回避する目的で、「バンビーノの森」のように地方裁量型での認定を目指す園も見受けられるが、自治体間の温度差も大きいようである[4]。

もう一つは、まったく無償化の対象にならない施設がある状況である。認可外施設は、二・三号認定の保育は無償化対象となる認可外保育施設と、すべての子どもの保育が無償化対象外の幼稚園類似施設に二分されるが、少なくない「森のようちえん」が、園舎や調理室を有さないために認可外保育施設となれず、無償化のなかで園児募集の危機に瀕している。この状況に対して、たとえば長野県では、地方裁量型の活用にとどまらず、「森のようちえん」に対する独自の認証制度「信州やまほいく認定制度」を設け、無償化の半額相当額を補助している。設備等では国の認可基準と相いれないが、保育の質保証と地域振興の可能性がある保育形態、「森のようちえん」が、今後どのように位置づけられるのか注目される。

公私連携型――過疎地の幼稚園教育存続や活性化に向けた市町村の新たな取組

第一節で述べたように公立幼稚園の減少が見込まれる一方で、公私を問わず当該園が地域で唯一の幼稚園という地域や、そもそも幼稚園がない地域もある。認定こども園制度にも類型が残されたように、制度の一体化や指針・要領の共通化が進められても、幼稚園の存続や設置を求める地域ニーズはある。たとえば、北海道勇払《ゆうふつ》郡安平町《あびらちょう》では、へき地保育所三園を「はやきた子ども園」に、一幼稚園と二保育所を「おいわけ子ども園」に統廃合し、同町内の就学前施設は当該二園のみとなっているが、両園ともに幼保連携型の認定こども園である。幼稚園がなかった早来町と一園しかなかった追分町が合併した安平町において、単なる統廃合ではなく、教育委員会が主導して公私連携型の運営を取り入れたことで、幼児教育の振興が図られているのである。なお、両園は各運営法人がめざす保育に必要な環境整備のために、保護者や地域と協働で進める協議会を設置しているが、同協議会の事務局を町の教育委員会が担うことで、保護者や地域の参画につながる情報発信や小学校との連携が充実する等、保育の質保証に向けて教育委員会（公）と民間法人（私）が連携する相乗効果が見られる（下村 二〇一九）。

三　企業主導型保育所の課題と可能性

待機児童対策と働き方の多様性保障を目的に推進された企業主導型保育は、認可外ながらも認可園の事業所内保育より高い補助率、職員の保育士資格所有の緩和、単独企業の運営のほかに連携企業との共同運営や保育事業者への委託も可能な運営形態の多様性があり、従業員確保や地域貢献に訴求力もあることから、多様な企業の参入をもたらした。勤務先が園を運営することで、当該企業の子育てへの理解が深まる、男性の育児への関与が高まる等の効果も報告されているが（内閣府 二〇一九）、補助金の不正受給、制度導入初年度から二年間での参入企業の一割の撤退[5]、二〇一八年一〇月時点で開設一年以上の園の四一％で定員の半数以下という低い定員充足率が批判されてきた(6)。保育量の確保を優先するあまり、利用者のニーズが十分に把握されていないのである。たとえば、地域住民を受け入れる地域枠よりも従業員の企業枠の定員充足率が低い状況は、設置企業の準備・認識不足を露呈している。また、地域枠に関しても、そもそも保護者の多くが認可園志向や認可外園への不安をもつなかで、認可園は市町村が利用者を措置するのに対して、市町村の保育施設一覧への掲載と待機児童になった時点での紹介程度しか市町村の協力がなく、知名度も実績もない、開設初年度は園児募集の時期に園舎もないことが多い企業主導型の各園単位の園児募集は非常に厳しい。

ただし、園児募集に関して設置企業の準備・認識不足を批判するだけでは、今後の制度改善を考えるうえで正確な議論ができない。まず、企業主導型はその参入動機ともなる自社従業員の保育支援の観点から、転勤や中途採用等を考慮して企業枠に常に空きを確保する傾向がある。次に、施設の完成年度まで計画的に受け入れていかないと園児の年齢バランスが保てない。たとえば、二歳児の新規入園が見込めない状況では、進級児のいない開設一年目までは二歳児クラスが定員を下回る。さらに、障がい児に加配する保育者の人件費補助がある認可園と異なり、補助がない企業主導型では、保育の質を保つ意味でも、定員まで受け入れるのが難しい場合がある。つまり、認可園と同様の観点では企業主導型の定員充足率を論じられないのである。

なお、企業主導型の運営には中小企業の参入を促してきたが、従業員数の多くない中小企業で将来持続的に企業枠を充足できるのかも危惧されており、設置企業が負担金等を他の企業に求めない連携企業設定を導入し、実質的に地域枠の児童を企業枠で受け入れることなども行われている。

多様な供給主体が参入した企業主導型の可能性

二〇一九年度、制度見直しのために新規募集が停止するほど、企業主導型制度への批判は高まっている。ただし、個別の参入事例のなかには、待機児童対策にとどまらない、新たな保育の質保証、今日の保育を取り巻く課題への対応を提起している園もある。ここでは、そのなかから三園を紹介する。

●外国語対応が必要な親子への保育

保育の質保証には、保護者の理解と協力が欠かせないが、外国語対応が必要な子どもへの対応は義務教育段階でようやく進み始めたばかりで、就学前では進んでいない。そのなかで、外国人研究職が多く勤務するスタートアップ企業が設立した「やまのこ保育園」(山形県鶴岡市)では、園だよりなどの通信物に英語を併記して保育内容を保護者が把握できるようにするバイリンガルスタッフの配置等、保護者支援に積極的に取り組んでおり、外国人が多く居住する地方での保育の質保証の先行事例となっている。また、二〇一九年秋には「食べられる園庭づくり」の公開ワークショップを開催する等、最新の海外の保育動向を地域に発信する役割も果たしている(**写真①**)。

●公園を活用した地域づくり

待機児童問題のなかで対応が後回しにされる自営業者の保育の保証をめざして、地域の写真館が「いふくまち保育園」(福岡市)を設立した。同園では、園庭整備に補助金が出ない企業主導型にあって、園に隣接する市の古小烏公園(四七六㎡:公園の区分では最も小規模な街区公園に分類される)を管理する「公園愛護会」を園が担い、子どもが裸足で安心して遊べる空間を確保している(**写真②**)。認可保育園であっても屋外遊技場を近隣の公園で代替している園は少なくないが、清掃や花壇管理等を行政から委託されて担っているケースは稀である。保護者が公園利用を控える主な理由の一つが治安と言われる昨今の状況において、同保育園では、公園で地域の小学生と一緒に遊んだり、町内会と一緒に公園内の畑の収穫をしたりしており、公園管理と園運営を通した地域づくりのモデルケースとなっている。

●子ども主体、食育活動に力を入れた保育

地域の子育て支援に熱心な建設会社が園を設立する際に、子ども主体の保育に可能性を感じていた教育者・保育者が運営を担い、企業主導型としては大規模な定員八四名の「ひより保育園」(鹿児島県霧島市)を設立した。子どもが調理活動に携わることを重視したホールの環境設定、理念に共感した新潟県燕三条の専門店が特別製造している子ども用包丁など、食育活動へのこだわりと成果は、レシピ本『ひより食堂へようこそ」小学校にあがるまでに身に付けたいお料理の基本』(そらのまち出版、二〇一九年)として刊行されるに至っている(写真③)。また、企業主導型での資格要件の緩和を活用し、介護福祉士を保育者として登用して隣接する高齢者施設と積極的に交流を図っている。同保育

写真① 食べられる園庭づくりのワークショップ

写真② 園が管理する公園内の畑での収穫

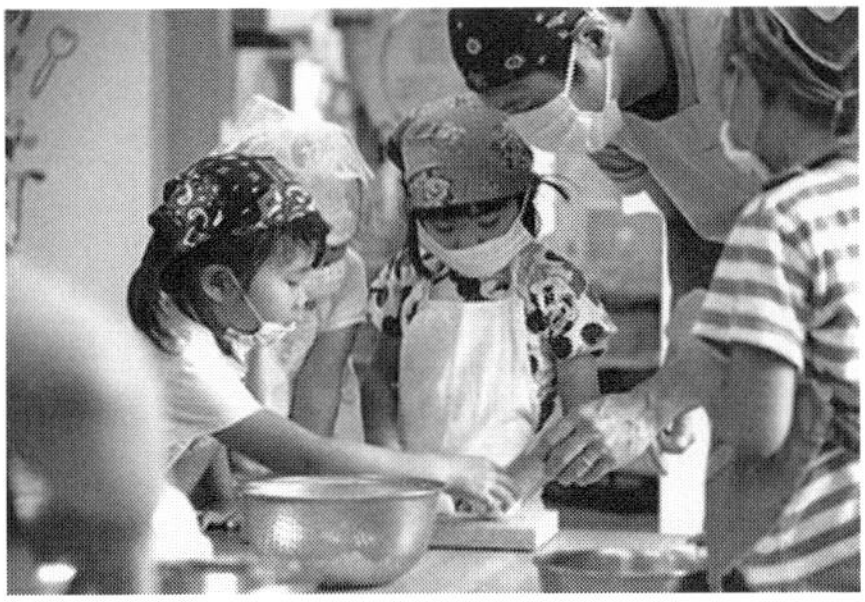

写真③ ホールでの調理

園は、企業主導型の成功事例として多くの視察も受け入れており、理念にもとづく保育、保育士以外の人材の活用などの発信に寄与している。

四　保育の質を保証する責任を再考する

保育は、行政が担う中核理念の提示など(「志向性の質」「教育概念と実践」)と、各園が担う実践(「構造の質」「プロセスの質」「実施運営の質」)、それらの結果としての「子どもの成果の質」で構成されるといわれる(淀川 二〇一六、八四、八五頁)。行政に対しては、OECD諸国のなかで保育者一人当たりが担当する子どもの数が最も多くなっている三歳以上児の配置基準(猪熊・寺町 二〇一八、八六、八七頁)など、各園が「構造の質」を工夫し「プロセスの質」を高めるための前提条件の改善に取り組むことが求められる一方で、「志向性の質」や「教育概念」に関しては「はじめに」で触れたように一定程度責任を果たしてきており、「子どもの成果の質」に向けて各園が責任を果たすことが求められている。

ここで、わが国でも取り組まれ始めているプロセスの質の評価による更なるエビデンスの蓄積により、求めるべき成果が子どもの非認知的特質であり、遊びを中心にすることがプロセスの質を高めるとの認識が、各園に加えて保護者にも浸透することを期待したい。質保証において、園や保護者に期待する理由は大きく二つある。

一つは、非認知的特質の育成を求める社会的な合意が形成されていても、行政の関与には慎重になる必要があるからである。非認知的特質は個々人の内面深くに関係する事柄であり、それを育むとされる遊びは、個々人の価値に依拠するものであるだけに、そもそも公的な関与はそぐわない。加えて、多くの場合に、「プロセスの質」の評価を担うだけの専門性を有さない行政担当者が監査等で関与を強めることは、保育方法の画一化や形式主義への傾倒の懸念を抱かせるからである。

もう一つは、質の確保を超えた向上を考えたいからである。少子化の進行とともに待機児童問題はいずれ落ち着き、保護者がいまより園を選べるようになる。今日の供給主体の多様化のなかで社会的に要請されている適切な許認可や監査が保証できるのは最低限の質であり、質の向上までは十分に保証しえない。民営化や地方自治体との協働、規制緩和を保育の質向上や新規参入の機会ととらえる施設を、無償化により選択の自由と責任を担う保護者が支持する、つまり、園と保護者が協働して保育の質を高めることを期待したいのである。実際、第三節で紹介した特色ある保育の企業主導型保育所三園では、二〇一九年度時点で入園希望者が登録して待っている状態であり、在園児の保護者のなかには、市町村の措置を受けて認可園を利用できたのに、認可外の企業主導型保育所を選択した方もいる。保育の質を高める園とその質を評価する保護者により、企業主導型保育所は認可園の待機児童の受け皿という位置づけを覆しているのである。なお、保育の安全確保の視点を中心としながらも、子どもの成長に向けたリスクの重要性にも触れ、保護者が園選択時に保育の質をチェックするポイントを示している猪熊らの取組(猪熊・寺町 二〇一八)は、今後、設置主体や認可の有無よりも保育の質で園を選択する上述のような動きの広がりを支えるものとして注目される。

もちろん、一部の保護者の園選択には、子どものための保育の質選択よりもサービス受益者としての意識が反映される危惧がある。また、無償化された保育においては、社会での子育ての観点から保護者の負担を軽減するだけでは不十分であり、社会への説明責任、たとえば、小学校以降の教育の質とのつながりを保証することが求められる。

ただし、就学前と小学校の接続に関しては、授業への傾聴力や素直さのようなものの育成がイメージされることが多いが、現行の学習指導要領の改訂に携わった奈須が、幼児期の学びを生かしながら「主体的・対話的で深い学び」の実現をめざす学習指導要領により、「まったく教師の都合に過ぎない規律訓練を幼小接続だと考えてきた不幸な時代は、ようやく終焉の時を迎えるのです」(奈須 二〇一七、五四頁)と述べているように、小学校ありきで保育の質を論じること自体が見直されている点には留意しておきたい。

おわりに

本章では、保育の供給主体の多様化が、全体としては市町村の責任の希薄化と相まって最低限の質保証に課題を抱えながらも、個別には保育の質を確保し高める可能性を有していることを取り上げた。かつて公立保育園の民営化に際し「公立保育園と同様な保育」の実施を条件とされたことに対して園長であり保育研究者でもある塩川寿平が、「もともと保育は一つ、強いて言えば唯一、〝良い保育〟があるだけであり、「公立の保育」「民間の保育」で分けることはできない」（塩川 二〇一〇、八五頁）と指摘していた。供給主体が多様化している今日においてより示唆に富む指摘であり、設置主体や認可の有無といった制度上の位置づけで一括りにするのではなく、各園や各保育者の実践を丁寧にとらえながら、保育の質保証に向けた制度の議論を深めることが求められる。

なお、質保証を考えるうえで最も重要な要素の一つは、それを担う人材の質である。わが国では、無償化により保育の公教育としての位置づけが強まったにもかかわらず、その担い手である保育者が質保証の責任に見合う待遇にないことが広く知られている。本章で紹介した園の関係者のように、供給主体の多様化を、自身が保育の自由と向き合う好機ととらえる人材が、参入しやすいだけでなく、継続的に保育に携わることを可能にする処遇改善や配置基準の見直しが喫緊の課題である。

また、保育の質を探求してきた保育者や保護者が中心となり、行政とも協働しながら、就学前施設での保育との一貫性を重視した小学校やオルタナティブ・スクールを各地で開設する取組が見られる。[7]たとえば、わが国で最もよく知られている「森のようちえん」の一つである「まるたんぼう」（鳥取県智頭町《ちづちょう》）がサドベリースクールを開設していたり、本章第二節で取り上げた安平町では、公私連携型で認定こども園を運営する学校法人と教育委員会が、公私連携型義務教育学校の設置を検討(二〇一九年一一月時点)していたりする。保育の質保証の取組が、小学校以降の学校教育の再考を迫るアプローチに発展しつつあることは、日本型公教育の揺らぎの新たな一面として注目される。

注

(1) 二〇一二年成立、一五年施行の子ども・子育て関連三法「子ども・子育て支援法」「就学前の子どもに関する教育、保育等の総合的な提供の推進に関する法律の一部を改正する法律」「子ども・子育て支援法及び就学前の子どもに関する教育、保育等の総合的な提供の推進に関する法律の一部を改正する法律の施行に伴う関係法律の整備等に関する法律」にもとづく制度。

(2) 待機児童対策として新規の保育枠の確保が求められたことから、事業所内保育から補助率のよい企業主導型に移行することは認められていない。

(3) 新制度では、子どもの年齢と保護者の就労状況等の保育の必要性に応じて子どもを三区分に認定している。従来の幼稚園利用児に相当する保護者が一定時間以上就労していない三歳以上児が一号認定、保育所利用児に相当する三歳以上児が二号認定、保育所利用児に相当する三歳未満児が三号認定である。

(4) 「森のようちえん全国ネットワーク」では、無償化や認可に関する自治体の事例をまとめて公表している(http://morinoyouchien.org/about/post-5185.html%EF%BC%9D、二〇一九年一一月一一日閲覧)。

(5) 二〇一九年四月二七日毎日新聞より。

(6) 二〇一九年四月二三日日本経済新聞より。

(7) アメリカのマサチューセッツ州にあるサドベリー・バレー・スクールの教育理念にもとづく学校で、学ぶ内容を子ども自身が決定する自由に加えて、学校運営の意思決定における子どもとスタッフとの対等な関係を尊重することから、デモクラティック・スクールともいわれる。

参考文献

秋田喜代美監修 二〇一六、『あらゆる学問は保育につながる――発達保育実践政策学の挑戦』東京大学出版会。

猪熊弘子・寺町東子 二〇一八、『教育・環境・安全の見方や選び方、付き合い方まで 子どもがすくすく育つ幼稚園・保育園』内外出版。

岩藤智彦 二〇一八、「情報と交流の広場 「企業主導型保育事業」を待機児解消策として広げてはならない」『議会と自治体』第二四二号、六〇―六四頁。

柏女霊峰 二〇一九、『混迷する保育政策を解きほぐす――量の拡充・質の確保・幼児教育の振興のゆくえ』明石書店。

厚生労働省HP 統計情報・白書「社会福祉施設等調査」。(https://www.mhlw.go.jp/toukei/list/23-22.html)(二〇一九年一一月一九日閲覧)

国土緑化推進機構編著 二〇一八、『森と自然を活用した保育・幼児教育ガイドブック』風鳴舎。

近藤幹生 二〇一八、『保育の自由』岩波書店。

塩川寿平 二〇一〇、「第三章 保育に「公立」も「民間」もない 〈よい保育〉とそうでない保育があるだけ」佐々木正美監修『子どもと親が行きたくなる園――優れた保育実践に学ぶ』すばる舎。

下村一彦 二〇一九、「公私連携型認定こども園の環境整備を通した家庭教育支援――北海道安平町の事例を通して」『琉球大学地域連携推進機構生涯学習推進部門研究紀要 生涯学習フォーラム』第一二号、二一―二九頁。

内閣府 二〇一九、「企業主導型保育事業の円滑な実施に向けた検討委員会(第3回)」資料2、ファザーリングジャパン提出資料。(https://www8.cao.go.jp/shoushi/shinseido/meeting/kigyounai/k_3/pdf/s2.pdf)(二〇一九年一一月一九日閲覧)

中山徹 二〇一九、『だれのための保育制度改革――無償化・待機児童解消の真実』自治体研究社。

奈須正裕 二〇一七、『「資質・能力」と学びのメカニズム』東洋館出版社。

ヘックマン、ジェームズ・J、古草秀子訳 二〇一五、『幼児教育の経済学』東洋経済新報社。

淀川裕美・秋田喜代美解説「代表的な保育の質評価スケールの紹介と整理」二〇一六、イラム・シラージほか著、秋田喜代美・淀川裕美訳『「保育プロセスの質」評価スケール――乳幼児期の「ともに考え、深めつづけること」と「情緒的な安定・安心」を捉えるために』明石書店。

第Ⅱ部

学校と家庭・地域との関係の変容

6 学校教育の担い手としての保護者・住民

柴田聡史

はじめに

一条校による国民の教育を受ける権利の保障を特徴とする日本型公教育は、第I部各章で論じられたように、今日その基本理念の揺らぎ、対象や外延の広がりなど、さまざまな点で変容を見せている。他方、日本型公教育の中核となる一条校(以下、学校)それ自体についても、家庭や地域との関係において大きな変化が生じている。

学校・家庭・地域の関係はここ三〇年の間、教育政策上の大きなテーマの一つとして位置づけられてきた。とくに、二〇〇六年の教育基本法改正で第一三条に「学校、家庭及び地域住民その他の関係者は、教育におけるそれぞれの役割と責任を自覚するとともに、相互の連携及び協力に努めるものとする」として、三者の連携・協力が法的に明示されて以降、さまざまな事業が展開されている。そのなかで、保護者や地域住民は学校に関わる多くの領域において、その役割が期待される存在として位置づけられている。

日本の公教育は、全国のどこにいても同じ免許状を有する教員によってほぼ同じ内容の教育を保障すること、つまり「普遍的で共通の教育」の保障がめざされてきた(大桃 二〇〇五、四四四―四四五頁)。国が学校設置要件や学習指導要領を定め、地方の実情に応じた調整を教育委員会が行い、学校や教員は国や教育委員会の決定や方針にしたがって学校運営や教育実践を行うというのが、日本型公教育の基本的な構図である。ゆえに、そうした公教育のあり方をめぐっては、たとえばその意思決定の多くを個々の学校や教員、子どもや保護者、地域住民などに委ねてこなかった。また、個別の学校レベルに目を向けても、保護者や地域住民の直接的な参加の機会は限られ、その結果、長らく保護者や住民は学校や教員に多くを委ねてきた。

臨時教育審議会(以下、臨教審)での「開かれた学校」の提唱以降、学校の自主性・自律性の確立をめざすなかで、保護者や住民の参加の道が開かれていく。学校評議員制度(二〇〇〇年度)、学校運営協議会制度(二〇〇四年度)などの導入である。とくに学校運営協議会制度は、一定の役割や権限をもちながら保護者・住民が学校運営に参加するものであり、学校の新たな意思決定の仕組みであった。もう一方で推進されたのが、学校支援地域本部事業(二〇〇八年度)に代表される、保護者・住民による学校支援活動であった。こうした学校への参加の制度化により、保護者や住民が個々の学校の意思決定において重要なアクターとして位置づけられるとともに、さまざまな教育活動の実践においても、保護者や住民の役割に対する期待が増大している。さらに「チーム学校」の議論も含めてみるならば、保護者や住民はサービスの受け手から、学校と責任を共有して公教育の一端を担う当事者へとその位置づけが転換しているととらえられよう。

こうした動向は、日本型公教育における学校や教員のあり方にいかなる影響をもたらすだろうか。学校と保護者、住民との連携や協働をめぐっては、公教育の現場において保障すべきものの内実と方法、さらにその責任のあり方が問われることとなる。そうした観点から本章では、第一節で「開かれた学校」論の展開と保護者や住民の参加の制度化、第二節で保護者や住民との連携・協働をめざす改革動向についてそれぞれ整理するとともに、第三節で「チーム学校」論議等における他職種との連携・協働に伴う校長のリーダーシップや教員の専門性の変化について検討し、保護者や住民、他の専門職といった多様な人材を取り込みながら展開する学校教育をめぐる今後の展望と課題を考察する。

一 学校の意思決定への保護者・地域住民の参加

「開かれた学校」論の展開と学校・家庭・地域の関係

戦後、わが国の公教育においては、国や教育委員会を中心とした意思決定がなされてきた。それは、教育を受ける権利の保障、平等保障という観点から、全国で一定程度の平準化をめざすものであり、公教育の最前線である各学校はその決定にもとづいて運営がなされるという構造である。保護者や住民と学校との関係について振り返ってみれば、戦後改革期には米国で一九三〇年代に活発化した当時のコミュニティ・スクールというコンセプトが「地域社会学校」として紹介された。保護者や住民を理念上の当事者と位置づけた学校教育をめざす動きとして、実際に一部の地域では地域教育計画等の実践がみられた。経験主義的なカリキュラムへと変化するなかでは児童生徒の経験と密接に関わる地域社会との関係が重視され、同時に、民主的な社会の実現において地域住民との共同的な学校運営がめざされた。しかしながら、「学校や教師が遅れた地域や家庭を啓蒙しようとする方向性を持っていた」(広田 二〇〇三、一一四頁)とされるように、当時の地域あるいは住民は、今日のような教育上あるいは学校経営上活用しうる十分な資源としてそれほど期待されていない。したがって、むしろ学校を通じた地域社会の教育が想定されており、そのなかではたとえば校長には学校内部の管理のみならず、地域と学校の関係構築をリードする立場として、地域社会の民主化における指導的な役割も求められていた(柴田 二〇一三)。

一九五〇年代以降の教育行政の集権化、とくに教育委員の公選制から任命制への転換に伴い、保護者や地域住民は意思決定のメカニズムの外に置かれてきた。たとえば保護者と学校との関係については、今橋がその日本的特殊性として「学校の優位性と父母の依存性」と指摘したように、保護者は学校に対して一方的に理解・協力する存在として、従属的な位置に置かれてきた（今橋　一九九八、三〇七頁）。その後しばらくは「関係低迷の時期」（柳澤　二〇〇七、二〇〇頁）とされるように、保護者や地域と学校との距離が離れる時代が続いていく。

学校への依存傾向とそれに伴う学校の役割の肥大化は、一九七〇年代に「受験競争」「学歴偏重」「詰め込み教育」「いじめ」「不登校」といった問題を顕在化させた。そうしたなかで臨教審が保護者や地域住民の意見を学校運営に取り入れる「開かれた学校」（一九八七年第三次答申）を提言して以降、学校と家庭・地域の関係の再編が図られていく。一九九六年の中央教育審議会（以下、中教審）答申「二一世紀を展望した我が国の教育の在り方について（第一次答申）」において、「子供たちの教育は、単に学校だけでなく、学校・家庭・地域社会が、それぞれ適切な役割分担を果たしつつ、相互に連携して行われることが重要である」（第四章）として三者の役割分担と相互の連携を提言する。そこでは、「開かれた学校」づくりとして地域の教育力や家庭・地域の支援の活用が謳われるとともに、「学校のスリム化」として、学校の行うべき活動、地域や家庭の本来の役割の見直しや教育活動の精選を行うことが提言された。ただし、同答申では臨教審が提言したような学校の閉鎖性の打破に向けた学校運営における保護者・住民の意向の反映などについての言及はなく、教育活動支援に関わるボランティア等の活用といった、学校と家庭・地域の連携・協力に重点がおかれている（三浦　二〇一〇、三一〇頁）。一九九〇年代前半までの学校と保護者・住民の関係の再編は、学校への過度の依存を批判しながら、学校のスリム化をめざした相互の役割と責任の分担が主眼となるなかで、意思決定への参加制度を具体化するものではなかった。

保護者・地域住民の学校運営への参加の法制化

一九九〇年代後半に入り、保護者や地域住民の学校運営への参加の制度化が本格的に検討されていく。それは、当時進展していた行財政改革、とりわけ規制緩和と地方分権改革の影響を受けている。一九九八年の中教審答申「今後の地方教育行政の在り方について」は、学校の自主性・自律性の確立のための施策の一つとして、教育委員会と学校の関係の見直しと学校裁量権限の拡大などとともに、「地域住民の学校運営への参画」を提言した。それを受けて二〇〇〇年一月の学校教育法施行規則の改正によって導入されたのが、学校評議員制度である。学校評議員は、校長の推薦によりその設置者が委嘱し、「校長の求めに応じ、学校運営に関し意見を述べる」ことがその役割とされた。それまでになかった保護者や住民の意向を反映する制度として画期的なものだったが、校長の諮問機関としての位置づけや限定的な役割に対しては導入当初より課題が示され、中教審(二〇〇四)も「運用上の課題を抱え、必ずしも所期の成果を上げ得ない学校もある」と評価し、新たな学校参加の仕組みの提供を提言することとなる。

保護者や地域住民が一定の権限と責任をもって学校運営に関わる仕組みとして創設されたのが、二〇〇四年に法制化された学校運営協議会制度である。二〇〇〇年一二月に教育改革国民会議が「地域独自のニーズに基づき、地域が運営に参画する新しいタイプの学校(コミュニティ・スクール)」の可能性の検討を提言したことを発端に、総合規制改革会議や中教審での議論・提言を経て、二〇〇四年六月、地方教育行政の組織及び運営に関する法律(地教行法)の改正により導入された。学校運営協議会は任意設置で教育委員会が指定する学校に置かれ、協議会の委員は対象学校の地域住民、保護者、教育委員が必要と認める者から教育委員会が任命する。協議会には三つの権限が定められている。第一に、校長が作成した学校運営の基本的方針を承認すること、第二に、学校の運営に関して教育委員会や校長に意見を述べること、第三に、学校の教職員の任用に関して任命権者(市町村立学校の場合、都道府県教育委員会)に意見を述べることである。

先の学校評議員が校長の求めに応じて個人の責任において意見を述べるのにとどまるのに対して、学校運営協議会は合議制の協議体として学校の意思決定に関与する仕組みであり、地域住民や保護者の経営参加を拡大するものであった。ただし、法制化の過程におけるコンセプトの変容を分析した岩永は、制度化された学校運営協議会は「学校参加」という側面が後退し「学校に対して保護者や地域住民に説明責任を果たさせること、保護者を顧客、地域住民をオーナーと考えて、できるだけそのニーズを把握し、それに応えていく」という「説明責任型コミュニティ・スクール」の制度構想をもっていたと論じている(岩永 二〇一一、四八頁)。

さらに、創設後の実態をみると、学校運営協議会に対する校長の期待や実際に会議で扱う事項は、法に定められた権限に関わるものよりも、保護者や地域の学校理解や学校への協力に関わるものが多いことが指摘されている(たとえば、佐藤編著 二〇一〇)。学校支援活動を意識した部会を編成するなど、学校運営協議会で学校の支援活動の方向性が議論される状況も示されている。先の岩永はこうした運用実態を「学校支援型コミュニティ・スクール」としながら、同時に本来的には学校と保護者・地域住民とが対等な意見交換と決定を行う「参加・共同決定型コミュニティ・スクール」であるべきだとし、「学校支援型」はその過渡期的な段階であるとする(岩永 二〇一一、五〇―五二頁)。

しかしながら、学校運営協議会制度は、権限の強さゆえの警戒感もあり、また先行する学校評議員制度や学校支援ボランティア等の既存の取組との重複などを要因として、なかなか拡大しなかった。コミュニティ・スクールの数をその後五年間で全公立小中学校の一割に拡大するという推進方策を掲げた二〇一一年の学校運営の改善の在り方等に関する調査研究協力者会議も、「学校運営に対して責任ある意見を述べる制度については学校側、地域住民双方に抵抗感がある」(文部科学省 二〇一一)として、その難しさを示していた。他方、学校支援型の運用は、その導入のしやすさゆえに全国的に波及し、指定数の増加を支えていく。その後の制度の展開は学校支援型の普及を政策的に追認していくことになる。

学校運営協議会設置の努力義務化

二〇一五年、教育再生実行会議が全校のコミュニティ・スクール化を提言したことをきっかけに、学校運営協議会制度の拡大が図られる。同年一二月の中教審答申「新しい時代の教育や地方創生の実現に向けた学校と地域の連携・協働の在り方と今後の推進方策について」は、「地域とともにある学校」、「子供も大人も学び合い育ち合う教育体制の構築」、「学校を核とした地域づくりの推進」を学校と地域のめざすべき姿であるとし、これからのコミュニティ・スクールのあり方と総合的な推進方策について提言している（第二章）。学校運営協議会の方向性として、「これまでの役割を重視しつつ、学校運営の最終責任者である校長を支え、学校を応援することで、地域の実情を踏まえた特色ある学校づくりを推進するという役割を明確化」する必要が提言された。さらに、「学校運営協議会が、学校に対する地域住民や保護者等の理解や協力、参画を促し、学校を支える基盤である」とし、学校運営協議会において「地域住民や保護者等による学校支援に関する総合的な企画・立案を行い、学校とこれらの人々との連携・協力を促進していく仕組みとしていく必要がある」とする。ここには、学校運営協議会制度が当初想定していた保護者や住民の意向の反映や説明責任といったガバナンスの観点よりもむしろ、学校と共同歩調をとりながら「校長を支え」「学校を応援する」ような支援的・協力的な参加を保護者や住民に期待する方向への展開をとらえられる。

これを受けて、二〇一七年の地教行法改正により制度の見直しがなされた（第四七条の六）。同法は学校運営協議会の性格を「当該学校の運営」だけでなく「当該運営への必要な支援に関して協議する機関」として位置づけた。従来の三つの権限（基本方針の承認、運営に対する意見具申、人事に対する意見具申）について変更はないものの、人事に対する意見具申は自治体の判断で省略することが認められた。一方、新たに学校の支援に関する役割が盛り込まれ、「基本的な方針に基づく対象学校の運営及び当該運営への必要な支援」に関し、地域住民、保護者などの理解を深めるとともに、協議の結果に関する積極的な情報提供に努めることとされた。そうした性格や役割の変化に伴い、協議会の委員として、次節で検討する地域学校協働活動に関わる人材を想定して、保護者や住民に加えて「地域学校協働活動支援員その他対象学校の運営に資する活動を行う者」が加えられた。そのうえで、教育委員会に対してこうした学校運営協議会を「置くことができる」から、「置くように努めなければならない」という努力義務とした。その結果、コミュニティ・スクールの数は、二〇一九年度には全国の公立学校の二割を越える七六〇一校にまで拡大している（文部科学省 二〇一九）。

こうした動向から見えるものは、コミュニティ・スクールの機能・役割の明らかな変容である。学校支援の組織的な推進という新たな役割が追加されたことのみならず、従来からの学校運営への参加の内実も変わっている。答申では協議会を「校長の作成する学校運営に関する基本的な方針の承認などを通じ、校長のビジョンを共有し賛同するとともに、地域が学校と一定の責任感・責任意識を分かち合い、共に行動する体制」（中教審 二〇一五a、一六頁）としている。委員には承認だけでなく、「賛同」して協力する「責任」を求めているといえよう。そして、その委員の任命に対して、地教行法では校長が意見を教育委員会に申し出ることができるように改正がなされた。従来から、学校や校長への親和性をもつ委員の多さが指摘されてきたが、法的にそうした人選の可能性が高まったことになる。

このことは、参加型ガバナンスの課題として指摘されてきた専門性と民主性の葛藤・対立の契機を弱めることになるが、それは同時に住民や保護者の多様な意向やニーズの反映という当初の理念の後退ともいえよう。保護者や住民と学校が拮抗する関係ではなく、参加の質や意識の同質性を高めることに力点が置かれ、学校と一体化して運営する主体として位置づけられている。こうした変容が、協議の内実などをどのように変えていくかは注目すべきである。

二 保護者・地域住民による学校支援から双方向の連携・協働へ

保護者・地域住民による学校支援の組織化

そうした関係をより強化したのが、学校支援の取組であろう。ＰＴＡなどを中心に保護者らによって学校を支える活動は古くから行われてきたが、学校の教育活動への保護者や住民の参加が政策的に取り上げられたのは一九九六年の中教審答申である。学校が地域の教育力を活かし、家庭や地域社会の支援を積極的に受けるべきだとして、その具体的方策の一つとしてボランティアの協力を得ることを提言した。翌年に策定された文部省の「教育改革プログラム」では「学校支援ボランティア」とされ、社会人や地域人材の学校への活用のなかに学校支援ボランティアの活動推進を盛り込んだ。その背景には、「開かれた学校づくり」の推進や教育課題の多様化とともに、生涯学習の成果の活用という形でのボランティアの機運の高まりがあった。こうして、個々人のボランティア活動としての学校支援が進められていくこととなる。

学校支援ボランティアを組織化し、コーディネートすることによって学校の教育活動を支援しようとした仕組みが、二〇〇八年から始まった学校支援地域本部事業(以下、支援本部)である。支援本部は二〇〇六年改正の教育基本法第一三条を具体化する方策の柱であり、学校・家庭・地域が一体となって地域ぐるみで子どもを育てる体制を整えることをねらいとしている。文部科学省の所管課が生涯学習政策局社会教育課(当時)であることが示すように、社会教育の領域の事業であり、二〇〇八年の社会教育法改正でも同事業を念頭に「社会教育における学習の機会を利用して行った学習の成果を活用して行う教育活動その他の活動の機会の提供等」が教育委員会の事務として新たに規定された(第五条第一五項)。支援本部は、学校が必要とする活動について、地域住民を学校支援ボランティアとして派遣するものであり、それまで個別に実施されていたボランティア活動を組織的に展開しようとする取組である。そこでは、教員が教育活動に専念できる時間の確保や多様な体験、経験の機会の増大といった学校教育の充実が期待されるとともに、生涯学習の観点からは、保護者・住民の学習成果の活用と新たな学びの機会としての意義も位置づけられた。

支援本部は個別の学校支援を組織化しようとした点が特徴であるが、その支援のあり方は、あくまでも学校や教員の求めに対して地域住民がボランティアとして応えるというものである。事業の柔軟性も相まって自治体ごとにさまざまなとらえ方がなされ、従来から行われてきた活動をベースにした展開も多く見られた。二〇一四年度には、全国の公立小中学校の約三割にあたる約九〇〇〇校で支援本部による活動がなされ、その内容も校内の環境整備や登下校の安全指導といった学校外の支援から授業補助や地域学習、放課後の学習支援など多岐にわたる(文部科学省 二〇一七)。支援本部事業は、ボランティアによる学校支援という活動、地域や住民が学校を支援する存在であるという認識を広めることに寄与したといえよう。

学校と保護者・地域住民の連携・協働

その成果を踏まえて現在進められているのが、学校と地域の双方向型の連携や協働である。先に見た二〇一五年中教審答申は(二〇一五a)、地域の教育力の向上と地域における学校との協働体制のあり方について提言を行った(第三章)。コミュニティ・スクールの推進と並ぶ柱として示されたのが、「地域と学校との協働体制の推進」であり、具体的には上述の支援本部などを地域学校協働本部(以下、協働本部)へと改編することである。そこでは、地域と学校が子どもたちの育成方針などめざすべき方向性を共有しつつ、「支援」から「連携・協働」、「個別」の活動から「総合化・ネットワーク化」へと展開していくことがめざされている。支援本部事業は「学校を地域が支える」ことに重点を置いた取組であるが、協働本部事業は学校を地域が支えることに加え、学校支援の取組を通じて学校が地域づくりに寄与することもめざしている点が大きな違いである。「地域全体で子供たちの学びや成長を支えるとともに、学校を核とした地域づくりを目指して、地域と学校が相互にパートナーとして連携・協働して行う様々な活動」を地域学校協働活動(以下、協働活動)とし、具体的には、学びによるまちづくり、地域課題解決型学習、地域人材育成、郷土学習、地域行事等への参画など、多様な活動が想定されている。

支援本部から協働本部への転換は、まさに「支援」から「連携・協働」への転換をめざすものであるが、両者は本当に延長線上に位置づくものとしてとらえられるのだろうか。政策上は一連の流れのなかに構想され、支援本部の発展形として位置づけられる協働本部であるが、実際に関わる地域住民の層が異なる可能性が考えられる。単発的であれ継続的であれ、求めに応じる形で支援に関わる／関わりたい住民・ボランティアと、連携・協働という形で自発的に活動を展開する住民、地域の立場から学校に対しても何らかの活動や協力を期待する住民が必ずしも同質とは限らない。したがって、支援本部が活発であることが基盤になるとしても、それがただちに円滑な協働本部への移行へとつながるとはいえない。先述の学校運営協議会との関係で見れば、協議会が支援のあり方等の企画立案を行うのに対して、協働本部はその実働部隊ともいうべき位置づけである。したがって、求めに応じて支援するにとどまらず、何をどのように、誰が支援するかということについての共同的な意思決定も求められている。

二〇一九年度には全国の小中学校の約五割にあたる一万四〇〇〇校以上で協働本部が整備されるなど、地域による学校の支援、あるいは両者の連携体制は拡大の方向にある。しかしながら、支援本部事業であれ協働本部事業であれ、地域に十分な人材が存在するか否かが大きな課題となるし、そのことが、十分な支援や連携を得られる学校とそうでない学校という新たな環境の差を生むことになろう。とくに協働本部の活動は、コーディネート機能、多様な活動、継続的な活動の三つの要素で構成されている。それはすなわちコーディネーター、より具体的には「地域学校協働活動推進員」の人材確保やその力量の程度、多様な活動とそれを担いうる住民ボランティアの状況、継続的な活動を支える体制を地域に求めることになり、それらはいずれも地域間の教育資源の格差を反映する。地域学校協働活動推進員の確保やボランティアの供給といった課題の解決、すなわち学校を支える地域の充実は、主として社会教育にその役割が期待されている（社会教育については、第九章参照）。

また、保護者と地域との関係も確認しておきたい。協働活動の主体としてクローズアップされているのは地域住民である。保護者が除外されているわけではないが、協働活動の一つとして家庭教育支援が明示されているように、家庭は学校や協働本部によって「支援」される対象として位置づけられている。学力との関係で注目されて以降、学校教育の基盤として、家庭での生活習慣や学習習慣の確立が親の第一義的責任として求められている。まさに学校教育を下支えする担い手としての家庭であり、そうした役割を十分に果たし得ない家庭に対しては、学校・家庭・地域の連携関係のなかで「支援」という形で働きかけがなされていくのである（家庭の役割と責任については、第七章参照）。

互いの役割と責任を果たすという観点でみれば学校スリム化論に通ずるが、後述のように連携・協働の名のもとでは、単にそれぞれの責任を果たすだけではなく、めざすべき方向性を共有し同じ目標に向かっていくことが求められている。

地方創生における学校と地域の関係

ここまでみてきた学校と地域の連携・協働は、近年の「地方創生」の文脈において、地域活性化事業として政策課題に取り上げられている。二〇一四年に制定された「まち・ひと・しごと創生法」は第一条において、「それぞれの地域で住みよい環境を確保して、将来にわたって活力ある日本社会を維持」するために、「地域社会を担う個性豊かで多様な人材の確保」が必要であるとしている。これ受けて策定された「まち・ひと・しごと創生総合戦略」では、地方創生の観点から教育や学校に関して多様な取組が提言されている。

たとえば、学校に関連する取組としては、次のようなものが提示されている。「地方大学等の活性化」という施策のなかで、学校を核として、「学校と地域が連携・協働した取組」や「地域資源を生かした教育活動」を進め、地域を担う人材育成やキャリア教育を行うことなどが示されている。また、「中山間地域等における小さな拠点（多世代交流・多機能型）の形成」という施策のなかでは、「公立小・中学校の適正規模化、小規模校の活性化、休校した学校の再開支援」を提示している。各市町村の実情に応じた活力ある学校づくりを推進すること、それを国としても支援することが盛り込まれている。

以上のような地方創生と教育分野の関連が示されたことを受け、文部科学省は二〇一五年度から「学校を核とした地域力強化プラン」として、先述のコミュニティ・スクールや地域学校協働活動の推進を位置づけるとともに、地域提案型の学校を核とした地域魅力化事業、地域を担う人材育成のためのキャリア教育などを推進している。地域の活性化の拠点として学校をとらえること自体は目新しいものではない。しかし、地方創生の流れにおいて進む「学校を核とした地域づくり」のなかで重要なのが、地域の学校の維持や存続に関わって、住民の参加がクローズアップされている点である。たとえば、離島中山間地域における高等学校の統廃合の問題を背景に行われている「高校魅力化プロジェクト」は、地域住民との協働により当該地域の高校の維持と強化をめざす取組である。高校段階のみならず、たとえば学校選択制の一環として学区外からの通学を認めるいわゆる小規模特認校制度や統廃合を契機とする小中一貫校化の展開においても、地域との連携や関係の再構築などが問われている。

人口流出や過疎化を抱える地域にとって、若年層を抱える学校はまさに重要な資源であり、地域の維持・活性化にとっての重要な基盤である。一方で、そうした地域に位置する学校もまた地域との関係が存立基盤となっているのであり、互いの基盤の不安定さを連携・協働によって支え合っているといえよう。そして、こうした連携・協働の場面こそ、岩永が指摘したような学校と保護者・地域住民とが対等な意見交換と決定を行う「参加・共同決定型」の様相を示すのである。単に既存の学校の教育活動や運営を支援することにとどまらず、当該地域における教育機会の保障において、地域住民がその責任の一端を担っているというべき状況である。

三　多様な人材の取り込みと学校・教員

社会に開かれた教育課程

以上のように、今次の学校の運営や教育活動の展開は、学校が存在する地域の資源、とりわけ人的資源の多寡やその内実に依拠し始めている。そのことは、学校教育の根幹となる学習指導要領においても同様である。二〇二〇年度から始まる新学習指導要領は、「社会に開かれた教育課程」を基本理念として掲げている。学習指導要領の前文では、「これからの時代に求められる教育を実現していくためには、よりよい学校教育を通してよりよい社会を創るという理念を学校と社会とが共有し、それぞれの学校において、必要な学習内容をどのように学び、どのような資質・能力を身に付けられるようにするのかを教育課程において明確にしながら、社会との連携及び協働によりその実現を図っていく」とされている。より具体的には次のように説明がなされる(中教審 二〇一六)。

①社会や世界の状況を幅広く視野に入れ、よりよい学校教育を通じてよりよい社会を創るという目標を持ち、教育課程を介してその目標を社会と共有していくこと。

②これからの社会を創り出していく子供たちが、社会や世界に向き合い関わり合い、自らの人生を切り拓いていくために求められる資質・能力とは何かを、教育課程において明確化し育んでいくこと。

③教育課程の実施に当たって、地域の人的・物的資源を活用したり、放課後や土曜日等を活用した社会教育との連携を図ったりし、学校教育を学校内に閉じずに、その目指すところを社会と共有・連携しながら実現させること。

今次の改訂は、従来の知識集積型の教育から非認知的能力を含めた資質向上をめざし、さらには抽象的な学びから地域に根ざした具体的な学びへと転換しようというものである。したがって、その実現に向けては、あらゆる学習活動において地域との連携や協働が求められるのであり、とくに重要なポイントは、学校と地域が目標を共有するというところである。たとえば、二〇一一年三月の東日本大震災を契機に、岩手県は「いわての復興教育」と題した実践を全県的に展開している。そこではこれからの復興と発展を担う人材育成という理念や目標を地域社会と共有し、地域の人的資源や物的資源を活用した教育活動を展開することがめざされている。各学校は多くの教科において「復興教育の視点」を踏まえた授業づくりを構想し、地域課題の把握や解決に向けた学習が住民等との連携のもとに展開される(大桃・村上ほか 二〇一八)。

こうした取組はまさに今回の学習指導要領がめざす方向性が具体化された事例であり、「子どもたちの生活に近い素材と結びついた多様な関係に開かれた」(大桃 二〇一六、一一八頁)教育である。その場合、「カリキュラムの開発や独自の教育の実施のプロセスにいかに参加のメカニズムを組み込むかが課題」(同、一二三頁)であるが、そのメカニズムにおいて個々の学校の教育目標や目的をどのように設定し、いかに共有するかが問われることになる。学校運営協議会制度を提言した中教審(二〇〇四)は、保護者や地域住民が学校に参加する意義を「学校の教育方針の決定や教育活動の実践に、地域のニーズを的確かつ機動的に反映させるとともに、地域の創意工夫を活かした、特色ある学校づくりが進む」こととしていた。しかしながら、第一節でみたように共同的な意思決定や保護者・地域のニーズの反映という側面が後退するなかでは、学校から提示される目標を「共有」し、保護者や地域はその目標達成に向けて協力が求められる存在として位置づけられている。

たとえば、谷口が「学力向上総動員体制」(谷口 二〇〇八、七八頁)と指摘したように、「学力向上」という目標が最優先事項として共有されるならば、連携の名のもとにその担い手として地域や家庭が巻き込まれていく懸念もある。

一方で、地域の活性化が課題となるなかで、逆に学校や児童生徒が教育の一環として地域の行事や活動に過剰に駆り出されるといったことも想定される。参加あるいは連携という名の動員、教育の専門家としての教員あるいは学校の判断と保護者・住民の意向の対立、地域の権力構造の反映といった参加型ガバナンスをめぐって従来から指摘されてきた課題が、より実践に近いレベルで生じる可能性が指摘される。もちろん、連携それ自体が目標となるならば、参加そのものの形骸化も懸念されるのである。地域学校協働本部も含めて、地域が教育課程の実施に参加し連携・協働する仕組みは整備されつつあるが、目標の設定段階での参加の内実が改めて問われることとなる。

学校機能の拡大と「チーム学校」論の展開

地域住民や保護者との連携構築も含めて、学校の組織体制のあり方が見直されている。二〇一五年の中教審答申「チームとしての学校の在り方と今後の改善方策について」において打ち出された「チーム(としての)学校」である。同答申は、学校が直面する課題の困難化、複雑化、多様化という現状と、他方でそうした課題に対応すべき教員の多忙化など現在の学校の限界を指摘する。「チーム学校」は、この相反する問題を保護者や地域住民とともに、他の専門職の学校への参入を促すことで解決しようとするものである。「専門性に基づくチーム体制の構築」を掲げ、教職員の指導体制の充実、教員以外の専門スタッフの参画、地域との連携体制の整備を提言した(中教審 二〇一五b)。

「チーム学校」というコンセプトは、これまでの教員中心の学校経営観から外部人材を組み込んだ学校経営観への転換(木岡 二〇一六、一二頁)であり、欧米のように多様な専門性を有する職員による分業体制への転換を志向しつつあるといえよう。とくに、貧困や格差など社会経済的な変化に伴う生徒指導上の課題がクローズアップされるなかでは、学校における福祉的対応の必要性が増大している。そのため、「教職員が心理や福祉等の専門家や関係機関、地域と連携し、チームとして課題解決に取り組むことが必要」であるとし、それまで教員が一手に担っていた領域を、スクールカウンセラーやスクールソーシャルワーカーの活用によって対応していくという点が特徴的である。

福祉領域との関連でいえば、貧困対策において「プラットフォームとしての学校」という位置づけもなされ始めている。「子供の貧困対策に関する大綱」(二〇一四年八月二九日閣議決定)では、「①学校教育による学力保障、②学校を窓口とした福祉関連機関との連携、③経済的支援を通じて、学校から子供を福祉的支援につなげ、総合的に対策を推進するとともに、教育の機会均等を保障するため、教育費負担の軽減を図る」とされている(教育と福祉の関係については第八章参照)。こうした動向からみえてくるものは、個々の教員の職務範囲の整理・再編がなされる一方で、学校の抱えるべき業務や機能が増大する状況である。子どもへの福祉的支援だけでなく、地域の活性化など、家庭や地域にまたがる広範な問題への対応が学校に期待されているのであり、公教育の守備範囲の拡大ととらえられるのである。

多様な人材との連携における教員の職務や役割はどのように変化するのであろうか。安藤はその連携相手や目的に応じて教員の職務が変化する可能性を指摘する(安藤 二〇一六)。他の専門職との連携においては、子どもの個別課題の対応を他の専門職に委ね、教員は学習指導に特化した専門家として授業の質的改善に取り組んでいく。一方、住民や保護者との連携により教育活動を支援してもらう場合には、活動の場面では対等なパートナーシップが構築されるが、企画段階では教員が教育実践者として主導するのであり、教育の専門性をより強く発揮することになる。他方、地域との連携においては、子どもの教育にとどまらず地域の活性化や課題解決がめざされる。活動の主軸は地域にあり、教員は児童生徒を集団として統制し、組織的に活動させることが期待される。このように、連携や協働のあり方、すなわち、その相手や目的、活動に応じて、そこで教員に求められる役割や専門性は変容しうる。

「チーム学校」論は、教員の職務を「本来的な業務」へと限定し、「子どもと向き合う時間の確保」をめざしている。それは個々の教員にこれまで同様に、あるいはそれ以上に多様な役割と力量を求めるものであり、必ずしも授業の指導力といった特定の専門性を強化するものとはいえない。こうした状況に鑑みるならば、「チーム学校」論は個々の教員の業務範囲を限定して「スリム化」するよりも、むしろ学校機能の拡大とそれに伴う専門性の変質を促すことになる。とくに、先にみた新学習指導要領が掲げる地域と協働した教育課程の編成・実施や生徒指導上の課題は、まさに「本来的な業務」に対して、これまで以上に複雑、かつ高度な専門的力量を求めるものであろう。「チーム学校」論を導いた教員の多忙化解消とそれに続く働き方改革は、勤務時間や業務削減といった教員の量的な負担軽減を主たる課題としているが、他の専門職や保護者・住民との分担や連携を含んだ「本来的な業務」が新たにどのような専門性を求めるのかが問われる必要があろう。

多様な人材の取り込みと校長のリーダーシップ

学校運営協議会の支援機能への強化は、共同的な意思決定あるいは説明責任といったガバナンスの観点でみれば、参加の質の変容である。他方で、協議会の必置と地域学校協働本部との一体的な運用をめざす動きは、参加の量と機会の拡大へとつながる。浜田は、「「学校」という教育機関／教育実践現場のガバナンスは、会議自体の活動内容やそこでの委員の発言のありようだけでは捉えきれない部分がある」とし、「教育活動の支援を中心とした地域住民の参加拡充の実態も「学校ガバナンス」の進展としてより積極的に捉えるべき」と指摘する(浜田 二〇一二、二八頁)。また、仲田は「学校支援型」であるとしても、実際の支援活動をめぐる意思決定の存在とそこでの対立・葛藤の実態を明らかにする(仲田 二〇一五)。このことは、協議会等の会議体に対して指摘されてきた参加型ガバナンスの課題が、オフィシャルな議論の場面のみの問題ではなく、あるいはむしろそれぞれの支援活動や連携活動の企画・実施場面に拡散していくことを示す。そして、個別の活動における判断も含めた意思決定の量の拡大と場の変容は、そうした課題を見えにくくする懸念がある。教員の側からすれば、まさに自らの専門的判断と保護者や住民の意思との調整が日常の現場レベルで求められるのであるが、一方で保護者や住民には教員の専門的な領域に踏み入ることの困難さも指摘される（武井 二〇一七）。

そうした個々の調整も含めた外部人材の取り込み、あるいは内部化が今後の学校組織だとするならば、教職員以外の多様な人材の活動やそこでの課題も含めて学校のマネジメントの重要性はこれまで以上に高まる。先にみたように、学校運営協議会や地域学校協働本部によって学校を支援する体制の整備が進められていると同時に、そうした支援や連携の前提となるのは校長の方針・ビジョンということになる。したがって、中教審（二〇一五b）が、「学校のマネジメント体制の強化」として言及するように、校長等の管理職のリーダーシップが問われるのである。

米国でも、一九八〇年代以降の学校の裁量の拡大と校長や教員、保護者、住民による共同的な意思決定を特徴とするSchool Based Management（SBM）改革の進展に伴い、保護者の学校への参加や地域との連携・協力は学校、とくに校長のリーダーシップの課題とされてきた。また、学校組織の半数を教員以外の多様な専門スタッフが構成するため、そうした多様な専門性の活用や協働の促進も重要な力量とされている。たとえば、校長の資格付与や能力評価の枠組みとなる資質能力を定めた専門職基準においても、そうした役割が示されるとともに、そのような資質能力を備えた校長の人材確保については、資格・養成・研修・評価制度の一体的な構築がなされている。同時に、二〇〇二年の「どの子も置き去りにしない法（No Child Left Behind Act）」制定以降、学力をめぐる厳格なアカウンタビリティが求められるなかでは、保護者や地域との連携や協働も学力向上という成果に方向づけられている（柴田 二〇一二）。

日本でも、一九九〇年代に学校の自主性・自律性の確立がめざされて以降、校長の役割が問われてきたが、今次の学校組織の変容において、そのリーダーシップは新たな局面に置かれている。それは学校を構成する専門性の原理の変容に関わる。教員を中心とした教育の専門性によって構成されていた学校から、カウンセラーやソーシャルワーカーなどの他の専門性、さらには保護者や住民などの非専門性を組み込んだ学校である。校長等の管理職には、多様な専門性をもつ（あるいはもたない）主体が混在するなかで、それぞれの専門性を理解しながら、互いの専門的な意思を統合していくことが求められる。そして学校が教育の場である以上、そうしたリーダーシップの基軸となるのは教育の専門性であり、その過程では異なる専門性との葛藤・対立における緩衝装置となることも求められよう。

保護者や地域住民、さらには他の専門職など多様な人材が連携や協働という形で学校教育の担い手となるなか、その連携や協働の指針となる学校の目標・ビジョンの設定は校長の重要な役割である。学校は子どもや家庭、地域のもつ多様な背景・課題に対応しながら、一方では学力向上や教育の質保証といった成果も問われている。そうした学校の舵取りを担いうる次世代の人材をいかに確保していくかが改めて課題となる。

おわりに

本章では、保護者や地域住民の学校運営への参加の制度化、連携と協働の政策展開、他職種との連携や協働に伴う学校や教員の専門性の変化について検討してきた。おわりに、保護者や住民を取り込みながら展開する教育改革の課題を公教育保障の観点から考察する。

日本型公教育システムは、どこに生まれようと共通の教育を保障することを基本原理としてきた。「地域とともにある学校」という理念のもとで展開されているのは、保護者や住民を担い手として位置づけた学校教育への転換である。教育課程の編成や個別の教育活動といった教育内容の保障、さらには学校の維持といった教育機会の保障に関わる領域まで、あらゆるところで保護者や住民との連携や協働がその前提条件に位置づけられている。すなわち、連携・協働のもとで、教育保障の責任主体として保護者や住民が組み込まれるともいえよう。それは当然ながら、どの地域に生まれたかによって得られる教育の内容や環境の違いを広げていく。地域の「実情」や「特性」とも表現しうるそうした違いは、新たな格差として顕在化するとともに、学校の成果に対しても大きな影響を及ぼす可能性を孕む。

保護者や住民には学校への積極的かつ協力的な参加を求め、一方で学校にはそうした保護者や住民を前提とした学校運営を求めるとともに、関係構築による地域づくりに寄与することも期待する。学校・家庭・地域はそれぞれに責任をもちながら互いに支え合う関係がめざされているといえるが、そうした連携・協働が当然視されるならば、そのための関係構築もまた三者の責任となる。そしてそれは、教育保障の内実や学校の成果をめぐって、学校・家庭・地域によって構成されるコミュニティの自己責任が問われる論理を内包する。三者の関係が今後の公教育の前提条件だとするならば、連携・協働に乗れない保護者や住民をいかに包摂するかという点も含めて、条件整備という観点から行政の責任をとらえる必要があろう。ここに地域に根ざした多様な教育実践を支える、新たな公教育保障の責任を見出すことができるのである。

学校(教育)の自由の拡大をめざしたともいうべき一九九〇年代後半からの「学校の自主性・自律性の確立」は、多様なニーズの反映と説明責任という観点から、保護者や住民の参加を進めてきたが、その後の展開においては保護者や住民を公教育の担い手として、さらには責任を共有する主体として位置づけるに至っている。そして、「チーム学校」論によってそこに他領域の専門職やさまざまな人材が組み込まれながら、学校はそのあり方を大きく変えようとしている。そうした環境において、保護者・住民の意向や要請、さらには教員以外の専門家の判断と教員の専門的判断や自律性との関係はどのように変容していくのか。「社会に開かれた教育課程」によって教育実践の創意工夫が求められ、他方で子どもの多様なニーズへの対応が求められるなかで、連携や協働のもとでの「教師の教育の自由」のあり方も問われることになる。

さらに、自由の問題はまた地域とも関わる。学校との連携・協働における地域の役割と責任が増し、両者の関係が継続・深化するに伴って、地域にもまた当事者としての「教育意志」が蓄積されていく。次世代の育成といった喫緊の課題は、予定調和な連携・協働を超え、地域の論理にもとづく「地域の教育の自由」ともいうべき要請をもたらす可能性もある。そこでは、地域と学校・教員との間に「自由」をめぐる葛藤や対立が生じうるが、そうした葛藤を乗り越えようとするなかに新たな価値の創造や多様な実践が生まれる契機がとらえられるのであり、それこそが「地域とともにある学校」がめざす姿であるといえよう。

だとするならば、数年での異動と入れ替わりのなかで個々の教員や組織としての学校がどのように地域との関係を構築し、長期的な展望をもちうるのか。こうした制度設計についても公教育保障の責任という観点から問い直される必要があろう。

参考・引用文献

安藤知子 二〇一六、「「チーム学校」による教育行政・学校の葛藤と教師役割の変容――連携・協働の在り方」『日本教育行政学会年報』第四二巻、二三三―二三七頁。

今橋盛勝 一九九八、「父母の参加と学校改革」佐伯胖ほか編『岩波講座 現代の教育 二 学校像の模索』岩波書店、三〇七―三三三頁。

岩永定 二〇一一、「分権改革下におけるコミュニティ・スクールの特徴の変容」『日本教育行政学会年報』第三七巻、三八―五四頁。

大桃敏行 二〇〇五、「地方分権改革と義務教育――危機と多様性保障の前提」日本教育学会『教育学研究』第七二巻第四号、四四四―四五四頁。

大桃敏行 二〇〇九、「教師の教育の自由と親・住民・行政」広田照幸編『自由への問い 五 教育――せめぎあう「教える」「学ぶ」「育てる」』岩波書店、一〇〇―一二九頁。

大桃敏行 二〇一六、「ガバナンス改革と教育の質保証」小玉重夫編『岩波講座 教育 変革への展望 六 学校のポリティクス』岩波書店、一〇一―一二六頁。

大桃敏行・村上純一・梅澤希恵・柴田聡史・宮口誠矢 二〇一八、「復興教育の観点からの教育の再構成――「いわての復興教育」の挑戦」『琉球大学地域連携推進機構生涯学習推進部門研究紀要 生涯学習フォーラム』第一巻、一三―四二頁。

閣議決定 二〇一四a、「子供の貧困対策に関する大綱——全ての子供たちが夢と希望を持って成長していける社会の実現を目指して」。(https://www8.cao.go.jp/kodomonohinkon/pdf/taikou.pdf)(二〇二〇月二月一〇日閲覧)
閣議決定 二〇一四b、「まち・ひと・しごと創生総合戦略について」。(https://www.kantei.go.jp/jp/singi/sousei/info/pdf/20141227siryou5.pdf)(二〇二〇月二月一〇日閲覧)
木岡一明 二〇一六、「「多職種によって構成される学校」のマネジメント——その設定の含意と可能性」『学校経営研究』第四一巻、一〇—一七頁。
教育再生実行会議 二〇一五、「「学び続ける」社会、全員参加型社会、地方創生を実現する教育の在り方について(第六次提言)」。(https://www.kantei.go.jp/jp/singi/kyouikusaisei/pdf/dai6_1.pdf)(二〇二〇年二月一〇日閲覧)
佐藤晴雄編著 二〇一〇、『コミュニティ・スクールの研究——学校運営協議会の成果と課題』風間書房。
柴田聡史 二〇一二、「NCLB法以降の学校管理職養成・評価システムの変容」北野秋男ほか編『アメリカ教育改革の最前線——頂点への競争』学術出版会、一七七—一九二頁。
柴田聡史 二〇一三、「戦後改革期における学校と地域の連携と校長の役割——教育指導者講習(IFEL)に着目して」『琉球大学生涯学習教育研究センター研究紀要　生涯学習フォーラム』第七号、二一—三二頁。
武井哲郎 二〇一七、『「開かれた学校」の功罪——ボランティアの参入と子どもの排除/包摂』明石書店。
谷口聡 二〇〇八、「足立区教育改革の構造と問題——学力向上施策に着目して」佐貫浩・世取山洋介編『新自由主義教育改革——その理論・実態と対抗軸』大月書店、六九—八二頁。
地域・教育魅力化プラットフォーム編 二〇一九、『地域協働による高校魅力化ガイド——社会に開かれた学校をつくる』岩波書店。
中央教育審議会 一九九六、「二一世紀を展望した我が国の教育の在り方について(第一次答申)」。(https://www.mext.go.jp/b_menu/shingi/chuuou/toushin/960701.htm)(二〇二〇年二月一〇日閲覧)
中央教育審議会 一九九八、「今後の地方教育行政の在り方について」。(https://www.mext.go.jp/b_menu/shingi/chuuou/toushin/980901.htm)(二〇二〇年二月一〇日閲覧)
中央教育審議会 二〇〇四、「今後の学校の管理運営のあり方について」。(https://www.mext.go.jp/b_menu/shingi/chukyo/chukyo0/toushin/03121701/002.htm)(二〇二〇年二月一〇日閲覧)

中央教育審議会　二〇一五a、「新しい時代の教育や地方創生の実現に向けた学校と地域の連携・協働の在り方と今後の推進方策について（答申）」。(https://www.mext.go.jp/b_menu/shingi/chukyo/chukyo0/toushin/__icsFiles/afieldfile/2016/01/05/1365791_1.pdf)（二〇二〇年二月一〇日閲覧）
中央教育審議会　二〇一五b、「チームとしての学校の在り方と今後の改善方策について（答申）」。(https://www.mext.go.jp/b_menu/shingi/chukyo/chukyo0/toushin/__icsFiles/afieldfile/2016/02/05/1365657_00.pdf)（二〇二〇年二月一〇日閲覧）
中央教育審議会　二〇一六、「幼稚園、小学校、中学校、高等学校、及び特別支援学校の学習指導要領等の改善及び必要な方策等について」。(https://www.mext.go.jp/b_menu/shingi/chukyo/chukyo0/toushin/__icsFiles/afieldfile/2017/01/10/1380902_0.pdf)（二〇二〇年二月一〇日閲覧）
仲田康一　二〇一五、『コミュニティ・スクールのポリティクス――学校運営協議会における保護者の位置』勁草書房。
浜田博文　二〇一二、「「学校ガバナンス」改革の現状と課題――教師の専門性をどう位置づけるべきか？」『日本教育経営学会紀要』第五四号、二三―三四頁。
広田照幸　二〇〇三、『教育には何ができないか――教育神話の解体と再生の試み』春秋社。
三浦智子　二〇一〇、「保護者・地域住民の教育要求と学校・教職員の関係についての予備的考察」『東京大学大学院教育学研究科紀要』第五〇巻、三〇五―三一四頁。
文部科学省学校運営の改善の在り方等に関する調査研究協力者会議　二〇一一、「子どもの豊かな学びを創造し、地域の絆をつなぐ――地域とともにある学校づくりの推進方策」。(https://www.mext.go.jp/component/b_menu/shingi/toushin/__icsFiles/afieldfile/2011/07/06/1307985_1_1.pdf)（二〇二〇年二月一〇日閲覧）
文部科学省　二〇一七、「平成二七年度　地域学校協働活動の実施状況アンケート調査　報告書」。(https://manabi-mirai.mext.go.jp/document/27houkokushochousakekka.pdf)（二〇二〇年二月一〇日閲覧）
文部科学省　二〇一九、「地域と学校の連携・協働体制の実施・導入状況について」。(http://manabi-mirai.mext.go.jp/upload/2019jisshityousa_gaiyou.pdf)（二〇二〇年二月一〇日閲覧）
柳澤良明　二〇〇七、「学校経営における参加とガバナンス――参加の理念および制度の日独比較を通して」小島弘道編『時代の転換と学校経営改革――学校のガバナンスとマネジメント』学文社、一九九―二〇八頁。

7　学校と家庭の教育責任の変容

広井多鶴子

はじめに

二〇〇六年に改正された教育基本法をはじめ、二〇〇〇年代に入ってから制定された子育てや教育に関する法の多くには、親の「第一義的責任」が規定されるようになった(広井 二〇一九a)。この文言はそれ以前の法にはなかったが、親が子どもの教育に「第一義的責任」を負うということについては、とくに関心は向けられなかった。教育法学や家族法学では、「親はみずからの責任で生を与えた子を監護教育すべき第一次的責任を負うのは当然であって、その責任は親子間に存在する血縁と愛情に基づいて生ずる」と考えられており(有地 一九九三、一四頁)、国家や地方公共団体や学校以前に、親が子どもの教育に責任をもつのは当然のこととして受け止められてきたからだろう。

一方、改正教育基本法第一〇条が、保護者は「生活のために必要な習慣を身に付けさせるとともに、自立心を育成し、心身の調和のとれた発達を図るよう努めるものとする」と定め、国や地方公共団体が「家庭教育支援」を行うとした点に対しては、家族に対する国家介入の強化としてさまざまな批判が寄せられてきた(木村 二〇一七、本田・伊藤編著 二〇一七、中里見ほか 二〇一八)。確かに、同法の規定が家族への国家介入を正当化し強化することは明らかだが、教育の第一義的責任を親に課すということは、親に子どもの教育に関して「一定範囲の優先的な権利を認める」ことにもなる(西原 二〇〇八、九八頁)。責任を果たすというのは、命令や義務などの強制された行為を行うのではなく、自由な意志にもとづいて主体的に自らの任務を行うことだからである。だからこそ、行為の結果に対して責めを負うべき責任主体としても位置づけられる。

とすれば、近年の法や政策が子どもの養育と教育を親の第一義的責任とし、同時に家庭教育支援を打ち出すのは、国家介入の強化を意図するだけではなく、子どもの教育に関する責任のあり方をこれまでとは別のものに組み替えようとするものと考えられる。改正教育基本法が、「学校、家庭及び地域住民その他の関係者」に対して、「教育におけるそれぞれの役割と責任」を自覚し、「相互の連携及び協力」を図るよう求めるのもその一環だろう(第一三条)。他方、国と地方公共団体の責任に関しては、教育は「国民全体に対し直接に責任を負って行われるべきものである」という旧法第一〇条の文言が削除され、義務教育の機会均等と水準確保のため、「その実施に責任を負う」と規定するにすぎない(第一六条第二項)。教育に関する親や住民の責任が新たに規定される一方で、国と地方公共団体の責任は義務教育の「実施」に限定されたのである。

このことは、公教育制度発足以来継続してきた学校教育と家庭教育との関係を大きく変えるものと言えるだろう。「家庭教育」は近代の国民国家の形成過程において、国民を育成する「学校教育」の「補完物」として誕生し、それゆえに学校から常に協力と追従を求められる従属的な立場に置かれてきたとされる(小山 一九九〇、山本 一九九三、有本・水谷 二〇一四)。だが、小玉亮子が、「戦後教育政策の片すみに位置づけられてきた家庭教育」は、いまや「教育政策のメインストリームに明確にその位置を確立した」と指摘するように(小玉 二〇一七、四九頁)、近年の法と政策は家庭への国家介入を進めつつ、同時に、親を「第一義的」な責任主体として位置づけるようになったのである。九〇年代末以降の政策において、親の学校選択権や発言権を保障する制度が導入されるようになったのは、そうした政策の具体化だろう[(1)]。

家庭を学校の「補完物」あるいは「従属物」として位置づけることで公教育制度を維持・拡大してきたのが発足以来の「日本型公教育制度」だとすれば、子どもの教育に関する家庭と学校との関係は、すでに大きく変化しているように思われる。本章では学校と家庭に関する戦後の政策の変化を概観することによって、家庭と学校との関係がなぜどのように変化してきたのかについて考察していきたい。

一　公教育制度の拡大と近代家族の一般化――高度経済成長期

長期欠席問題と貧困問題

戦後の教育政策において、まず解決すべき家庭の問題は、子どもの不就学や長期欠席であり、その背景にある家庭の貧困だった[2]。一九五三年版の文部省の白書『わが国の教育の現状』によれば、五二年一〇月段階で、学校に通っていない不就学の児童生徒は合計約五万六〇〇人。そのなかには就学猶予・免除者や教護院・少年院等にいる者が含まれるが、その六割は「家計を助けているもの」だという。また、このほかに学齢簿の記載から漏れている「浮浪児」も相当の数に上ったとされる(第三章一節二)。

長期欠席者も多く、五一年四―一〇月の出席すべき日数約一五〇日の間に、五〇日以上欠席した児童生徒が小学校で約九万二〇〇〇人(在学者の〇・八一%)、中学校で一五万六〇〇〇人(同三・二三%)、合計二五万人近くいた。同白書は、その理由として「家庭の無理解」が実態調査の第一位を占めており、問題の解消には「まず教師の指導・保護者の啓蒙・父兄の経済的環境の改善・援助等が何より必要である」と指摘した(第三章一節三)。

家庭の事情による長期欠席が多かったのは、貧困に加え、教育費の家計負担が大きかったからでもある。同白書によれば、五二年の全教育費のうち、小学校では約四割、中学校では約三割が私費負担であり、給与費や修繕費などの経費についても、ＰＴＡや後援会等を通じて寄付金が集められていたという（第三章七節四ａ）。だが、その後、地方財政法の改正によって、こうした私費負担は禁じられることになる。

また、この当時、生活保護制度はあったものの、就学援助制度は整備されていなかった。そのため、五六年に「就学困難な児童のための教科用図書の給与に対する国の補助に関する法律」が制定され、五九年に修学旅行費、六一年に学用品費と通学費の補助が追加される。学校給食費（学校給食法改正、五六年）と「学校病」に対する医療費（学校保健法の制定、五八年）についても補助が行われるようになり、六三年からは全児童生徒を対象として教科書の無償制が導入される。また、六一年には母子家庭のための児童扶養手当、六四年に障害児のいる家庭に対する特別児童扶養手当が導入され、「最後の社会保障制度」といわれた児童手当が、七一年に発足する（広井 二〇一二）。

このように、経済成長期は、就学援助、教科書、給食、医療、生活扶助などの諸制度の拡充によって貧困を解消することが大きな政策課題となっていた時代である。そのためこの時期の政策は、貧困家庭や崩壊家庭、共稼ぎ世帯が主な施策の対象であり(3)、家庭一般が直接的な政策対象となることはあまりなかった。

政策の家庭への関心と「教育家族」の広がり

だが、文部省は一九六〇年代半ばになると家庭一般に関心を向けるようになり、六四年には家庭教育学級に対して補助金の支給を開始する。実際、それ以後、市町村教育委員会が開催する家庭教育学級が急増するが、この時代、行政が学校以外の社会教育に対して直接関与することにはなお抑制的だった。また、六六年の中央教育審議会答申「後期中等教育の拡充整備について」は、「期待される人間像」のなかに「家庭人として」という章を設け、あるべき家庭像を描き出したが、中教審も文部省もそれにもとづいて具体的な施策を打ち出したわけではなかった。第九章で述べるように、戦後、社会教育は国家統制から自由で自主的な活動として位置づけられており、そうした戦後の社会教育の理念が家庭への国家介入を抑制していたものと思われる。

加えて、戦後の政策では核家族化や家族規模の縮小といった家族変動が否定的なものとして認識されていなかったことも、家庭一般が政策対象とされなかった要因だろう。解決すべきは封建的で非民主的な家族関係と貧困であり、核家族化は家族の近代化・民主化・純化としてとらえられていた。それゆえ、家庭は「啓蒙」と「援助」の対象ではあっても、批判の対象ではなく、家族の脆弱さを社会保障制度によって補完することこそが、日本社会の近代化と経済成長につながると考えられていたのである(広井・小玉 二〇一〇)。

かくして、経済成長期を通じて長期欠席率は急減し、七〇年代に入ると、中学校の年間五〇日以上の長期欠席率は最低の〇・五%程度にまで減少する。他方、高校進学率は七四年に九〇%を超え、大学短大進学率は七六年に三八・六%と、いったんピークに達する。それとともに、貧困や「親の無理解」ではなく、「教育ママ」や「学力偏重」「受験競争」が社会問題となっていく。

その背景には、子どもの教育に責任を負う「近代家族」＝「教育家族」の一般化・大衆化がある(落合 二〇一九)。五〇年代には「子供の教育は学校、先生を信頼するに限る」と考えていた人々が[4]、六〇年代後半になると、子どものしつけは家庭が中心的な役割を果たすべきだと考えるようになるのである(広田 一九九九、一一六頁)。こうした教育家族の広がりと教育制度や社会保障制度の拡充・整備によって、就学率と進学率が過去最高に達した七〇年代半ばは、「日本型公教育制度」の完成期といえるだろう。

二　学校と家庭の「役割分担」論と家庭批判——一九七〇年代

学校と家庭の「役割分担」論の登場

だが、一九七〇年代に入ると、家庭に対する政策の見方や対応は大きく変わっていく。青少年問題審議会「都市化の進展と青少年対策について」（七〇年）、中教審答申「今後における学校教育の総合的な拡充整備のための基本的施策について」（七一年）、社会教育審議会「急激な社会構造の変化に対処する社会教育の在り方について」（七一年）などが、いっせいに家庭教育の重要性を強調し、学校教育と家庭教育、社会教育との「連携」や「役割分担」を提唱するようになるのである。七〇年代は、家庭教育が政策対象として登場した時代といえるだろう。

では、なぜ七〇年代の政策では学校と家庭との連携や役割分担がいわれるようになるのか。それは増え続ける教育需要とその費用負担を家庭に求めるためだろう。「第三の教育改革」と称した七一年中教審答申は、「受益者負担」を主張したことでも知られるが、同答申は以後の政策とは異なり、進学率の上昇を抑制しようとしたわけではなかった。(5)同答申は進学率の上昇を「個人および国家・社会の要請」ととらえ、家庭をその「受益者」と位置づけることによって、教育費の分担を家庭に求めたのである。実際、七二年には国立大学授業料が三倍に引き上げられ（一万二〇〇〇円から三万六〇〇〇円へ）、以後、私学を含め学費値上げが恒常化するが、他方で、七〇年に私立大学等経常費補助金、七五年には私立学校振興助成金の導入が決定され、私学への経常費補助金は八〇年まで拡大する。(6)

また、七〇年代の政策は、「受験競争」「学歴偏重」「落ちこぼれ」「詰め込み教育」などの問題への対応を迫られるようになり、七七年の学習指導要領の改訂では、教科の時間数や内容を「精選」して、「ゆとりの時間」が設けられた。だがこの改訂は、後の「ゆとり教育」とは違い、学校の役割自体の縮小を意図したものではなく、学校の教育活動に余裕と自由裁量を与えることが主な趣旨だった[7]。そのため、八〇年には義務教育標準法の改正により、学級の定員が四五人から四〇人へと削減されることになる。

家庭の教育責任と家庭批判

このように一九七〇年の政策では、公教育の拡充路線はかろうじて維持されながらも、学校の役割と財政の拡大・膨張を抑制するために、家庭に役割分担が求められるようになる。その前提には、家庭の教育責任に関する政策認識の転換があるだろう。家庭の事情で学校に通えない子どもや進学できない子どもが多くいた時代には、国は親に教育責任を追及したり、子どもの教育を家庭任せにしたりするわけにはいかなかった。だが、子どもの教育に自ら責任を担う教育家族が広がり、教育ママや受験競争が問題となるなかで、国は家庭に対して教育責任を追及するようになったのである。

そのため、七〇年代に入ると、教育政策も児童福祉政策も青少年政策も、家庭の教育機能が低下して家庭が本来果たすべき役割を果たしていないと述べ、その原因を核家族化や都市化に求めるようになる[8]。たとえば、「子どもと社会――児童憲章制定二〇年」と題する特集を組んだ七一年版『厚生白書』では、「児童の養育は、第一義的には両親の責任にゆだねられているのに、しつけに自信の持てない親、育児意識の低い親、過保護の母親、放任の父親など、児童の健全な成長をそ害する原因が親にある場合がみられる」などと親の問題が列挙され、「児童の問題は、第一義的には家庭の問題である」と指摘される（総論第二章一節一）。そして、これ以後の政策では、今日にいたるまで半世紀にわたって、核家族化によって家庭の教育機能が低下しているとして、子どもに関するさまざまな問題が学校や社会や制度・政策の問題ではなく、あるいはそれ以上に、家庭や親の問題として位置づけられ、家庭の教育責任が追及されてきたのである（広井 二〇一九b）。

三　学校と家庭の「連携」と自己責任論——一九八〇—九〇年代

臨教審の「教育体系の肥大化」論

一九八〇年代に入ると、家庭の位置づけはさらに高くなり、責任もいっそう重くなる。家庭教育が生涯学習体系の筆頭に位置づけられ、幼児期に限らず少年期、青年期、それぞれにおいて家庭教育の重要性が強調されるようになるからである。だが、八〇年代の教育政策においては、もはや家庭に対する経済的支援は拡大されない。八一年の中教審答申「生涯教育について」が、家庭機能の充実を図るのは、「窮極のところ、個々の家庭の教育に対する熱意と自主的な努力である」とし、「家庭教育は、親の子供に対する私的な教育であり、親の自由に委ねられている」と指摘するように、八〇年代の政策は、子育ての私事性を強調し、親に「自己責任」と「自助努力」を求めるようになるのである。(9)

中曽根内閣の下に設置された臨時教育審議会の第二次答申（一九八六年）もまた、「生涯学習体系への移行」を提起し、(10)家庭教育をその一環に位置づける。だが、市川昭午が、臨教審は「生涯学習体系への移行」について「本当に実現を図ろうなどという気持ちもなければ、用意もなかった」と指摘するように（市川 一九九五、三五四頁）、臨教審がめざしたのは生涯学習体系への移行というより、「学校中心の考え方からの脱却」だっただろう（文部省 一九八七、一〇〇頁）(11)。臨教審は七〇年代までの政策と異なり、学校教育の量的拡大や教育期間の長期化を「教育体系の肥大化」「学歴社会の弊害」「学校教育への依存」などととらえることで、公教育制度の拡大を抑止し、学校の役割を生涯学習の「基盤」へと限定・縮小するのである。

そのため、臨教審は家庭、学校、社会の「連携」を主張する。学校教育の拡大を想定していた七〇年代の「役割分担」論とは違い、学校が果たしてきた役割を家庭や地域が担って、学校の負担軽減を図ることが、臨教審のいう「連携」である。それゆえ臨教審は「家庭の教育力」が低下していると述べつつも[12]、家庭を補ったり支援したりはしない。臨教審においては「本来家庭が果たすべき役割」を機能低下したはずの家庭に「押し戻してみること」が、家庭の教育力の主要な回復策なのである（文部省 一九八七、一〇八頁）。

こうして、八〇年代以降の政策では、学校が家庭を支えるのではなく、家庭が学校を支えるべきものとして位置づけられる。そして、奨学金制度の有利子化（八四年）や学費値上げ、私学助成の抑制、児童手当と児童扶養手当の支給金額の抑制などにより、家庭の教育費負担が拡大するとともに、公的責任は後退していく。同時に八〇年代以降の政策では、家庭教育は自由で私的な教育とみなされつつも、家庭の教育力が低下しているとして、親への教育・啓発や相談事業が拡大され、国と自治体は、自らの任務をそうした規範的な介入政策に限定するのである。

学校五日制とゆとり教育

一九九〇年代に入ると、「学校中心の考え方」から脱却するための施策が実行に移される。まず一つ目は、「学校五日制」（週休二日制）の導入である。学校五日制は、そもそもは日本教職員組合（日教組）が労働時間の削減のために提案したものである[13]。だが社会の変化に対応した新しい学校運営等に関する調査研究協力者会議（九二年二月）は、子どもの「家庭や地域社会における生活時間の比重を高める必要がある」として、学校五日制をそのための方途として位置づける。学校五日制に対しては、子どもの居場所がない、塾通いが増える、家庭の資力や状況の違いによって教育格差が拡大する、学力が低下する等、さまざまな批判が出されたが（藤田 一九九七）、九二年九月から実施に移される。当初土曜休日は月一回のみだったが、九五年度から月二回になり、二〇〇二年度から完全実施となる。

二つ目は、授業時間の削減である。九八年には学習指導要領が改訂され（二〇〇二年施行）、次の**図7-1**にあるよう

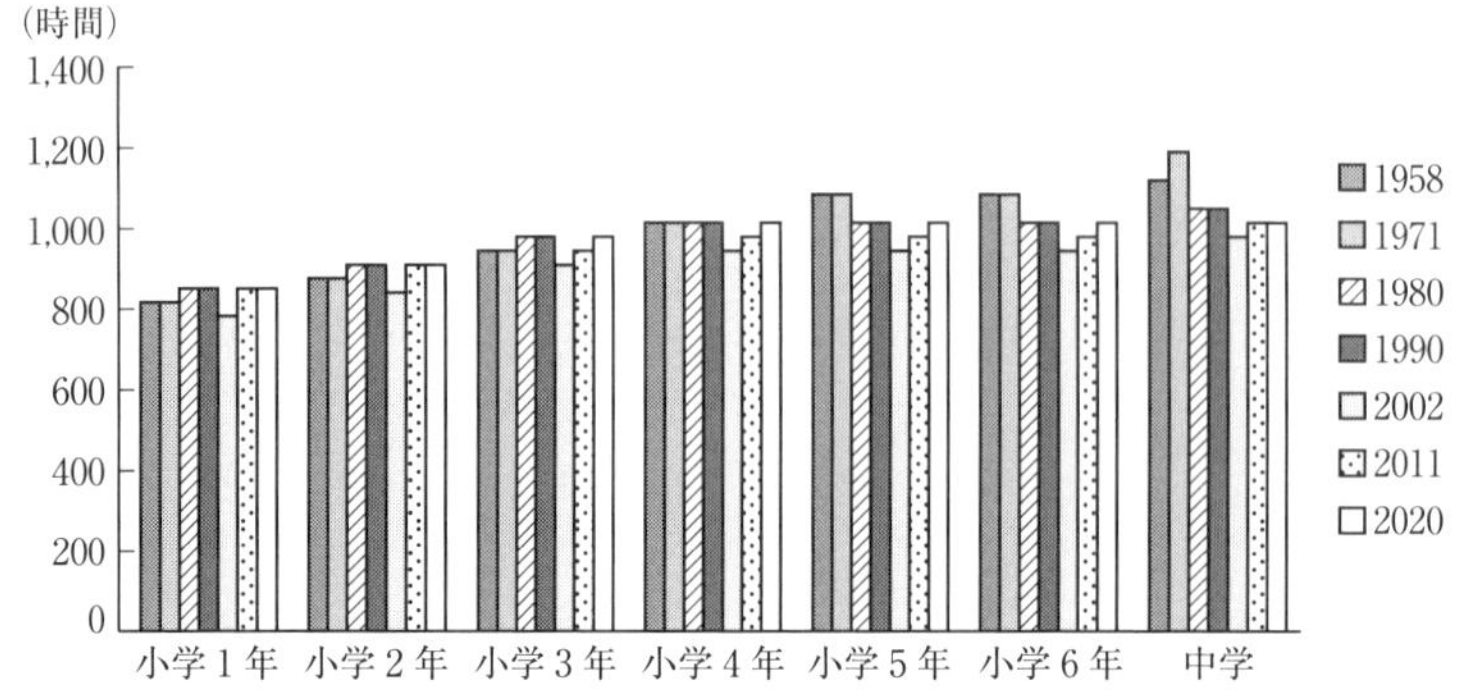

	1958	1971	1980	1990	2002	2011	2020
小学1年	816	816	850	850	**782**	850	850
小学2年	875	875	910	910	**840**	910	910
小学3年	945	945	980	980	**910**	945	980
小学4年	1,015	1,015	1,015	1,015	**945**	980	1,015
小学5年	1,085	1,085	1,015	1,015	**945**	980	1,015
小学6年	1,085	1,085	1,015	1,015	**945**	980	1,015
中学	1,120	1,190	1,050	1,050	**980**	1,015	1,015

図7-1　学習指導要領の授業時間数の推移(施行年度別)
出典：国立教育政策研究所「学習指導要領データベース」にもとづき作成.
ゴチック体は最小の授業時間をさす.

に、教育内容と授業時間が大幅に削減され、新たに「総合的な学習の時間」が設けられた。九六年に出された中教審の「二一世紀を展望した我が国の教育の在り方について(第一次答申)」(以下九六年答申)は、「知識の習得に偏りがちであった教育から、自ら学び、自ら考える力などの「生きる力」を育成する教育へとその基調を転換していくためには、「ゆとり」のある教育課程を編成することが不可欠」であると指摘する。「生きる力」と「ゆとり」を提唱し、授業時間を最低水準まで削減した九八年の学習指導要領は、学校の「肥大化」と「知識偏重」を批判した臨教審の完成版といえるだろう。

学校・家庭・地域の連携と家庭の自己責任

そして、三つ目の施策は、学校・家庭・地域の連携である。一九九六年答申は「開かれた学校」と「学校のスリム化」を打ち出し(14)、学校・家庭・地域の連携を進めることで、「学校中心の考え方」から脱却しようとした。二〇〇〇年代に入ると、「スリム化」は提唱されなくなるが、学校評議員制度（二〇〇〇年）、学校運営協議会（コミュニティ・スクール、二〇〇四年）、「学校支援地域本部」（二〇〇八年）、「地域学校協働本部」（二〇一七年）など、「開かれた学校づくり」のための「ガバナンス改革」が進められる。第六章で詳しく述べられているように、学校が家庭を支えたり、家庭に協力したりするのではなく、家庭と地域が学校を支えるための体制が整備されるのである。(15)

こうした九〇年代の政策は、臨教審以上に学校の役割と責任を軽減し、その分家庭の責任を拡大するもののように思われる。臨教審は、しつけは「家庭と学校が協力して行うべきものである」と述べたが（文部省 一九八七、一一四頁）、九六年答申は、しつけなど、「本来、家庭教育の役割であると考えられるものまで学校にゆだねようとする傾向」があると家庭を批判し、「生きる力」の基礎的な資質や能力は、「家庭教育においてこそ培われる」と指摘する。そして、家庭教育は「すべての教育の出発点(16)」、「子供の教育や人格形成に対し最終的な責任を負うのは家庭」、「家庭における教育は、本来すべて家庭の責任」などと家庭の教育責任を強調し、「したがって、行政の役割は、あくまで条件整備を通じて、家庭の教育力の充実を支援していくということである」と自らの役割を限定するのである。

四　家庭教育支援と親の第一義的責任――二〇〇〇年代

家庭教育支援への転換

以上のように、一九八〇年代以降の政策は、公教育の役割を限定・軽減する一方で、家庭に学校への連携・協力と自助努力・自己責任を求めてきた。しかし、九〇年代末になると、こうした自助努力・自己責任型の政策は、軌道修正が図られる。その契機となったのは、九七年の神戸連続児童殺傷事件（酒鬼薔薇事件）を契機とした少年犯罪の社会問題化だろう。事件の翌九八年四月には、橋本総理主宰の「次代を担う青少年について考える有識者会議」が「次代を担う青少年のために」という報告書をまとめ[17]、以後、中央教育審議会や中央児童福祉審議会、生涯学習審議会、青少年問題審議会などが相次いで家庭教育や青少年の育成に関する政策を打ち出す。

これら九〇年代末以降の政策では、臨教審のように「機能低下」した家庭に機能を「押し戻してみる」とか、家庭教育は自己責任だなどとは指摘されなくなる。それどころか、九八年の生涯学習審議会の答申「社会の変化に対応した今後の社会教育行政の在り方について」は、「低下した家庭の教育力を回復していくためには、行政は積極的に家庭教育に対する支援を充実していくことが強く求められている」と提起する。これを受け、二〇〇一年に社会教育法が改正され、家庭教育支援のための体制が整えられる[18]。そして、二〇〇六年の教育基本法改正以後、全国各地でさまざまな家庭教育支援のための施策が展開され、行政が積極的に家庭教育を指導するようになる[19]。

こうした家庭教育支援政策の登場によって、政策は大きく変化する。その一つは、育児書のように子育ての方法や親子関係のあり方が具体的に書き込まれるようになることである[20]。その典型が九八年の中央教育審議会答申「新しい時代を拓く心を育てるために」だろう。今後の家庭教育支援の充実についての懇談会の報告「「社会の宝」として子どもを育てよう!」(二〇〇二年)や、中教審答申「次代を担う自立した青少年の育成に向けて」(二〇〇七年)も同様である。また、第一次安倍内閣時代の教育再生会議の第一次報告(二〇〇七年)は、「これから親になる全ての人たちや乳幼児期の子供を持つ保護者に、親として必要な「親学」を学ぶ機会を提供する」と明記する[21]。従来の政策は、家庭教育は「私的な教育」だとして(中央教育審議会 一九八一)、学校へのしつけの依存を批判したことから、家庭教育の具体的なあり方について語ることには禁欲的だった。だが、二〇〇〇年代の政策では、もはや国と地方自治体は家庭教育について言及することをためらわなくなり[22]、親に向けて直接子育てのあり方を説くのである。

訪問型家庭教育支援の登場

もう一つの大きな変化は、子どものいるすべての家庭を対象に、直接的な啓発活動が行われるようになったことである。そのため、家庭教育支援では、従来のような自主的な参加者を対象とした学習活動や一般的な啓発だけでなく、「これまで手が届きにくかった親等」に対して、「戸口まで届く、心に迫る」取組を行うことが課題となる(今後の家庭教育支援の充実についての懇談会の報告、二〇〇二年)。

その結果、新たに登場したのが「届ける支援」(アウトリーチ)といわれる全戸訪問である。全戸訪問はまず児童虐待対策として二〇〇七年四月に始められた(こんにちは赤ちゃん事業)[23]。子どものいる家庭への「訪問指導」としては、従来から母子保健法にもとづく「新生児訪問指導」が行われてきたが、それは市町村長が「育児上必要がある」と認めた時に医師や保健師などを訪問させる保健事業である。それに対し、近年行われるようになった全戸訪問は、家庭からの要望も専門機関や地方自治体の判断もないまま、すべての家庭を対象として実施される。田中理絵は、この事業は、問題を抱える家族からの求めに応じて支援を行ってきた児童福祉から、すべての家庭を「国家の監視・管理下」に置く児童福祉への転換を意味すると指摘する(田中 二〇一一、一二九頁)。

文部科学省もまた、訪問型家庭教育支援を「困難を抱えた家庭や保護者に支援を届ける手法の一つ」として有効性があり、問題の「早期発見」と「未然防止」につながるとして、地方公共団体に実施を推奨する(文部科学省 二〇一六、六頁)。もっとも、行政は主として関係機関をつなぐコーディネーターの役割を担い、実際に家庭を訪問するのは、地域の子育て経験者(子育てサポーター)や元教員、民生委員、児童委員、社会福祉士、スクールソーシャルワーカー、カウンセラーなどで構成される「家庭教育支援チーム」である。こうした地域のメンバーが、親の悩みに耳を傾け、情報を提供し、不登校や児童虐待など、専門的な対応が必要な場合は専門機関に橋渡しをするという。

このように、二〇〇〇年代に登場した家庭教育支援は、すべての親に対して「親としての学び」を「支援」しようとするものである。それゆえ、家庭教育支援政策では、家庭教育は「私的な教育」であるから、公的機関が直接介入することは望ましくないとか、行政の役割は条件整備に限定されるなどとはいわれない。家庭の教育力が低下しているから、あるいは、家庭教育が「困難」になっているから[24]、家庭教育を学校や地域や企業などが「社会総がかり」で支援する政策へと転換したのである（教育再生会議 二〇〇七）[25]。

親の第一義的責任論の登場

こうして家庭教育支援や子育て支援が進められるなかで、子どもは「社会の宝」や「国の宝」といわれ、次世代育成の社会的コストは「未来への投資」とみなされるようになる。しかし、それによって次世代育成に関する国や地方公共団体の公的責任が強化されたわけではない。むしろ、逆である。「自己責任」論に代わって、親の「第一義的責任」論が登場したからである[26]。はじめて教育政策が親の第一義的責任に言及するのは、二〇〇〇年の中教審報告「少子化と教育について」である。このことに示されるように、親の第一義的責任論は子育て家庭に対する支援政策とともに登場するのである。

では、なぜ自己責任論から第一義的責任論に代わったのか。それは、親に教育の第一義的責任を課すことで、国と地方公共団体は、自らの責任を免れつつ、親を支援する立場に立ちうるからだろう。しかも、支援と称して、責任を負わないまま容易に家族に介入することができる。このことは、二〇一六年の児童福祉法の改正をみるとよくわかる。一九四七年に制定された児童福祉法第二条は、国と地方公共団体は親とともに「児童を心身ともに健やかに育成する責任を負う」と定めていた。だが、二〇一六年の改正によって、保護者の「第一義的責任」（第二条第二項）と、国および地方公共団体による保護者への「支援」（第三条第二項）が新たに挿入される。

この二〇一六年の改正については、国民、保護者、国、地方公共団体が、ともに子どもを支えるという「児童福祉法の理念を明確化」したものと説明されている（中央法規編 二〇一六、五頁）。だが、親と国・地方公共団体が有する公的責任について、親の第一義的責任の挿入によって、大幅に限定されたことがわかる。親とともに「児童を心身ともに健やかに育成する責任」を負っていたはずの国と地方公共団体は、親を「支援」する立場となり、親が子どもを養育できない場合にのみ、責任を負うことになるからである。

これは児童福祉法に限らない。子どもの権利条約は、第六条において、「締約国は、児童の生存及び発達を可能な最大限の範囲において確保する」と定め、第一八条で父母は「児童の養育及び発達についての第一義的な責任を有する」と規定する。それに対し、近年の日本の法律は親の第一義的責任は規定するが、国や地方公共団体が児童の「生存」や「発達」を「確保」するとは明記しない。子どもの貧困対策推進法（二〇一三年）が、国は「子どもの貧困対策を総合的に策定し、及び実施する責務を有する」と定めるように、近年の法では、国と地方公共団体は施策を「策定」し「実施」する「責務」や「努力義務」を有するのみであり、施策の結果に対してすら責任を負うわけではないのである(27)。子どもの教育に関する親の第一義的責任が、公的責任を回避するための論理として用いられているからである。

無償化と親の第一義的責任

その一方で、二〇〇〇年代に入ると、一九八〇年代以来抑制されてきた児童手当などの経済的支援が、少子化対策の一環に位置づけられることで拡大に向かう。民主党政権下の二〇一〇年には、公立高校授業料無償制度が導入される。第二次安倍政権下で設置された教育再生実行会議は、第八次提言（二〇一五年）において、子育て家庭への経済的支援を「教育投資」として位置づける。そしてその結果、二〇一七年に給付型奨学金制度が導入され、二〇一九年一〇月には幼児教育・保育無償化、二〇二〇年度からは私立高校の無償化、低所得者を対象とした大学授業料の無償化、ひとり親世帯への税負担の軽減などが実施に移された。

しかしながら、自民党が在野時代に出した国家戦略本部の「日本再興」(二〇一一年)は、民主党政権の子ども手当について、「子どもは親が育てる」という「日本人の常識」を捨て去り、「子どもは社会が育てる」という誤った考え方にもとづくものだと批判し、〇歳児については「家庭で育てることを原則」とすると述べていた。近年の自民党の無償化政策は、「子どもは親が育てる」政策から「子どもは社会が育てる」政策へと転換するものなのだろうか。

実は、民主党政権下で導入された高校無償化制度(二〇一〇年度)と、自民党政権下で改訂された現行制度(二〇一四年度以降)は、制度理念や制度設計が大きく異なる。二〇一〇年の無償化は、「公立高等学校について授業料を徴収しない」と法律で定め、国が授業料に相当する経費を都道府県に対して交付した。それが、二〇一四年度以降の現行制度では、一定所得以下の世帯に対して授業料相当分を支給する「就学支援金制度」へと変更になる。そのため、生徒は入学時に「申請書」と保護者の所得証明書を提出し(申請主義)、その後も毎年収入状況の確認が行われる。

「幼児教育・保育無償化」も同様である。子ども・子育て支援法の改正により、二〇一九年一〇月から、保育園や幼稚園等に通う三歳から五歳の子どもについては基本的に無償となったが、これも保護者に対する給付制度である。この給付を受けるには、保護者が市町村に申請し、受給資格があると認定された場合に「教育・保育給付」(施設型給付費など)が支給される。給付金は保護者には直接給付されず、市町村が施設に支払うが、それは施設が保護者の代理として受領することになっているからである(法定代理受領)。「幼児教育・保育無償化」は、保護者が保育園などの施設を利用した場合に、その利用料を補助する制度なのである。

このように、近年の無償化は、あくまで家庭が授業料や施設利用料を払うことを前提に、親が申請した場合にのみ、相当分を支給する制度である。こうした申請主義は手続きが煩雑であり、アクセスできない人がいるうえ、膨大な事務のコストがかかる。だが、それでも申請主義にもとづく無償化政策が進められてきたのは、子ども・子育て支援法が、子育て支援は「保護者が子育てについての第一義的責任を有するという基本的認識」の下で行われなければならないと定めているからだろう。義務教育の無償制のように親から授業料を徴収せずに、税によって賄う制度ではないのである。

子ども・子育て支援法の制定にともない[28]、児童手当法も改正され（二〇一二年）、児童手当もまた「保護者が子育てについての第一義的責任を有するという基本的認識の下に」支給されることになった。一九七二年に発足した児童手当制度は、「児童の養育費の一部を社会的に保障する」ための制度として構想され、「児童養育に社会が積極的に参加することを示した社会的制度」として位置づけられた（広井・小玉 二〇一〇）。だが、親の第一義的責任論の登場により、児童手当は、親とともに社会が子どもの養育や教育を担うことで、子どもの成長・発達を「保障」する制度ではなく、親が自らの教育責任を果たすよう、社会が「支援」する制度へと変わったといえるだろう。

おわりに

戦後、国と地方自治体は、教育について「無理解」な親を啓蒙するとともに、教育費を公的に保障して公教育制度の拡充を進めてきた。一九七〇年代半ばになると、小中学校の長期欠席率は最低レベルまで減少し、高校・大学等への進学率はいったんピークに達する。こうして発足以来、家庭を学校の補完物として位置づけるとともに、公費支出を徐々に増大させることで拡大してきた「日本型公教育制度」は、七〇年代半ばに完成期を迎える。

だが、八〇年代に入ると、こうした公教育拡充政策は大きく転換する。臨教審をはじめ、八〇年代の教育政策は、進学率の上昇や教育期間の延長を公共部門の「肥大化」としてとらえ、「学歴偏重」や「学校への依存」を批判して、「学校中心の考え方」からの脱却を標榜するようになる。同時に、学校と家庭の連携を提唱して、学校が従来行ってきた役割を家庭に分担するよう要求するとともに、家庭に対して子どもの教育に関する自助努力・自己責任を求めるようになる。八〇年代の政策により、かつて学校の指導を受けるべき従属的な立場にあった家庭が、学校と連携・協力し、学校を支援すべき立場へと転換するとともに、子どもの教育に関する最も主要な責任主体として位置づけられたのである。

しかし、こうした自己責任・自助努力型の政策は、九〇年代末に軌道修正され、二〇〇〇年代に入ると、「社会総がかり」で家庭を支援する家庭教育支援政策へと転換する。この家庭教育支援政策では、国と地方自治体が家庭教育に介入することをためらわないという点で、八〇年代の自己責任型の政策とは大きく異なる。自己責任型政策は、公私の区分を論拠に家庭への支援や介入を抑制あるいは回避したが、家庭教育支援政策は、家庭の「自発性」や「自主性」には言及しても、公私の区分についてはほとんど問題にしない。二〇〇〇年代の家庭教育支援政策は、家庭に対する積極的な介入政策であるとともに、公と私の区別を変容あるいは溶解させる政策なのである。

家庭教育支援政策への転換によって、国と地方公共団体は家庭を支援するための施策を策定し実施する責任を負うことになり、実際、全国の自治体でさまざまな取組が行われるようになった。また、近年では幼児教育・保育の「無償化」など、これまで抑制されてきた経済的支援も拡充された。だが、子どもの教育に関する責任という点でみれば、家庭教育支援政策への転換に伴って、国と地方公共団体の責任が増大したとはいえない。自己責任論に代わって、親の第一義的責任論が登場したからである。

自己責任論も親の第一義的責任論も、どちらも子どもを教育する根源的・優先的責任を親に課すことで公的責任を軽減させる論理である。にもかかわらず、二〇〇〇年代の法や政策において、自己責任ではなく、親の第一義的責任が明記されるようになったのは、自己責任論が家庭への介入を忌避する論理であるのに対し、親の第一義的責任論は家庭への介入を容認する論理だからだろう。親の第一義的責任論によって、国と地方公共団体は、自らの責任を回避しつつ、親を支援する立場に立って、家庭教育に介入することができるようになったのである。親の第一義的責任論は、近代自然法の普遍的な理念にみえて、実は、二〇〇〇年代の家庭教育支援政策への転換により、国と地方自治体が家庭への支援・介入を行うに当たって採用した新たな政策理念あるいは法概念といえるだろう。こうした家庭教育支援政策によって、家庭は「社会総がかり」で支援される受動的、従属的な立場に置かれながら、同時に子どもの教育に第一義的に責任を負う主体として位置づけられ、子どもの教育責任を問われ続けることになるのである。

注

(1)一九九七年の文部省通知以後、通学区域制度の弾力的運用が開始され、二〇〇三年の学校教育法施行令改正により学校選択制が制度化された。保育所の入所についても、九七年の児童福祉法改正で、従来の行政による措置制度から、保護者の申込による利用契約関係へと変更された。

なお、二〇一五年度には「子ども・子育て新支援制度」が導入されるが、丹治恭子は、これにより子育ての「担い手」の「外部化」は進んだが、「「責任」主体を家族とするまなざしはむしろ強化されているといえる」と指摘する(丹治 二〇一六、一三二頁)。

(2)厚生省にとっても貧困こそ解決すべき問題だった。一九五七年の『厚生白書』は、先進国の貧困を「高水準の経済力のもとにおける所得の適正な分配についての失敗」ととらえ、「わが国における貧困対策の貧困さ」と「貧困についての問題意識の低さ」、「貧困追放の意欲の欠乏」を批判した(第一章三節四)。

(3)当時、「共稼ぎ」が非行の原因とされ、六九年版『厚生白書』は、「非行多発地域、留守家庭多発地域」などと書いていた(各論一〇章三節一(三))。

(4)一九五〇年に行われた総理府の世論調査では、「日本では昔から子供の躾ということを学校に任せっきりという親」が多く、「戦前の〝家〟における子弟の躾は意識的に放任されていた」という認識に立ち、その理由を尋ねている。答えは、「子供の教育は学校、先生を信頼するに限る」が最も多く四四・三%、ついで「親達は皆多忙だったし、また親が無力だった」

三二・二%、「子供の教育は別に家庭でやる必要がなかった」一二・一%であり、「今までは学校との連絡もなかったし、また学校に依存していたとも思えない」は九・四%にすぎなかった(複数回答)。昔は三世代家族が多かったためしつけがしっかりと行われていたというイメージは、後に形成されたものであることがわかる。

(5) しかし、一九七六年から実施された文部省の「高等教育政策」と同年の専修学校の発足により、七〇年代後半以降、大学進学率は抑制されていく。

(6) 私学助成法は、国が私立大学等の経常経費の半分まで補助することができると定めており、補助率は八〇年には二九・五%にまで増加する。だが、その後減少し、二〇一五年には九・九%と一割を下回る。

(7) 七七年の指導要領改訂の意図は、「在校時間は従前どおりが適当である」という前提の下に、学校の教育活動にゆとりをもたせ、学校や地域の創意を生かせるようにすることであったという(文部省学制百二十年史編纂委員会 一九九二)。

(8) しかしながら、厚生省人口問題研究所の研究報告書は、『厚生白書』のいう家族の機能低下の根拠は明らかでなく、白書が設定する理念的な「望ましい家庭像」こそが、「実は家庭の弱体化という前提になって」いると指摘している(厚生省人口問題研究所 一九九三、二四頁)。

(9) その背景には大平内閣が掲げた「家庭基盤の充実」政策がある。同政策は、福祉や教育などの公共部門の「肥大化」を批判し、「家族関係社会支出」を現物給付、現金給付ともに極力抑制して、「家庭の自立性強化」や「家庭の助け合いと連帯」などを基盤とする「日本型福祉社会」の実現をめざした(大平総理の政策研究会 一九八〇)。

(10) 臨教審のめざす「生涯学習社会」は、各人が「自発的意思」にもとづき、自己に適した手段・方法を自らの責任において自由に選択し、生涯を通じて学習する社会である。

(11) 八八年版の文部省『我が国の文教施策』は、「臨時教育審議会は、「生涯学習体系への移行」の具体的な指針として、学校中心の考え方からの脱却という方向を示した」と指摘する。

(12) 臨教審が、家庭の「教育機能」に代わって「教育力」という言葉を登場させたという(小玉 二〇一七、四一頁)。

(13) 日教組学校五日制研究協力者会議によれば、日教組がはじめて「時間短縮闘争」の一環として「週休二日制」を提起したのは、一九七二年六月に開催された第四一回定期大会においてである。翌七三年の大会では、「教育改革としての学校五日制」という方針が打ち出され、「学校五日制・週休二日制」は、教職員の生活と権利を守る闘いとしてだけでなく、「能力主義に基づく差別・選別のための画一的な詰め込み教育」などに対する「民主教育を確立するたたかい」としても位置づけられた（日教組学校五日制研究協力者会議・海老原治善　一九九一、一一―一二頁）。

(14) 学校の「スリム化」は、経済同友会が九五年に発表した「学校から「合校」へ」のなかで提唱したものであり、遠足、運動会、部活動などを地域が担うよう提言する。

(15) 広田照幸は、近年の学校のガバメント改革は参加型民主主義とはほど遠く、家庭や地域の理解や協力を得るための機関として機能していると指摘する（広田　二〇一九、一五四頁）。

(16) 以後の政策では、九六年答申のこの「家庭教育はすべての教育の出発点」というフレーズと、教育改革国民会議（二〇〇〇）の「教育の原点は家庭である」というフレーズが繰り返される。

(17) 同有識者会議の報告書は、「昨年来、青少年による凶悪事件が多発し、国民に大きなショックを与えている」という文で始まり、「「親」の支援システム」を提起する。

(18) 社会教育法第五条に、教育委員会の事務として「家庭教育に関する学習の機会を提供するための講座の開設及び集会の開催並びに家庭教育に関する情報の提供並びにこれらの奨励に関すること」が加えられた。

(19) 二〇二〇年二月現在、八県六市で家庭教育支援条例が制定され、「親としての学び」や「親になるための学び」が進められている（友野　二〇一九）。

(20) 文部省は九九年度から、妊産婦や乳幼児をもつ親を対象に『家庭教育手帳』、小中学生等の子どもをもつ親に『家庭教育ノート』を配布している。

(21) 二〇〇六年に高橋史朗を中心に親学推進協会が発足し、二〇一二年には安倍晋三を会長として親学推進議員連盟が結成される。また、二〇〇六年には「早寝早起き朝ごはん」全国協議会が発足し、全国運動を開始する。

(22) 家庭教育のみならず、「学校は道徳教育をためらわない」といわれるようになり（小渕内閣の教育改革国民会議「教育を変える一七の提案」二〇〇〇年）、小学校では二〇一八年度から、中学校では二〇一九年度から道徳が「特別の教科」となった。

(23) 生後四カ月までの乳児のいる全家庭を訪問し、親と子の心身の状態と養育環境を把握し、相談・援助等を行うものであり、児童福祉法改正により二〇〇九年四月から「乳児家庭全戸訪問事業」として法律上に位置づけられた。

(24) 家庭教育支援の推進に関する検討委員会の報告書は、「家庭の教育力の低下」という指摘は、親の責任だけを強調することになりかねないとし、現代社会は「家庭教育が困難になっている社会」であり、「家庭生活や社会環境の変化の影響によって、子どもの育ちが難しくなっている社会」であるととらえる(二〇一二、五、六頁)。

(25) そのために、近年の家庭支援政策では、国民、地域住民、教育関係者、事業主など、さまざまな人々の努力義務を規定する。こうした努力義務の増大は道徳と法との区別を不明瞭にするものであり、法と道徳とを区別することで公権力が介入する範囲を制限し、国民の自由を保障してきた近代法の原理を形骸化するものといえるだろう。

(26) 以下の法律が保護者の第一義的責任を規定している。次世代育成支援対策推進法(二〇〇三年)、教育基本法(二〇〇六年改正)、児童虐待防止法(二〇〇七年改正、議員立法)、子ども・子育て支援法(二〇一二年)、児童手当法(二〇一二年改正)、いじめ防止対策推進法(二〇一三年、議員立法)、児童福祉法(二〇一六年改正)。

(27) 小林庸平と横山重宏の分析(二〇一七)によれば、二〇一五年の厚生労働省「国民生活基礎調査」で子どもの貧困率が下がったのは、低所得者層の賃金増加がおもな要因であり、社会保障費はこの三年間にむしろ減少したという。

(28) 子ども・子育て支援法は民主党政権下の二〇一二年に、自民、公明、民主の三党合意により制定された。

引用参考文献

有地亨 一九九三、「親の教育権」日本教育法学会編『教育法学辞典』学陽書房。
有本真紀・水谷彦 二〇一四、「日本近代における〈家庭の学校化〉I――家庭の管理装置としての学校教育――明治期・大正期における「学校と家庭との連絡」」『立教大学教育学科研究年報』第五七号。
市川昭午 一九九五、『臨教審以後の教育政策』教育開発研究所。
大平総理の政策研究会 一九八〇、『家庭基盤の充実』大蔵省印刷局。
落合恵美子 二〇一九、『二一世紀家族へ 第四版――家族の戦後体制の見かた・超えかた』有斐閣。
家庭教育支援の充実についての懇談会 二〇〇二、「「社会の宝」として子どもを育てよう!(報告)」。(https://www.mext.go.jp/b_menu/shingi/chousa/shougai/007/toushin/020701.htm)(二〇二〇年一月二三日閲覧)
家庭教育支援の推進に関する検討委員会 二〇一二、「つながりが創る豊かな家庭教育――親子が元気になる家庭教育支援を目指して』。(https://www.mext.go.jp/a_menu/shougai/katei/1306958.htm)(二〇二〇年一月二三日閲覧)

木村涼子　二〇一七、『家庭教育は誰のもの？——家庭教育支援法はなぜ問題か』岩波ブックレット。

教育改革国民会議　二〇〇〇、「教育改革国民会議報告——教育を変える一七の提案」。(https://www.kantei.go.jp/jp/kyouiku/houkoku/1222report.html)(二〇二〇年一月二三日閲覧)

教育再生会議　二〇〇七、「社会総がかりで教育再生を——公教育再生への第一歩　第一次報告」。(https://www.kantei.go.jp/jp/singi/kyouiku/houkoku/honbun0124.pdf)(二〇二〇年一月二三日閲覧)

教育再生実行会議　二〇一五、「教育立国実現のための教育投資・教育財源の在り方について(第八次提言)」。(https://www.kantei.go.jp/jp/singi/kyouikusaisei/pdf/dai8_1.pdf)(二〇二〇年一月二三日閲覧)

経済同友会　一九九五、「学校から「合校《がっこう》」へ——学校も家庭も地域も自らの役割と責任を自覚し、知恵と力を出し合い、新しい学び育つ場をつくろう」。(http://www.bekkoame.ne.jp/ha/seidoken/goukou.pdf)(二〇二〇年一月二三日閲覧)

厚生省　一九五七、『厚生白書(昭和三二年度版)』。(https://www.mhlw.go.jp/toukei_hakusho/hakusho/kousei/1957/)(二〇二〇年一月二三日閲覧)

厚生省　一九六九、『厚生白書(昭和四四年版)』。(https://www.mhlw.go.jp/toukei_hakusho/hakusho/kousei/1969/)(二〇二〇年一月二三日閲覧)

厚生省　一九七一、『厚生白書(昭和四六年版)』。(https://www.mhlw.go.jp/toukei_hakusho/hakusho/kousei/1971/)(二〇二〇年一月二〇日閲覧)

厚生省人口問題研究所　一九九三、『平成四年度　家庭機能とその変化に関する研究　厚生白書、国民生活白書にみる家庭機能のとらえ方』。

国立教育政策研究所　二〇一九、「学習指導要領データベース」。(https://www.nier.go.jp/guideline/)(二〇二〇年一月二〇日閲覧)

小玉亮子　二〇一七、「〈教育と家族〉研究の展開」藤崎宏子・池岡義孝編著『現代日本の家族社会学を問う——多様化のなかの対話』ミネルヴァ書房。

小林庸平・横山重宏　二〇一七、「「子どもの貧困率の低下」の背景を探る」三菱ＵＦＪリサーチ＆コンサルティング。

(https://www.murc.jp/report/rc/column/search_now/sn170728/)（二〇二〇年一月二〇日閲覧）

小山静子　一九九〇、「「家庭教育」の登場――公教育における「母」の発見」谷川稔ほか『規範としての文化――文化統合の近代史』平凡社。

今後の家庭教育支援の充実についての懇談会　二〇〇二、「「社会の宝」として子どもを育てよう！（報告）」。(https://www.mext.go.jp/b_menu/shingi/chousa/shougai/007/toushin/020701.htm)（二〇二〇年一月二〇日閲覧）

次代を担う青少年について考える有識者会議　一九九八、「次代を担う青少年のために――いま、求められているもの」。(http://www.kantei.go.jp/jp/singi/jidaiwoninau/980507report.html)（二〇二〇年一月二〇日閲覧）

社会の変化に対応した新しい学校運営等に関する調査研究協力者会議　一九九二、「社会の変化に対応した今後の新しい学校運営等の在り方について（審議のまとめ）」。(http://www.ipss.go.jp/publication/j/shiryou/no.13/data/shiryou/syakaifukushi/438.pdf)（二〇二〇年一月二〇日閲覧）

自由民主党国家戦略本部　二〇一一、「「日本再興」第六分科会（教育）」。(https://www.jimin.jp/policy/policy_topics/pdf/seisaku-066.pdf)（二〇二〇年一月二〇日閲覧）

生涯学習審議会　一九九八、「社会の変化に対応した今後の社会教育行政の在り方について（答申）」。(http://warp.ndl.go.jp/info:ndljp/pid/11293659/www.mext.go.jp/b_menu/shingi/old_chukyo/old_gakushu_index/toushin/1315178.htm)（二〇二〇年一月二〇日閲覧）

総理府「青少年不良化防止（第三部一般）に関する世論調査」内閣府「世論調査」。(https://survey.gov-online.go.jp/s24/S25-03-24-09.html)（二〇二〇年一月二〇日閲覧）

田中理絵　二〇一一、「社会問題としての児童虐待――子ども家族への監視・管理の強化」日本教育社会学会『教育社会学研究』第八八集。

丹治恭子　二〇一六、「子育てとはいかなる営みか――責任・担い手の変容から」岡本智周・丹治恭子編著『共生の社会学――ナショナリズム、ケア、世代、社会意識』太郎次郎社エディタス。

中央教育審議会　一九六六、「後期中等教育の拡充整備について（答申）」。(http://warp.ndl.go.jp/info:ndljp/pid/11293659/www.mext.go.jp/b_menu/shingi/old_chukyo/old_chukyo_index/toushin/1309489.htm)（二〇二〇年一月二〇日閲覧）

中央教育審議会 一九七一、「今後における学校教育の総合的な拡充整備のための基本的施策について（答申）」。(http://warp.ndl.go.jp/info:ndljp/pid/11293659/www.mext.go.jp/b_menu/shingi/old_chukyo/old_chukyo_index/toushin/1309492.htm)（二〇二〇年一月二〇日閲覧）

中央教育審議会 一九八一、「生涯教育について（答申）」。(http://warp.ndl.go.jp/info:ndljp/pid/11293659/www.mext.go.jp/b_menu/shingi/old_chukyo/old_chukyo_index/toushin/1309550.htm)（二〇二〇年一月二〇日閲覧）

中央教育審議会 一九九六、「二一世紀を展望した我が国の教育の在り方について――子供に［生きる力］と［ゆとり］を（第一次答申）」。(http://warp.ndl.go.jp/info:ndljp/pid/11293659/www.mext.go.jp/b_menu/shingi/old_chukyo/old_chukyo_index/toushin/1309579.htm)（二〇二〇年一月二〇日閲覧）

中央教育審議会 一九九八、「「新しい時代を拓く心を育てるために」――次世代を育てる心を失う危機（答申）」。(http://warp.ndl.go.jp/info:ndljp/pid/11293659/www.mext.go.jp/b_menu/shingi/old_chukyo/old_chukyo_index/toushin/1309687.htm)（二〇二〇年一月二〇日閲覧）

中央教育審議会 二〇〇〇、「少子化と教育について（報告）」。(http://warp.ndl.go.jp/info:ndljp/pid/11293659/www.mext.go.jp/b_menu/shingi/old_chukyo/old_chukyo_index/toushin/1309769.htm)（二〇二〇年一月二〇日閲覧）

中央教育審議会 二〇〇七、「次代を担う自立した青少年の育成に向けて（答申）」。(http://warp.ndl.go.jp/info:ndljp/pid/11293659/www.mext.go.jp/b_menu/shingi/chukyo/chukyo0/toushin/07020115.htm)（二〇二〇年一月二〇日閲覧）

中央法規出版編集部編 二〇一六、『改正児童福祉法・児童虐待防止法のポイント』中央法規。

友野清文 二〇一九、『現代の家庭教育政策と家庭教育論――これからの子育てと親のあり方』丸善プラネット。

中里見博ほか 二〇一八、『右派はなぜ家族に介入したがるのか――憲法二四条と九条』大月書店。

西原博史 二〇〇八、『子どもは好きに育てていい――「親の教育権」入門』日本放送出版協会。

日教組学校五日制研究協力者会議・海老原治善 一九九一、『学校五日制読本』エイデル研究所。

広井多鶴子 二〇一二、「戦後の家族政策と子どもの養育――児童手当と子ども手当をめぐって」『実践女子大学人間社会学部紀要』第八集。

広井多鶴子 二〇一九a、「親の「第一義的責任」論の戦後政策史――国家と家庭の関係はどう変わってきたか」日本教育法学会『教育法学会年報』第四八号、有斐閣。
広井多鶴子 二〇一九b、「教育と家族論の現在――核家族・近代家族・家族の個人化をめぐって」日本教育学会『教育学研究』第八六巻第二号。
広井多鶴子・小玉亮子 二〇一〇、『現代の親子問題――なぜ親と子が「問題」なのか』日本図書センター。
広田照幸 一九九九、『日本人のしつけは衰退したか――「教育する家族」のゆくえ』講談社現代新書。
広田照幸 二〇一九、『教育改革のやめ方――考える教師、頼れる行政のための視点』岩波書店。
藤田英典 一九九七、『教育改革――共生時代の学校づくり』岩波新書。
本田由紀・伊藤公雄編著 二〇一七、『国家がなぜ家族に干渉するのか――法案・政策の背後にあるもの』青弓社。
文部科学省 二〇一六、『訪問型家庭教育支援の関係者のための手引き』。(https://www.mext.go.jp/component/a_menu/education/detail/__icsFiles/afieldfile/2016/03/28/1368962_02.pdf)(二〇二〇年一月二〇日閲覧)
文部科学省学制百二十年史(https://www.mext.go.jp/b_menu/hakusho/html/others/detail/1318221.htm)(二〇二〇年一月二〇日閲覧)
文部省 一九五三、『わが国の教育の現状(昭和二八年度)』。(http://warp.ndl.go.jp/info:ndljp/pid/11293659/www.mext.go.jp/b_menu/hakusho/html/hpad195301/index.html)(二〇二〇年一月二〇日閲覧)
文部省 一九八七、『文部時報 臨教審答申総集編』八月臨時増刊号、ぎょうせい。
文部省 一九八八、『我が国の文教施策(昭和六三年度)』。(http://warp.ndl.go.jp/info:ndljp/pid/11293659/www.mext.go.jp/b_menu/hakusho/html/hpad198801/index.html)(二〇二〇年一月二〇日閲覧)
文部省学制百二十年史編纂委員会 一九九二、『学制百二十年史』ぎょうせい。
山本敏子 一九九三、「〈家庭教育〉創出のシナリオ」寺崎昌男・編集委員会共編『近代日本における知の配分と国民統合』第一法規。

8 教育と児童福祉の境界変容

荒見玲子

はじめに

子どもや家族をめぐる課題への対応策として、教育と福祉の連携がさまざまな領域で唱えられるようになった。福祉政策に教育支援の要素をとり入れ、当事者たちの問題解決能力を高め、自立を促す。一方、教育政策のなかに福祉的要素をとり入れ、個別のニーズに応えながら生活全体のエンパワーメントを進めていく。格差社会のなかで、とくに課題を抱える子どもの健やかな成長、子どもの権利の保障という視点から、教育保障と生活保障の両方が求められるようになったといえる。

政策体系においても、教育政策の福祉化、福祉政策の教育化として、両者の協働が求められるようになっている。従来、一八歳未満の児童・子どもを対象とする公共政策体系は、教育政策、児童福祉政策、青少年健全育成行政、刑事政策のおもに四つの領域によって構成され(1)、各領域で独自に発展し、政策体系に合わせて、法体系・財政制度など供給体制が形づくられてきた。しかし、社会経済環境の変化と、各政策を支える行財政制度の変容により、児童福祉政策と教育政策の分業のあり方は大きく変容し、重なり、競合、補完といったさまざまな関係性が生まれている。子ども・子育て支援や子ども・若者育成支援など、受益者が多く子どもを対象とする点で政策的に展開しやすい領域では協働も進んでいる。しかし、貧困、虐待、ヤングケアラーなどとりわけ脆弱な立場の子どもへの対人サービスを行う自治体や現場レベルでは、協働は試行錯誤というのが実情であろう。さまざまな状況にある子どもに対して、どのような保障を、誰がどのような責任で提供していけばよいのだろうか。またその際の課題は何か。

本章では、教育と児童福祉の境界を、「子どもを対象とする政策における教育保障と生活保障の分業のあり方」と定義する。教育政策と児童福祉政策は、国が規定する分業体系にそくし、地域の実情に応じて自治体・地域の現場レベルで対応がなされる。本章では、子どもを対象とする政策において教育保障と生活保障の分業がいかに変容したのかを、行政学・政策学の視点から明らかにする。

一　子どもをめぐる政策体系をとらえる視点

福祉国家研究

子どもに関わる政策体系について日本の特徴をとらえるうえでは、福祉国家の比較研究が有用である。そこでは、年金、医療など個別の政策研究が蓄積されており、子どもについては、家族政策もしくはジェンダーの観点からの言及が多い。とくにヨーロッパでは日本と異なり、家族政策が確立しているためである。家族に関わる個別施策の国際比較はさまざまな形で行われてきたが、児童福祉の主要な問題関心は、国家の役割と養育責任が中心で（古川・田澤編二〇〇八）、子どもそのものに着目した比較研究は、管見の限り見当たらない。

次に、教育行政と福祉行政の守備範囲の変化や、福祉国家の質の変容を指摘する研究がある。先進国での政策は、低成長時代の福祉国家の再編に伴い、直接給付ではなく、教育や労働訓練により雇用可能性の向上をめざすワークフェアの形態をとることが増えてきている。(2)仁平典広は英国の「第三の道」の社会政策の検討を行い、ワークフェアも教育も、社会構造の転換なしに問題を個人化させ個人が社会的排除に対応するように仕向ける性格をもち、成功可能性が確率に委ねられる側面が強く、構造上、恒常的に生み出される排除の原因を、自己に遡及的に帰責させるものとする（仁平 二〇一五）。こうした諸外国の動向やマクロ的な観点から福祉国家をとらえる視点は、日本の状況や位置づけを検討するうえで示唆に富む。

福祉研究からみた教育／教育研究からみた福祉

福祉研究では、岡村重夫が、義務教育と社会福祉の関連性が段階的に変容していくさまを議論してきた（岡村 一九六三）。当初は両者の仕組みにおいて、疎外し教育保障も生活保障も保障されない状態が、教育扶助が福祉事務所で決定され、貧困児童のスティグマが強化された段階を経て、一九六〇年代には義務教育のなかに特殊学級や学校給食など、教育制度のなかに社会福祉的機能が備わる段階となったとする。その後、この系譜の研究は途絶える[3]。

教育分野では、小川利夫（一九八五、一九九四）が、それぞれ独自の領域であった教育と福祉の理論的統合をめざした。おもに社会教育の観点から、社会福祉に関連した問題の教育内容や教え方に関わる課題を「福祉教育」問題と、一方で、岡村と同様に、児童福祉において未確立の児童の学習・教育権保障に関わる課題を「教育福祉」問題と整理した。また、青木紀（一九九七、二〇〇二）は、米国のスクールソーシャルワーク（以下、ＳＳＷ）研究を積み重ね「教育的不利」を背負った子どもの存在と親の社会階層的性格の関連から実践的な課題に取り組む必要があると論じた。

これらの教育福祉論・福祉教育論は学校外での実践が中心であったが、学校内で子どもの生活状況に着目するＳＳＷと共通の視点をもつ生活指導論[4]は、学校内の福祉機能をとらえている（高石 二〇一七）。城丸章夫は一連の著作を通じて、「民主的人格形成のために個人の人格形成や行動、社会関係をも指導対象ととらえて」（高石 二〇一七、八四五頁）おり、学校は「福祉施設の一種として、とりわけ、子ども預り所としての特質を持つもの」（城丸 一九七三）と述べる。

福祉研究からみた教育／教育研究からみた福祉の再接近

しかし、両分野における福祉／教育の交錯を求める問題提起は、主流の議論とはならなかった。後述するように、戦後日本では教育と福祉の分業が確立しており、生活保障の欠乏に応じて補うことこそが制度としての正当性をもつ福祉領域と、生活保障の欠乏度合いをあえて考慮の外におくことで成立する教育領域とでは、互いの存在が周縁的にならざるを得なかったからである。

このような議論の動向は二〇一〇年代に、子どもの貧困対策が政策課題となり、近年大きく変化した。日本教育行政学会研究推進委員会(二〇一三)では、教育機会が格差を生じさせるという前提に立ち教育保障の課題を扱った。また、末富芳(二〇一七)は「全てのこどもを大切にする貧困対策」の具体的な実践を論じている。

福祉サイドからは山野則子(二〇一五、二〇一八)らのＳＳＷや学校プラットフォームについての議論がある。山野は、義務教育はポピュレーションサービスであるため、困難をかかえた子どもや家庭にスティグマを生じさせにくい点に強みがあり、学校を「スクリーニング機関」と核にして、予防や発見のシステムを構築し、深刻な事態はより専門的なサービスにつなぐ必要があると提言する。そして、スクールソーシャルワーカー(以下、ＳＳＷｅｒ)がこの仕組みのなかで中核的な役割を果たし、多機関との連携を強化すべきだとする。また、実際の政策を後押しする末富や山野らの論稿とは別に、先述の小川利夫の教育福祉論を現代的な課題に対応させた研究がある(伊藤 二〇一八、笹澤 二〇一七、高石 二〇一七、二〇一八など)。

一方で、大人の貧困を学力格差で説明し、子どもの段階で学力の向上をはかることを子どもの貧困対策と称することに、疑義を呈する議論もある(教育文化総合研究所 二〇一七)。この報告書では、学校は「子どもにとっての不可欠サービスの提供場所」であり、「子どもの居場所」としての「子どもの福祉施設」をめざすべきとする（金井 二〇一五、二〇一七）。教員が子どもの生活背景にまで目を配るべきであるとの発想は、城丸（一九七三）らの生活指導論と視点を一にしている。

以上のように既存研究を概観すると、どの議論も教育と福祉の連携について実態や長所と短所を明らかにしているものの、それぞれの視点から論じているため、限られた資源の中で両者の関係性の構築すべき方向性を導き出せていない。人的資源、財源といった政策の供給体制から、異なる専門性をもつ政策群を横断的にとらえなおす必要がある。

公共政策のデザインと政策的補完性

日本では、省庁間の分立制が高く公務員の定員管理が厳格であり、政策の立案と実施が業界団体やグレーゾーン組織等、組織ベースで行われやすいという特殊性があり、担当省庁ごと自律的に政策が発展してきた。また、政策を実施する自治体では、教育と福祉は行政委員会である教育委員会と首長部局に所掌が分かれており、めいめいで地域の団体やボランティアを最大限活用する対人サービスとしてシームレスになるような編成がとられ、家庭・地域・学校など地域資源の組合せが最適に形づくられてきた。

公共政策をデザインする際には、対象者を分類・カテゴリー化して、政策対象に届く手段を考える。具体的には、ニーズをもつすべての人を対象にする場合と、ニーズをもつ人のなかで、特定の要件（属性等）を満たす人のみを対象とする場合があり、前者が普遍主義、後者が選別主義である。そして政府が対象者をどのように扱うのかを知らせるという意味で、政策のデザインは市民に対してメッセージ性をもつ（Ingram et al. 2014）。個別の政策デザインは、（a）対象のカテゴリー化、（b）対象に対応した供給主体の役割分担、（c）社会資源の編制（組織、機関の連携、専門性、財政の分配）、（d）給付の種類（現金給付、現物給付）、（e）提供の形態（公的施設、在宅など、あるいは訪問、クライアントが出向く)によって決定される。

そして、複数の分野にまたがる政策体系をとらえるさいには、これらの政策デザインがどのように組み合わされているのか、政策的補完性からみる必要がある。本章では、政策的補完性とは、特定の対象に関わる政策体系のなかで複数分野の政策デザインが相互に作用して特定の構造を形成することと定義する。青木昌彦(Aoki 2001/邦訳二〇〇三)は、異なる領域の間で、一方の制度の存在・機能が他方の制度をより強固なものにしている関係がみられる場合を「制度的補完性」をもつと呼んだ。そして異なる領域が相互依存性をもつのは制度だけではない。公共政策も制度と同様の効果をもち、政治集団など社会におけるアクターらのインセンティブや資源を変え、政治を形づくり、再構成する(Pierson 2006. pp. 114-120)。子どもを対象とする政策を発展させていくなかで、それぞれの政策分野で、政策デザインの普遍性と選別性がどのように組み合わされて補完性をもつに至ったのか、どのように変化を生じさせたのか。以下では、子どもに関わる政策体系を政策的補完性の観点から論じることで、個別の政策に視点を限定したときにはみえない姿を明らかにしたい。

二　日本における子どもをめぐる教育保障と生活保障の政策体系

教育政策と児童福祉政策の分業の位相

教育政策と児童福祉政策は、同じくおもに子どもを対象とする政策分野でありながら、その基本的理念や近代社会での位置づけ、政策における資源配置は大きく異なる。教育は主として、近代化に資する人材の育成と、近代国家における国民統合・動員の道具としての位置づけをもち、教育保障を通じた機会均等の実現にその存在理由がある。一方で、児童福祉は、国民国家成立における軍事力・労働力として高質な人口ストックへの政策的関心(母子保健領域)

であるとともに、捨子、棄児、浮浪児、貧児など貧困問題としての児童救済(保護)政策である。とくに後者は、親の子に対する不適切な関わりから生じる格差やリスクへの対応、困難を抱えるものへの支援に存在理由があった。

広井良典は、福祉と教育の歴史的進化を四つのステップに分ける。第一に、近代初期の救貧法による恩恵的な福祉と富裕階層向けの教育は、別個の政策体系であった。第二に、欧米諸国では工業化・産業化が生じ、それに伴って増大した都市労働者という、より広い層を対象とした「予防的」な社会保険システムが成立する一方、教育は国民国家の基盤として制度化された。第三ステップは福祉国家の発展期で、経済成長と所得平等化の同時達成という理念が中心におかれる。福祉領域では、ケインズ主義的福祉国家が前面的に展開され、教育領域では「経済成長のための教育」の理念が強化・浸透した。第四ステップとして経済の構造的低成長の時代に、「福祉と教育のクロスオーバー」が生じている(広井 二〇一八、一〇二―一〇三頁)。

戦後の日本型の教育保障と児童の生活保障――学校・家庭・地域の役割分担の確立

戦後日本においても福祉国家化が進むにつれて、教育行政と児童福祉行政は政策の対象である子どもをカテゴライズしながら供給体制を整備し、日本独特の役割分担が形成されていく。

教育行政は以下のように展開した。学校制度の民主化と整備、その後のベビーブームによる児童生徒数の急増など爆発的な教育需要の拡大にさいし、義務教育費国庫負担制度、義務教育標準法などを通じて国は義務教育の最低保障を確保し、義務教育の底上げや地域間・学校間の格差是正をめざした(小川 二〇一八)。さらに、学習(教科)指導のほかに集団の生活活動(学級活動、学校行事、部活動など)を通じた社会規範の育成が期待されたため、学級の集団活動が重視され、個別のニーズへの配慮は忌避されがちであった(小川 二〇一八、一一二頁)。教員の子どもの生活全般に関わる教育活動を担うという職務範囲の無限定性やＯＪＴによる多能職化、それゆえに他職種の存在は不要であり、学校は教員単一文化の組織となった。

教育の機会均等と学級の集団活動・教員の学級経営力ではカバーできない、障害や貧困など不利な条件を抱えた子どもの個別的教育保障のニーズは、特別な対応が必要な人的集団と位置づけられることで政策対応された。具体的には、特別支援学校や特別支援学級、就学援助制度などである。

より高水準の教育を受けたい層のニーズは、塾や受験産業といった私的なアクターが補完した。つまり日本型公教育は供給サイドからみると、ミニマム・マキシマム体制、すなわち教育行政が財政負担できる範囲を最大限として、多くの対象を画一的に取り込み、教育の遍在をめざし、管轄を最大化し、最低限の水準の教育内容を保障する仕組みであった(金井 二〇〇五)。

一方、戦災孤児の生活保障から開始された戦後の児童福祉政策は、まずは施設サービスを中心に整えられ、児童福祉六法が成立し、「要保護」の概念を孤児と貧困から家族としての機能が壊れた場合、もしくは逸脱した家族の子ども、といった形で拡張させてきた。そのため、児童福祉サービスと家族支援サービスが二者択一の関係で想定され、児童福祉の対象となると、児童は家族分離による施設入所、専門職による施設ケアの対象となった。

こうした特徴を反映して、児童福祉審議会、児童相談所、保健所、福祉事務所など地方自治体での実施体制も構築された。地域社会で民間の奉仕者として活動を行う児童委員や、実際に養育・保護・訓練および育成等を中心に対人サービスを提供する社会福祉法人による児童福祉施設など、民間主体も生活保障の責任を担った。

放課後の子どもの教育保障と生活保障については、児童の健全育成および青少年行政で担われていたが、児童館が大きな役割を果たすのは高度成長期後半からである。高度成長期以後、女性の就労が増え、保育需要が高まるなかで学童保育も整備された。児童館や学童保育は二つの特徴をもつ。第一に、児童福祉法の枠内での施策であるため、児童厚生員が遊びかたの指導や遊びの場面を通して子どもにソーシャルワーク的な関わりをもつ。しかし、社会的養護との連結がなされておらず、児童福祉政策においては、援助や支援や予防領域ともいえず、位置づけが不明確であった。第二に、その体制の脆弱さから、地域組織活動（子ども会や母親クラブなど）との関わりが深く、施策や政策資源が追いつかない部分は、児童委員や地域ボランティア、児童厚生員が連携し合って相互補完していたのである（西元 一九七五）。

まとめると、教育と児童福祉の役割分担については、次のことが指摘できる。まず、両者のめざす理念すなわち子どもへの教育保障と生活保障を、福祉国家の発展期に経済成長に資する形で中央集権的に進めていく点は共通していた。しかしその達成方策が大きく異なった。教育には、機会均等の原理が強く働き、一条校による画一的で普遍的なサービス提供の実現をめざし、供給体制もそれに応じて編成された。児童福祉については、家庭による子の監護を前提に、要保護の概念が戦後の社会情勢に応じて広がり、リスクの種類に応じて選別的・分立的に制度が拡充されていった。学校教育に一元化された教育分野とは逆に、子どもや家庭の抱える困難に応じて縦割りに制度が整備され、関わる個別ニーズに対応できる専門職も多様になり、児童福祉施設も教育施設に比べれば、相対的に公私が多様になった。言い換えれば学校教育のようには一律に供給体制の整備はできなかった。

つまり、一般的な子どもに対する普遍的な教育保障・生活保障は学校と家庭がそれぞれ責任をもち、その両者が対応できない特殊・個別・多様なニーズをもった子どもに対しては児童福祉行政（専門性が高く狭い支援）と地域社会が支援する（ボランティアによる広い支援）という仕組みが、子どもをめぐる日本型の政策体系であったといえよう。

日本型福祉社会の進展と教育・児童福祉の接近

学校、地域、家庭、行政のいわば巧妙な分担からなる日本型の子どもをめぐる政策体系は、高度経済成長の終焉によって変容を迫られる。都市化の進展と産業構造の高度化、女性の労働参加、平均寿命の向上、高齢化、核家族化の進展、離婚率の上昇、ひとり親の増加などにより、家族や地域のあり方は大きく変化した。その結果、地域や家庭に大きく依存していた日本の教育保障や生活保障の仕組みにほころびが生じる。

学校では、こうした問題を教員が対応し抱え込むことが難しくなり、第Ⅱ部の他章で議論されるように、一九八〇年代以降の教育行政は学校の役割や責任の軽減を図り、家庭と地域と学校の連携が提唱されるようになる。他方、自助努力の重視、民間活力・市場の重視、家庭による福祉の重視、地域における相互扶助の重視、企業福祉の重視といった「日本型福祉社会論」にもとづき、福祉政策の縮小と行政改革の推進がめざされた。児童福祉領域も、さまざまな施設への国庫負担金の削減や一本化、児童相談所の最低基準の廃止(一九八五年)、児童福祉業務の団体委任事務化(一九八七年)が行われた。

このように、子どもに関わる政策は家庭や地域を重視する方針が強化されつつあったが、そのもとではさまざまな課題が生じていた。第一に、非行・いじめ問題の多発や、児童福祉施設での死亡事件、家庭崩壊から生じた子殺しの発生である。ここでは、家庭の養育機能の低下とともに、児童相談所の専門性が問われた。第二に、少子高齢化である。一九八九年に出生率一・五七ショックが生じ、一九九四年にはエンゼルプランの策定等が始まり、少子化対策に舵を切ることになる。同年には母子保健法が改正され、一歳六カ月の健診の法定化、妊産婦・乳幼児を対象とした保健事業、三歳児健康診断の市町村への移譲など、乳幼児の保護者への子育て支援施策が進展した。

一九九〇年代後半になると、橋本行革等により政府全体で行政改革・構造改革が求められ、「市場原理の貫徹」「競争の促進」がさらに進められる。社会福祉領域の各分野で基礎構造改革、すなわち措置制度から契約制度への転換がめざされ、児童福祉分野では先行して導入された。さらに、財政の縮小とニーズの拡大へ同時対応を目的とした社会福祉の普遍化、在宅化・地域福祉化が指向され、児童福祉分野もそれに準じた。一連の保育改革における保育政策の拡充と合わせ、子どもの虐待対策や子育ての社会化のスローガンの下、普遍化が進められ、児童福祉の対象が広がった。在宅化・地域福祉化は、政策対象の選別を行わずに拡大する普遍化と合わせ進むが、子育て分野での保育施設の圧倒的不足により、地域子育て支援に関わる政策やファミリーサポートなどの施策や主任児童委員および保育士資格の法定化などで対応がなされた。一方で、困難な児童に対応する児童相談所や児童養護施設は、一九九七年ごろから虐待の認知件数が急増し、幾度となく児童相談所や児童養護施設の充実が訴えられるものの、人員や予算不足に悩まされるようになる。

教育分野においても教育予算の削減と定員抑制が行われた。あわせて、学級編制および教職員定数の標準の分権化・弾力化、非常勤講師の配置、家庭教育の支援、地域社会の力の活用、完全学校週五日制の実施、中高一貫教育制度の導入、公立小中学校の通学区域の弾力化など、現場の教員に大きな負荷のかかる数々の改革が行われた。教育行政が財政負担できる範囲を最大限として、多くの対象(課題)を画一的に取り込み、管轄(業務)を最大化し、最低限の水準の教育内容を保障する従来の仕組みは崩壊した。

このように一九八〇年代以降、対人サービスを提供する教育分野も福祉分野も同じ道を歩んだ。公的支出が削減され、規制緩和が進められ、教育保障や生活保障の責任が地域・家族・民間に移譲される。福祉分野では普遍化が進む一方で、保育等普遍化された生活保障を実際に担うのは民間や地域であり、虐待や児童養護など重点的な対応が必要な公的機関が責任をもつべき生活保障も維持が難しくなる。一方、従来から生活指導なども含めて包括的・普遍的に提供されてきた教育保障は、人件費抑制に呼応しながら自ら内容の多様化を受け入れ、やはり同様に維持が難しくなる。後に児童相談所も学校も、生活保障や教育保障ができていないと「職員や教員の質」が問われるようになる。

三　教育と児童福祉の交錯

組織再編の論理から

内閣機能強化と省庁再編は、既存の個別政策の分業構造をセクショナリズムとして問題視しており、子どもに関わる政策はその格好の素材であった。こうした文脈では、教育保障と生活保障と異なる論理で政策が編成されていることは政策共同体外部から問われないどころか、問題視されるようになる。

二〇〇一年の省庁再編を経て、文部科学省と厚生労働省が所管する子ども・若者に関わる施策は、組織上各省庁から一段上の内閣官房や内閣府が調整を行いつつ総合的に推進していくこととなった。たとえば、「少子化対策推進会議」や「少子化社会対策大綱」(二〇〇四年)のように、内閣官房長官・内閣府が主催する会議体の場で全体の方針が定められ、関係各省庁が協力して推進する体制ができた。政府全体の観点から個別の政策分野の論理を超えた決定がなされ、各政策分野で行政改革の圧力により進めていた地域化、家庭化、民間化は加速する。教育政策も児童福祉政策も多方面からの自立性を失うなかで、両分野の連携が開始される。

国の試みと並行して、自治体でも国の所掌に合わせ教育委員会と首長部局に分かれて所管されていた施策を教育委員会または首長部局のどちらかに一元化して、「子ども行政」「青少年行政」という枠組みで施策の提供が行われる動きも現れた。また、具体的なサービスも、NPOや社会福祉法人、地域住民などさまざまな民間より提供されるようになり、放課後の居場所づくりや学習支援など公的部門では所管が分かれる施策でも、地域では同一団体がサービスを提供する場合が増えた。

ワークフェア・成果主義の論理から

こうした組織再編の契機による教育政策と児童福祉政策の連携に加えて、新自由主義的改革により、日本でも他の先進国と同様に、ワークフェアのアイデアが導入され、両政策分野の論理が似通い、人的資本への社会的投資の正当化論理としての成果主義が求められるようになる。つまり「〈教育化〉する福祉」である(仁平 二〇一五)。これらの自立支援を促す施策は、社会的養護関連施設の目的変更(一九九七年)、母子及び寡婦福祉法、児童扶養手当法の制度改正(いずれも二〇〇二年)など、より手厚い支援が必要な領域を中心に進められた。こうした自立支援を促進する強い流れの集大成が、自立支援と就労支援といった自立に向けた支援を主にし、経済的給付はほとんど行わない、二〇一三年に導入された生活困窮者支援制度である。それとは対照的に、子ども・子育て関連三法(二〇一二年)など、より普遍的なサービス、すなわち保育や放課後児童対策などにおいては、民営化・地域化が進む。

教育分野では、小泉政権下で聖域なき構造改革が進められ、義務教育費国庫負担金制度の見直し(国負担が二分の一から三分の一へ)や就学援助の準要保護者への国庫補助の削減(市町村の一般財源化)など、著しく教育予算が削減された。二〇〇七年には、「全国学力・学習状況調査」が悉皆調査で実施された。対人サービスでは一般的に、評価指標が厳しくなると、クリアするのが容易な目標を設定するか、評価をクリアできない対象を排除する傾向をもつクリーミング現象が生じやすいことはよく知られている。学力テストではまさにこのメカニズムが働くため学力以前に生活保障が不十分な子どもや、低学力の子どもを学校から排除する危険を孕む[5]。

地域化の論理から

三つ目の契機は「地域」である。一九八〇年代以降、政策資源が減少し、格差が拡大するなかで、児童虐待の深刻化や家庭内暴力、不登校、いじめの凄惨さ、小一プロブレムなど、問題がさらに複雑化・多様化していく。当然ながら問題の解決は進まず体制整備が求められるが、行政には選別的にしか資源投入が許されず、成果主義によりその投入自体の正当化も求められるため、担えることは減り、現場の人員不足や業務過多、資源不足も限界に近づく。こうした政策課題の解決は、以前は家庭に押しつけていたが(本書第七章)、二〇〇〇年代以降、現実的には期待できなくなる。その結果、教育政策も児童福祉政策も「地域」に課題解決を期待するようになる。[6]

児童福祉分野では、たとえば、二〇〇四年一一月の児童福祉法改正では、児童相談所は要保護性の高い困難な事例への対応に関して市町村の後方支援を行うものと役割を限定し、市区町村単位の要保護児童対策協議会(以下、要対協)を法的に位置づけた。同協議会は、市区町村における児童家庭相談体制の強化を目的とし、虐待や非行など要保護児童の早期発見や支援、保護を図るため、[7]地域の関係機関(学校、児童相談所、市区町村、病院、保育所、幼稚園)や民間団体、弁護士、警察などが情報や考え方を共有する会議体のネットワークである。市区町村が協議会の事務を総轄するとともに、支援の実施状況等の把握、関係機関との連絡調整を行う「要保護児童対策調整機関」の選定などを行う。このように地域の関係者でネットワークをつくり、個別の事案のケース会議を行うという支援方法は、高齢者福祉分野での地域ケア会議の制定(二〇一四年)をはじめ、さまざまな多職種連携の場や他分野にも広がり乱立していく。その結果、市区町村では、地域ケース会議の類に対する業務が膨大となり、関わるメンバーが重複し、市区町村も地域も疲弊し始めるようになった。要対協も例外ではない。

教育分野でも同様に地域を巻き込んだ施策が展開された。公立学校教育は柔軟性・多様性・効率性が乏しく閉鎖性が強いと批判され、それへの対応策として、学校評議員制度や学校運営協議会制度など多様な主体による仕組みが構築されるようになる(本書第六章)。

二〇一〇年代以降の交錯

このように教育分野と児童福祉分野が同じような政策動向を示すなかで、二〇一〇年代以降になると次の二つの論理で、両者は交錯していく。

第一に、政策論理の交錯である。二〇〇八年頃から盛んになってきた、生活困窮者自立支援制度に象徴される自立支援施策の延長線上での「子どもの貧困」「貧困の世代間連鎖」という課題設定である。この問題設定は衝撃を与え、社会の関心が高まり、二〇一三年には「子どもの貧困対策の推進に関する法律」が成立し、翌年には、「子どもの貧困対策に関する大綱」が閣議決定される。

堅田（二〇一七）によれば、子どもの貧困に関する指標は、進学率や中退率、奨学金利用率やＳＳＷｅｒの配置率等、ほとんどが「教育」や「学校」に関わるものであるという。つまり、「子どもの貧困」とは、「貧困家庭の子供が十分に教育機関にアクセスできないこと」あるいは「子供の教育的不利」として問題化されているとし、子どもの貧困対策は、貧困状態それ自体への支援は軽視し、教育機会の保障を最も重視していると指摘する。

もともと、教育機会の平等の保障、能力主義、学力を身につける過程で主体的な自立性をもった人間形成を行うという発想が強い教育政策と、上記のような〈教育化〉した福祉の政策論理は親和性が高く、子どもを対象にしているために政策的にも取り組みやすい。そのため、このような政策論理の交錯は生じやすい。

第二に、学校という普遍主義的な施設を地域の政策資源として共有する論理である。これも福祉の側からの接近である。福祉政策が、学校・教員集団という教育政策において蓄積されてきた「含み資産」たる学校に着目したといえる。

その具体的あらわれの一つ目は、包括化である。地域共生社会・全世代型地域包括支援体制である。前述した通り、二〇〇〇年代に入り、福祉分野では、要対協をはじめ、地域の関係者が参画した協議会が予防・早期発見・早期対応をめざすアプローチが主流になりつつあった。さらに、社会保障制度改革国民会議において、「「地域」から発想する」と称して「地域共生社会の実現」を政策目標に盛り込み、「「我が事・丸ごと」地域共生社会実現本部」を設置した。そして、二〇一七年六月に社会福祉法が改正され、「教育も含めた地域における包括支援体制の構築に取り組む」とされた。現場では、協議会形式が進むことで、地域関係者と学校との組織の壁について、学校側のガードが堅いというような形で課題が表出する。

二つ目は窓口拠点の共有である。これは保健・福祉分野ではしばしばみられる、相談窓口を拠点にスクリーニングを行い、各専門分野につなぐアプローチである。具体的には学校プラットフォームの議論がこれにあたる。学校プラットフォームとは、前述の「子どもの貧困対策に関する大綱」に採用されたアイデアである。大綱では、子どもの貧困を改善するための教育支援として、学校教育による学力保障、二〇〇八年から導入されたＳＳＷｅｒの配置を推進し、学校を窓口として、貧困家庭の子どもを早期の段階で生活支援や福祉制度につなげられる体制を構築するという。このような体制構築等を通じて、ケースワーカー、医療機関、児童相談所、要対協などの福祉部門と教育委員会・学校との連携強化を図ることをめざしている。子どもの全数把握すなわち普遍的アプローチは、対象者にスティグマが付与されないからこそ、問題を発見・予防ができるメリットがある。ただし、厚生労働省の子ども家庭福祉分野の人員配置については、児童相談所をはじめ、要保護度の高い他の部署の加配で手一杯なのか、ＳＳＷｅｒの配置などについて議論がされた形跡はない。

以上のような福祉サイドの動きに対する教育分野での呼応が「チーム学校」論（二〇一五年の中教審答申「チームとしての学校の在り方と今後の改善方策について」）である。このアイデアは「教職員が心理や福祉等の専門家や関係機関、地域と連携し、チームとして課題解決に取り組むこと」をめざす。元はといえば教員の多忙化などを背景とした教員の負担軽減が目的であり、教員の質の確保という問責に対する善後策として提案された。

具体的には、現在は混同されている、教員でなければできない業務と、それ以外の業務を区別し（専門スタッフが担うべき業務、地域人材が担うべき業務など）、義務標準法で規定されている教職員の定数改善を狙うとともに、専門職を非常勤職員として拡充し、教員が授業、学級経営、生徒指導に一層専念し、チームとして学校の教育力を最大化する（傍点筆者）という考え方である（作業部会、二〇一四年一一月二一日第一回資料六、五―六頁）。この結果、二〇一七年四月より学校教育法施行規則が改正され、SSWerとスクールカウンセラー（以下、SSC）の職務内容が規定された(8)。SSWerは、「児童の福祉に関する支援に従事する」と規定された。ここに学校という政策資源を共有する発想はない。

つまり、二〇一〇年代以降の教育と児童福祉の交錯の論理の二つ目の、学校施設という政策資源の共有が意味するところは、政策資源の共食いと仕事の転嫁である。教育政策側では、あくまで現行の教員の負担軽減、質の向上、加配の改善が主眼にある。また福祉政策側も、限られた資源は緊急性・要保護性の高い施策に選別的に回し、総合相談の窓口は既存の組織体制の転用を行い、すべての子どもに対する普遍的な福祉は、教育政策のもつ資源で提供するべきだと考えている。つまり、教育と児童福祉の連携がいわれながら、実質的には、すべての子どもに対する教育保障も生活保障も揺らいでいるといえよう。

教育領域と福祉領域の連携の多様さ・複雑さとその課題

横井（二〇一七、八八頁）の分析などを参考に検討すると、困難を抱える家庭に対する教育と福祉の対応する制度は、細分化された課題に応じて多数ある。多種多様な支援は、自治体では教育委員会と福祉部門でそれぞれ所管されており、予算や法制度をはじめとする行政資源が区分されている。また、制度発展の経緯からもわかるように福祉分野は、保護者への支援が充実しており、課題別に支援策が編成されており、教育分野は学校に来れば何かの支援につながるようなワンストップ・サービスが可能なこと、それがゆえに子どもに対する支援が中心であることがわかる。これらをどのように効果的に連携させるのがよいのだろうか。

現状では、教育領域と福祉領域の連携には二通りの方法があると考えられる。第一に、ＳＳＷｅｒをはじめ、学校内部に社会福祉の専門職を取りこみ活用していく方法、第二に、地域における一アクターとして学校（教員）が地域のネットワークのなかで、多職種の協働を進めていく方法である。前者では、学校との関係でＳＳＷｅｒの位置づけや、派遣型か巡回型によるメリット・デメリット、予算による配置の差、適した人材の確保、日常的に接する教員や養護教諭との信頼関係の構築、学校の職場環境・雰囲気による連携の成否といった論点がある（横井 二〇一七）。後者では、他の政策分野での多機関連携と同様に、個人情報の管理のあり方、責任主体の所在、教育と福祉の専門性・志向性の違い（笹澤 二〇一七、一三七―一三八頁）からの組織間の縄張り意識の弊害や特定の機関による抱え込み、仕事の押しつけ合い、といった論点がある。また、学校は地域に根づいていないＮＰＯや民間団体との情報共有に非協力的なことなども指摘されている。(9)

米国における教育と児童福祉の連携

ここで諸外国の動向として、米国を検討する。米国の児童福祉政策は慈善活動に起源をもち民間救済を重んじる発想が強い。自由主義的福祉国家に分類され、市場の役割が大きく、直接的な社会支出よりも税額控除を多用する。機会の平等を保障し、リスク管理を個人責任に帰すという特徴をもつ。児童福祉や就学前教育も同様で（Karch 2014）、家庭や親の役割を重視するが、親が子どもの養育義務を果たしていないと判断される場合は、国家が責任をもって子どもを養育する仕組みを考える発想も強い。子育て支援・就学前教育は基本的に民間の主体・市場が提供する残余的アプローチがとられ、ケア労働への関わりは女性間の格差が大きい、公的部門は非常に分権的である。

米国においては、日本でいま模索されている教育と福祉の連携は次の通りである。ヘッドスタートの財源保障が連邦政府で行われているのみで、実際の実施主体は民間団体が多く、その調整も州レベルで行われており、州は団体の許認可に専念している。州によっては教育行政局内に早期教育とケア局を設置し、連携がとりやすい仕組みがとられている場合もある。さまざまな団体を集めた諮問会議で情報共有や方向性の共有が行われ、非営利団体も多種多様なプログラムに関わり、専門性を発揮し、学校との連携が常時行われている。また、施設通所だけではなく、家庭で行えるプログラムや定期的な家庭訪問など、さまざまな方法でのサービスの提供が可能で、利用がしやすい。

また、スクールソーシャルワーカー（SSWer）の歴史も古く、一九〇六年頃ニューヨーク市のセツルメント・ハウスの実践が最初とされる。SSWerはセツルメント・ハウスや女性教育協会など教育機関でない団体が雇用しており「訪問教員」と呼ばれ、教育委員会が雇用することになったのは一九一三年からである（青木 一九九七、一一頁）。先行研究によれば（青木 一九九七、二〇〇二、山野編著 二〇一五、四四―四七頁）、訪問教員には学校と家庭をつなぐ役割が求められ、各州に広がっていった。第二次世界大戦後、困難を極める子どもの診断・治療やソーシャル・ケースワークが求められ、近年は学校や地域へもアプローチする予防的実践が求められるようになった。全米SSW協会（SSWAA）が提供するSSWのサービスは、学校内に加え、学区へのサービスも多様で、例外的な子ども向け教育プログラムの開発と実施の支援、ドロップアウト、不登校、非行などのための代替プログラムの開発、児童虐待とネグレクトの特定と報告、学校法および学校政策に関する相談の提供、複数のリソースを必要とする学生と家族のケースマネジメントなど、日本であれば、児童相談所や要対協が行うような役割を担っている点で特徴的である。

米国では、福祉国家の発展期には児童福祉政策は、日本と同様に選別的・分立的・分散的に発展し、また、その一方で日本と異なり、教育政策は学区ごとに分権的・分立的・多元的に発展してきた。教育も児童福祉も専門職が多数関与・連携しながら教育保障も生活保障も提供し、権限の大きい学区との契約にもとづき、施設ではなく、家庭訪問や家庭でのサービスなどさまざまなアプローチを、数が多く活発な民間団体が提供する仕組みをとる。レーガン政権以降クリントン政権期にかけて、新自由主義改革・新保守主義の趨勢による財政削減圧力と、多様な子どもへの教育保障や生活保障を求めていく動きが生じた。とくに福祉改革ではワークファスト政策がとられ、公の関与がますます減少した。教育においても貧困の再生産、機会の平等、学力向上などが問題とされた。この動向は日米で類似するものの、米国の制度は元来分権的・分散的なため、連邦レベルでの予算の削減が日本ほどインパクトが大きくなく、同じく教育も福祉も地域の専門性のある民間団体を通じてさまざまなプログラムが提供され、地域での活動実態があるために、行政と地域で適切な役割分担が構築されている。

また、米国の公立小中学校における職員の教員比率は二〇〇〇年代以降一貫して五〇%前後の数値であり[10]、フルタイムのソーシャルワーカー、カウンセラー、臨床心理士の配置は厚い[11]。教員が何でも屋である日本と米国では、教員の組織での位置づけがまったく異なるのである。

したがって、低成長時代の福祉国家の共通課題として福祉と教育が交錯する段階になり、表面的には、日本が米国に追随する形で同じような改革を行っていたとしても、歴史的に供給体制の発展形態が異なる。元々、行政の関与が低水準であり、専門職主義、現場で専門性の高い民間団体を通じて教育と福祉の連携が比較的強固で政策資源の統合の必要が少ない米国と、政策資源の取り合いになり足並みがそろわない日本とでは、改革や政策の帰結はまったく異なるといえる。

おわりに

以上の議論を踏まえたうえで、日本型公教育は、また学校は今後どのような役割を果たすべきだろうか。長期的には格差社会が改善されないなかで、貧困・虐待・不登校・発達障害などさまざまな困難を抱えた子どもは増えていくだろう。その多くは、教育保障以前に、生活保障が十分になされていない場合が多い。戦後日本においては、家族への依存を前提に、普遍的な教育保障は学校で行い、選別的な児童福祉には至らない、しかし家庭では不十分な場合には生活指導や生徒指導といった生活保障もあわせて行ってきた[12]。つまり教科指導と同時にケアを機能的に担っており、それこそが日本型公教育による教育保障であり、歴史的に挫折した普遍的な生活保障を補完していた。補完すると同時にそれは教科指導の前提でもあり、相互依存的であった。現在はこの仕組みが限界に達している。

戦後長らく日本型公教育によって教育保障が行えていたのは、教育予算と定員が一定程度確保されるなかで、画一的な学級運営、給食、保健室の存在などによって、学校が一定程度、生活保障と居場所の提供ができており（城丸 一九七三、金井 二〇一五）、相対的に支援が必要な子どもたちの学力を底上げしてきたからだと考えられる。だが、新自由主義改革の進展をうけて、学校の業績評価と多忙化により多様な集団の抱え込みと最低限の生活保障・学力保障は難しくなる。加えて、〈教育化〉した福祉の生活保障によって、政策論理は教育保障と連動していくため、逆接的に、より生活保障が不十分なゆえに教育保障も機能しない支援が必要な子どもは排除されることになる。

しかし、教育保障は実際には投資的な側面をもち、即時にも、また長期的にも確実な生活保障にはつながらないため、教育保障と生活保障の必要性は区別しなければならない。しかも、生活保障が普遍的に保障され、はじめて教育保障ができるにもかかわらず、教育保障と生活保障の政策領域としての自律性が失われ、この両者の境が曖昧になり、結果的に行政は責任を果たせていない。限られた資源のなかで、教育と福祉でどのように効果的に連携をとりながら、それぞれ公的機関が責任をもって達成していくかが問われている。

そのような観点から、今後の日本型公教育にはいくつかの方向性があると考えられる。第一に、いままでの教育保障と生活保障の役割分担は維持し、課題がある子どもをスクリーニングしつつ、その範囲で学校というアーキテクチャ（場）は児童福祉政策と共用しつつ、教員は授業や学力に関わる職務（専門性）に限定していく方向性である。現行の教育と福祉の連携による家庭教育支援事業、ＳＳＷｅｒ・ＳＳＣの利用などはこの方向性である。

第二に、小川（二〇一八）らが主張するように、地域においてＳＳＷｅｒを中心に教育・福祉領域との連携機関・組織を設置して、その主導で、全戸訪問をし、地域共生社会・地域包括支援体制における多機関の調整を行っていく主体になることである。教育保障と生活保障の役割分担は維持し、教員は授業や学力に関わる職務（専門性）に限定していく点は第一の方向性と同じであるが、学校は地域の一アクターとなり、学校という政策資源の共有はしない。

第三に、貧困と子ども・学力研究委員会報告書等が提言するように、学校を教育保障と同時に生活保障の場として位置づけ、昼間に社会による子育てを担う「児童福祉施設」として、発展的に再編する方向である。現在の多忙化している学校・教師の教科指導の役割をドラスチックに削減し、ケアをする任務を割り振り、より困難な問題や事務作業については、より専門的なサポートができるスタッフを多く配置し、学校を物質的な困難だけでなく「関係性」の困難への対応も含めたサービスを供給する居場所にすることである（金井 二〇一七、八四頁）。

これら三つの方向性に共通する課題は、日本の学校などのメンバーシップ型組織とそれに合わせて編制された政策資源と、成果主義や専門分化の組合せの相性の悪さである。成果主義が強調され、組織の専門分化・機能分化が進まないと、何でもできるスーパーマンに頼ることになるが、属人的に対処することになり、個人がつぶれる（中澤 二〇一八）。しかし、組織の専門分化・機能分化のためには、メンバーシップ型組織よりもさらなる政策資源が必要である。第一、第二の方向性は、専門職に十分な位置づけを与えないまま過剰な役割を果たさせるか、現行の学校の職員構成や教育の役割をほとんど変えないため、本質的には学校組織の専門分化が進まず、教員の定員配置を大幅に改善できない現在の教育改革のトレンドでは、どちらも実質的には機能しないのではないか。第三の方向性は、子どもに関わる政策体系を現状とは変えなければ実現できず、一五歳以降の教育・生活の保障の問題もある。

一条校主義によって生じた普通教育・学校というアーキテクチャ・教員定数という政策遺産は、教育保障・生活保障の両方の観点から普遍性をもつため非常に貴重なものである。この政策遺産を維持し続けるためには、公教育のアイデンティティをどこに置くのか、理念の転換が求められている。戦後日本の子どもに関わる政策領域では、学校(普遍主義)と家庭、児童福祉行政(選別主義)と地域社会という資源配置を中心とした政策デザインから、相互依存的に政策構造が形成されてきた。こうした政策補完性を所与としつつ、子ども政策領域全体のパイが減少したため、教育と児童福祉の連携がうたわれながら、逆説的に教育保障も生活保障も揺らいでいる。今後の教育保障は教育の専門性のみによって行えると教育関係者が考えれば考えるほど、その実現は難しくなるのではないだろうか。

注

(1) 刑事政策においては、少年法を中心に、犯罪少年、触法少年、虞犯少年を扱う少年保護司法と矯正に関わる領域が存在し、その外縁に青少年健全育成政策が存在する。刑事政策と福祉や教育の関係も重要であるが、本書は公教育に焦点をあてているため、本章では刑事政策・青少年健全育成行政の検討は外し、教育との連携に限って必要な範囲で言及する。

(2) ワークフェアには二類型があり、どちらも、所得再分配によらず、個々人を労働市場につなぎとめて社会に統合する。北欧諸国で発展してきた人的資本の向上を通じた社会政策をアクティベーションといい、受給期間の制限と制裁などを伴い社会保障支出抑制のため就労自立を求めるのがアングロサクソン諸国で発展したワークファストである(仁平 二〇一五)。

(3) その後山下英三郎により一九八六年から所沢市を拠点にスクールソーシャルワークの実践が行われた(高石 二〇一八)。

(4) 高石(二〇一七、八三九頁)は生活綴方や養護教論の取組などの視点も教育の福祉的機能の検討には必要だと指摘する。

(5) 木村(二〇一七)は、テストの点数が低いと学校に迷惑をかけていると考える子どもの様子などさまざまな事例を示しながら、発達障害の急増は「結果的に学校から排除されている子どもの数といっても過言ではないだろう」(五九頁)と、学校現場が「見える学力向上」策に偏重していることの弊害を指摘する。

(6) 児童相談所では、政令基準数に対する児童福祉司や児童心理司の定数不足、一時保護所における児童の定員超過が生じるようになった。二〇〇〇年代半ば以降、児童相談所の機能強化が求められるなかで、三度の児童福祉法改正により、権限が強化されているが、虐待の増加スピードに体制が追いつかず、児童福祉司の育成やスーパーバイザーの確保に課題がある。

(7) 二〇〇九年の法改正では対象を、要支援児童およびその保護者、支援がとくに必要な妊婦(特定妊婦)まで拡大した。

(8) 二〇〇〇年代半ばより、文部科学省のＳＳＷｅｒやＳＳＣ活用事業で、養護教諭に加えた社会福祉専門職の配置導入が漸次進められてはいた(高石 二〇一八)。

(9) 教員がＳＳＷｅｒに期待する役割は、児童生徒の相談にのる教員への直接的な支援や、困難な保護者対応や家庭と学校の仲介役としての支援で、本来の職務である他機関との連携は求められていないという研究もある(高石 二〇一六)。

(10) Staff employed in public elementary and secondary school systems, by type of assignment: Selected years, 1949–50 through fall 2016, Digest of Education Statistics, 2018, Table 213. 10.

(11) 二〇一五年度の公立学校では、平均で児童二五〇人に一人が配置されている。Number of students, number of full-time-equivalent(FTE) counselors, psychologists, and social workers, and number of students per FTE counselor, psychologist, or social worker in public schools with those staff members, by selected school characteristics: 2015–16, National Teacher and Principal Survey (NTPS). https://nces.ed.gov/surveys/ntps/tables/ntps1516_027_s1n_04a.asp.(二〇二〇年三月一六日最終アクセス)

(12) 佐久間(二〇一七)では、教職を人をケアする労働として位置づけるケアリングプロフェッションの概念を検討しアメリカの教職の専門職像を考察している。

参考文献

青木紀 一九九七、「アメリカにおけるスクール・ソーシャル・ワーク」『教育福祉研究』第三号、八―二六頁。

青木紀 二〇〇二、「アメリカにおける教育と福祉の連携――フルサービス・コミュニティ・スクール」『北海道大学大学院教育学研究科紀要』第八五号、一五七―一六九頁。

伊藤良高編著 二〇一八、『教育と福祉の基本問題――人間と社会の明日を展望する』晃洋書房。

岡村重夫 一九六三、『社会福祉学(第二)(各論)』柴田書店。

小川利夫 一九八五、「児童福祉法における教育福祉問題」『教育福祉の基本問題』勁草書房。

小川利夫 一九九四、『社会福祉と社会教育――教育福祉論』亜紀書房。

小川正人 二〇一八、「教育と福祉の協働を阻む要因と改善に向けての基本的課題――教育行政の立場から」『社会福祉学』第五八巻第四号、一一一―一一四頁。
堅田香緒里 二〇一七、「第二章第二節 〈物語〉の政策効果――社会保障政策の側から」教育文化総合研究所『貧困と子ども・学力研究委員会報告書――学力向上論の欺瞞と居場所としての〈学校〉』。
金井利之 二〇〇五、「教育におけるミニマム」『年報自治体学』第一八号、一〇六―一四三頁。
金井利之 二〇一五、「《学校》が果たすセーフティネット機能と可能性」『DIO』連合総研レポート、第三〇五号、八―一一頁。
金井利之 二〇一七、「序章 貧困・子ども・学力」教育文化総合研究所『貧困と子ども・学力研究委員会報告書――学力向上論の欺瞞と居場所としての〈学校〉』。
木村泰子 二〇一七、「第二章第三節 〈物語〉の政策効果――教育現場の側から」教育文化総合研究所『貧困と子ども・学力研究委員会報告書――学力向上論の欺瞞と居場所としての〈学校〉』。
教育文化総合研究所 二〇一七、『貧困と子ども・学力研究委員会報告書――学力向上論の欺瞞と居場所としての〈学校〉』。
佐久間亜紀 二〇一七、『アメリカ教師教育史――教職の女性化と専門職化の相克』東京大学出版会。
笹澤恵 二〇一七、「研究ノート 教育福祉論の整理とその実践上の課題――教育と福祉の関係性と協働実践の研究レビューを手がかりに」『東京大学大学院教育学研究科教育行政学論叢』第三七巻、一三三―一四四頁。
城丸章夫 一九七三、「学校とはなにか」『教育』第二三巻第九号、六―一五頁。
末富芳編著 二〇一七、『子どもの貧困対策と教育支援――より良い政策・連携・協働のために』明石書店。
高石啓人 二〇一六「教師とスクールソーシャルワーカーの連携に関する研究――教師の視点から見た連携プロセスに着目して」『早稲田教育学研究』第七号、三五―四九頁。
高石啓人 二〇一七、「教育における福祉機能論に関する研究――スクールソーシャルワークの役割に焦点をあてて」『早稲田大学大学院文学研究科紀要』第六二輯、八五二―八三八頁。
高石啓人 二〇一八、「スクールソーシャルワーカー法制化をめぐる課題と展望」『早稲田大学大学院文学研究科紀要』第六三輯、九一―一〇八頁。
中澤渉 二〇一八、『日本の公教育――学力・コスト・民主主義』中公新書。
西元昭夫 一九七五、「第四章 児童館・学童保育 二、学童保育」一番ケ瀬康子・寺脇隆夫編著『児童福祉行政の焦点――その現状と自治体の課題』都政人協会。
仁平典広 二〇一五、「〈教育〉化する社会保障と社会的排除――ワークフェア・人的資本・統治性」『教育社会学研究』第九六集、一七五―一九六頁。
日本教育行政学会研究推進委員会編 二〇一三、『教育機会格差と教育行政――転換期の教育保障を展望する』福村出版。
広井良典 二〇一八、「教育と福祉の連携――ポスト成長時代の社会構想とケア」『社会福祉学』第五八巻第四号、一〇三―一〇五頁。
古川孝順・田澤あけみ編 二〇〇八、『現代の児童福祉』有斐閣ブックス。
山野則子編著 二〇一五、『エビデンスに基づく効果的なスクールソーシャルワーク――現場で使える教育行政との協働プログラム』明石書店。
山野則子 二〇一八、『学校プラットフォーム――教育・福祉、そして地域の協働で子どもの貧困に立ち向かう』有斐閣。
横井葉子 二〇一七、「スクールソーシャルワーカーを活かした組織的・計画的な支援――義務教育の学校からのアプローチ」末冨芳編著『子どもの貧困対策と教育支援――より良い政策・連携・協働のために』明石書店。
Aoki, Masahiko 2001, *Toward a Comparative Institutional Analysis*, MIT Press.(青木昌彦、瀧澤弘和・谷口和弘訳『比較制度分析に向けて』NTT出版、新装版二〇〇三年)
Ingram, Helen, Anne L. Schneider, and Peter deLeon 2014, "Democratic Policy Design: Social Construction of Target Populations", Paul Sabatier and Christopher Weible(eds.), *Theories of the Policy Process*, Third Edition, Westview Press, pp. 105–149.
Karch, Andrew 2014, *Early Start: Preschool Politics in the United States*, the University of Michigan Press.
Massachusetts, Department of Early Education and Care, Head Start/Early Head Start.(https://www.mass.gov/guides/head-start-early-head-start)(二〇二〇年三月一六日最終アクセス)
Pierson, Paul 2006, "Public Policies as Institutions", Ian Shapiro et al.(eds.), *Rethinking Political Institutions: The Art of the State*, New York University Press, pp. 114–131.
School Social Work Association of America.(https://www.sswaa.org/)(二〇二〇年三月一六日最終アクセス)

9　公教育制度の一翼としての社会教育

背戸博史

はじめに

一条校への就学義務制による国民の教育を受ける権利の保障が日本型公教育の大きな特徴である一方で、日本固有の概念ともいえる社会教育がその対極にあって一翼を担う点にも日本型公教育の一つの特徴がみてとれよう(1)。社会教育はその対象がおもに青少年や成人であるとはいえ、人々の自由意志にもとづく教育を受ける権利を公が保障する点において、就学義務制とは対極にある。公民館や図書館といった社会教育施設が提供する学習機会のみならず、体育やレクリエーション、音楽や演劇、ボランティア活動におよぶ多様な「組織的な教育活動」を奨励する点において、一条校主義とも対極にある。

そうした社会教育は現在、上記のような基本的性格を維持しつつも、第六章で検証してきたように、学校教育との密接な関係を深めることで公教育の主軸たる一条校に接近している。のみならず、第七章および第八章で検証した家庭教育支援の取組を通して家庭の教育機能の強化を図りつつ、子どもの放課後の環境整備を進めながら福祉の分野へも守備範囲を拡大させつつある。

本章はこうした社会教育を、日本型公教育の再検討という目的からとらえ直すものである。第一節では戦後に確立した社会教育の理念を、第二節では生涯学習概念の登場によるその変容を、第三節では二〇〇六年の教育基本法改正を画期とした社会教育の質的転換に着目する。これらの検討を通し、公教育制度の一翼としての社会教育が現在、誰に対し、いかなる役割を果たし、果たそうとしているのか、それによりこれからの公教育がどのように再構成されるのかについて、自由、保障、責任の観点から考察してゆきたい。

ところで、公教育の一翼としての社会教育を明確に定義づけることは、そう容易ではない。人々の成長の場としての社会や社会の人間形成力に対する認識自体は古く、明治期の『七一雑報』にまで遡ることができる(2)。ここに社会教育が生成するひとつの起点を見出すことはできようが、そこから生起する社会教育の概念はなお曖昧であり、少なくとも、「社会で行う教育」という教育の「場」としての社会、「社会が行う教育」という教育の「主体」としての社会、「社会に対して行う教育」という教育の「対象」としての社会といった多義性が、社会教育の明確な理解を困難なものにしている。

そうしたなか、社会教育が生成される過程に明晰な分析を加えた佐藤三三の業績は示唆的である。佐藤(二〇〇九)は社会教育がなぜ社会教育と命名されたのかを考究するなかで、「社会教育は、学校教育との関係で自覚された「社会」の教育的側面において命名されたものである」として、社会教育が生成の段階から学校教育との関係において定位されていたことを示している。さらにその際の「社会」は、具体的には「学びの場としての社会」、「教育(形成)主体としての社会」、「教育対象としての社会」、「教育領域論としての社会」の四つであるとし、「学びの場としての社会」への認識が最も早く、ついで「教育(形成)主体としての社会」、そしてその後に「教育対象としての社会」と「教育領域論としての社会」がほぼ時を同じくしながら登場したことを明らかにしている。つまり、学校教育との対比から社会がもつ成長の場としての意義や人間形成力への着目がなされ、その後、そうした場を整備し社会のもつ人間形成力をより高めることで人々の成長を保障しようとする取組、すなわち、明確な教育的意図をもった働きかけとしての社会教育が、学校教育、家庭教育と峻別されながら生成されたのである。

公教育の一翼としての戦後社会教育を考える場合、こうした社会教育生成の過程はきわめて重要である。周知の通り、戦後の社会教育は戦前のそのあり方への反省から「ノーサポート・ノーコントロール」を信条とし、民主主義を希求する自由な自己教育活動を新たな社会教育の象徴として発展してきた経緯がある。しかしながら実定法に示された社会教育は、一九四七年公布の教育基本法第七条において「社会において行われる教育は、国及び地方公共団体によって奨励されなければならない」と定められたそれであり、原初的とはいえ、明治期においてすでに生成されていた「学びの場としての社会」や自己教育・学習を含む「教育（形成）主体としての社会」、さらには「教育対象としての社会」に対し国および地方公共団体が奨励責任を果たすことで憲法第二六条が定める国民の教育を受ける権利を広く保障する営みであり、ここに、領域論としての社会教育が公教育の一翼として定位されるのである。

本章ではこうして理解される社会教育が戦後から今日までいかなる変容を遂げてきたのかについて、自由、保障、責任の観点から再検討するとともに、これまで各章で検証してきた日本型公教育制度のさまざまな「揺らぎ」に対しどのような展望を示すことができるのかについて考えてゆく。

一　戦後社会教育の理念と自己教育・学習活動

終戦直後の社会教育

「戦前・戦中の国家主義・軍国主義的な教育体制を反省しつつ、社会教育の戦後理念として、国民主権・民主主義・平和主義に基づく社会教育改革への道が志向された」と指摘されたように（小林 二〇一三、一頁）、戦後の社会教育は一九四七年公布の教育基本法第一条（教育の目的）を学校教育の対極にあってともに達成することで戦後の民主的社会を用意するものとして企図された。

その第一歩は終戦直後の一九四五年九月に文部省が発表した「新日本建設ノ教育方針」によって踏みだされた（帝国地方行政学会 一九七二a、五二—五三頁）。そこでは社会教育に関し「国民道義ノ昂揚ト国民教養ノ向上ハ新日本建設ノ根底ヲナスモノデアル」とする認識が示され、成人教育や勤労者教育、家庭教育、図書館、博物館のみならず、美術、音楽、映画、演劇、出版等の「国民文化ノ興隆」に関する取組や新たな青少年団体の組織に関する取組の意向が示された。「今後ノ教育ハ益々国体ノ護持ニ努ムルト共ニ軍国的思想及施策ヲ払拭シ平和国家ノ建設ヲ目途」とするなか、新たな青少年団体の構想には「新青少年団体ハ従来ノ如キ強権ニ依ル中央ノ統制ニ基ク団体タラシメズ原則トシテ郷土ヲ中心トスル青少年ノ自発能動、共励切磋ノ団体タラシムル」との認識を示す。かくして、終戦直後の社会教育はその目的として「国体ノ護持」と「平和国家ノ建設」を掲げ、「国民道義ノ昂揚」と「国民教養ノ向上」の取組を開始したのである。

文部省は「新日本建設ノ教育方針」に続けて一九四五年九月に地方長官宛文部次官通牒「青少年団体ノ設置並ニ育成ニ関スル件」、一一月に「婦人教養施設ノ育成強化ニ関スル件」、同じく一一月に文部省訓令として「社会教育ノ振興ニ関スル件」を示し、その間の一〇月には社会教育局を再び設置するなど、終戦直後における社会教育の体制と取組の輪郭を形成していった。「青少年団体ノ設置並ニ育成ニ関スル件」では男女青少年を組織化しないことは社会生活場への放置を意味するとし、男女青少年の「生活訓練機関」として青少年団体の設置を説いた[3]。「隣保共和」を基調とする「自主的教養訓練機関」と位置づけられた婦人団体も同様であり（上野・中間 二〇一九、二頁）、その性格は決して戦時中のそれではないことを強調しつつ、公による自主的訓練機関の組織化を展開したのである。

終戦直後の社会教育は「国体ノ護持」と「平和国家ノ建設」を目的に、「国民道義ノ昂揚」と「国民教養ノ向上」を両手に掲げ、いわば、「教育対象としての社会」に対し精力的な働きかけをしていたといえよう。先述した青少年団体や婦人団体の組織化要請が「国民道義ノ昂揚」だとすると、「国民教養ノ向上」の最初の取組は「総選挙ニ対処スベキ公民啓発運動」と「新憲法精神普及徹底運動」であった（ネルソン　一九九〇、九四頁）。戦後社会教育の初事業とされる「総選挙ニ対処スベキ公民啓発運動」は選挙権の拡大に際し「その新しい有権者層を主たる対象として政治教育を行なうもの」であり、「公民教育講師講習会を大規模に実施するとともに、総選挙に対する心がまえを教えることを眼目とした母親学級を当時の国民学校を中心として開設するよう奨励した」とされる（帝国地方行政学会　一九七二b、七八六頁）。「新憲法精神普及徹底運動」は一九四六年一一月公布の新憲法について国民の理解を促す目的から「新憲法公布記念公民館の設置を奨励したり、公民館に新憲法普及講座の開設奨励金を交付したりする一方、当時の大学・高等専門学校に新憲法の解説などを内容とする文化講座の開設を委嘱した」とされる取組である（同）。

以上のように、終戦間もなく開始された社会教育はいずれもが「教育対象としての社会」に対する直接的な働きかけとしてとらえられるものであり、手法においては「戦前社会教育の性格を継承」（碓井編　一九七一、一六頁）しつつ、「国体ノ護持」と「平和国家ノ建設」という二つの要請の間で手探りの施策を展開したのである。

戦後社会教育の理念

戦後社会教育において、今日にまで至る重要な理念の一つに「社会教育の自由」がある。先にみたように、終戦間もなく開始された社会教育事業は「平和国家ノ建設」を志向しながらも「国体ノ護持」を堅持する「教育対象としての社会」への公による働きかけという色彩が強かったが、そうした状況と並行して進行した戦後日本の民主化によって、社会教育の構想自体にも本格的な新路線が顕れ始めた。もちろんその背景には総司令部による「日本教育制度に対する管理政策」（一九四五年）や「第一次米国教育使節団報告書」（一九四六年）などの影響があり、「軍国主義的及び極端なる国家主義的イデオロギー」が禁止され（帝国地方行政学会　一九七二a、五三頁）、個人の価値と尊厳、教授と学習の自由、教育の機会均等が指摘されるとともに「人的資源の最高度の発達を期する如何なる社会にとっても、成人教育の広範な計画は欠くべからざるものである」とされ、成人教育計画の必要が求められた[4]。こうした背景を受け、一九四六年一一月には新憲法が公布され[5]、翌一九四七年三月にはその精神に則り「新しい教育の基本」を明示した教育基本法が公布された[6]。とりわけ教育基本法第二条(教育の方針)では「教育の目的は、あらゆる機会に、あらゆる場所において実現されなければならない」と規定され、学校教育以外の教育の重要性が確認された。第七条(社会教育)と相まって、本格的に戦後における新たな社会教育の振興が開始されたのである。

こうした転換の一つの象徴に、一九四八年の社会教育局長通達「地方における社会教育団体の組織について」がある。当時、総司令部におかれた民間情報教育局(CIE)の長官ネルソン(Nelson, J. M.)の示唆とされるこの都道府県知事宛通達は、前文において「社会教育諸団体のうちには、未だ旧来の官公庁依存の態度を捨てず、その活動の自主性において、遺憾の点がある」と指摘し、社会教育団体の旧態依然とした体質は「社会教育の真の振興を期する上に却つて逆効果あるのみならず、その社会教育諸団体の将来の発展を阻害する」ゆえに、「社会教育諸団体が自主的にその組織を整備するよう適当な措置を加えられ度い」として、先にみた青少年団体や婦人団体の組織化原理とはまったく異なるそれを指示した[7]。こうした新たな方向性は、その翌年に公布された社会教育法を通底する戦後社会教育の理念となる。

こうして戦後の社会教育は、以後、民主主義を希求する人々の自由な自己教育活動を保障するために「社会教育の自由」を謳い、社会教育活動への国家による抑圧や統制を危惧し始める。のちに社会教育局長となった寺中作雄によって「国民の自由をもたらすために、自由を阻む方面に拘束を加えて、自由なる部分の発展と奨励とを策する……かくて、社会教育の自由の獲得のために、社会教育法は生まれた」と指摘されたように(寺中 一九四九、一頁)、一九四九年の社会教育法は、当初、公による束縛や抑圧・統制からの自由をつぎのように保障している[8]。

まず、第三条において国および地方公共団体の任務を「すべての国民があらゆる機会、あらゆる場所を利用して、自ら実際生活に即する文化的教養を高め得るような環境を醸成するように努めなければならない」とし、公による環境醸成義務を規定する。また第一〇条では社会教育関係団体の定義を「法人であると否とを問わず、公の支配に属しない団体」とし、第一一条では文部大臣および教育委員会と社会教育関係団体との関係を「求めに応じ、これに対し、専門的技術的指導又は助言を与えることができる」として公による社会教育関係団体への関与を限定した。さらに国および地方公共団体と社会教育関係団体との関係については第一二条で「国及び地方公共団体は、社会教育関係団体に対し、いかなる方法によつても、不当に統制的支配を及ぼし、又はその事業に干渉を加えてはならない」と規定するとともに、第一三条において「国及び地方公共団体は、社会教育関係団体に対し、補助金を与えてはならない」として、社会教育における「ノーサポート・ノーコントロール」の原則を打ち立てた。その他にも第一五条および第一七条によって学校長や社会教育関係団体、学識経験者から成り社会教育に関する諸計画の立案権や教育委員会への会議出席権および発言権をもつ社会教育委員の会議の設置を定め社会教育の民主的統制を図るとともに、第二一条においては「公民館は、市町村が設置する」として社会教育の市町村主義を保障し、第二九条によって公民館運営審議会による民主的な公民館の運営を保障した。

「社会教育の自由」と自己教育・学習活動

社会教育法制定後も、社会教育が公によってどう保障されるのかは継続した争点であった。すなわち、公による束縛・抑圧・統制からの自由と、自由な教育活動への自由という、社会教育をめぐる社会権的自由と自由権的自由という二つの自由を求め、学習権の保障のあり方が問われ続けたのである。

たとえば一九五三年に公布された「青年学級振興法」は、自然発生的に発展した勤労青年たちの生活建設のための補習教育であった青年学級に対し「国庫の補助を確約すると同時に、その教育運営に勤労青年の自主性を保障することによって、一面に教育統制の危機から青年学級を護り、一面に勤労青年の必然的要請に応えて、青年指導の弱体化を救う」ことを目的に制定された(寺中監修 一九五三、四頁)。しかしながらこの法律の制定に際しては日本青年団協議会や革新政党、識者などから青年の自主性の保障に対する懸念や画一的な官僚統制が危惧され(畠山 一九五五)、対抗活動として学習の自由と自主性を基調とする「共同学習」が提唱されるなど(新海 二〇一三、四四頁)、「社会教育の自由」をめぐる緊張がもたらされた[9]。

一九五九年の社会教育法改正は、「社会教育の自由」に関する国民的関心と議論の広がりをもたらした。同改正は、市町村における社会教育主事の必置や公民館主事職の新設など、一定の条件整備を果たすものであったが、一方で大きな議論を呼んだのが第一三条「国及び地方公共団体は、社会教育関係団体に対し、補助金を与えてはならない」の削除である。社会教育関係団体に対する補助金支出は憲法第八九条に抵触しないのか、社会教育における自主性や民主的運営は堅持されるのか等、社会教育のさらなる振興への期待感の一方で「社会教育の自由」の危機をとらえメディアを巻き込み賛否が激しく分かれた[10]。奇しくも文相として教育基本法を制定した田中耕太郎は政治と社会教育の本質的な類似性に言及し、社会教育は「政治の機能自身のなかに存在する教育的方面の発露とも見られ得る」と指摘したが(田中 一九四六、三三一頁)、一九五九年の法改正に際し現れた「社会教育の自由」をめぐる緊張感は、あるいは社会教育に内在するこうした基本的性格に起因するものともいえよう。それゆえに、こうした緊張感の下に展開された「社会教育の自由」をめぐる議論は、それ自体が日本社会の政治的成熟をもたらし、その意味において社会教育の何よりの実践として、のち、生活課題に即した「生活記録運動」や「枚方《ひらかた》テーゼ」、「下伊那テーゼ」などをもたらし、民主的な社会の実現に向けた人々の自己教育・学習活動を用意したのである。

二　生涯学習の登場と社会教育の変容

戦後社会教育の全盛

一九六〇年代から七〇年代にかけては、いわゆる高度経済成長とともに新たな社会問題が表出した時期であった。工業化に伴う急激な環境汚染は各地で公害をもたらし、都市への人口集中と地方における過疎化といった社会環境の変化がそのまま人々の身近な生活課題として意識された時代である。そうした背景とともに、公民館を舞台とした社会教育は全盛時代を築き上げた。一九七五年の社会教育調査統計をみると、市町村立図書館の設置率が二一・六％であるのに対し、市町村立公民館の設置率は九〇・五％となっており[11]、戦後社会教育の中心的施設は公民館であったことがみてとれる。人々と公民館の結びつきを、代表的な活動からみてみよう。

一九六五年、下伊那主事会が発表した「公民館主事の性格と役割」は、のちに「下伊那テーゼ」と呼ばれる公民館運営の一つの先駆であるが、そこでは「民主的な社会教育を守るものとしての公民館」像が掲げられている。民主的な社会教育とはすなわち「国民の生活要求、文化要求、政治要求、その他さまざまな要求に根ざして行われる教育・学習活動が、それを阻むものをのりこえる実践を伴いつつ自由に発展していくこと」とされた（下伊那主事会 一九六五、三九六頁）。同年の公民館における学習テーマをみると、たとえば婦人学級では「戦争と婦人」、「憲法と新しい日本」、「婦人労働者の問題」、「基地問題」、「平和問題と婦人の諸運動」などが連なっている。また、青年学級における農事研究会では自らの農事経営をみつめ近代化の方向をさぐる視点として「経営分析」や「流通価格」、「機構の学習」がテーマ化され、兼業を余儀なくされる現実に際しそれを打開する糸口として「農政の学習」や「経済のしくみの学習」等の学習に取り組んでいる[12]。

生活課題に即した自己教育・学習活動を含む多様な学習活動の拠点として公民館が位置づけられるなか、その一つの完成型を示したのが国立《くにたち》公民館の実践とその理論化である。まず、有名な「公民館三階建論」が提唱された。一階は開放された社交と交流の場、二階はサークル活動やグループ活動などの拠点、三階は「私の大学」として継続的系統的に講座が提供されるという学習の広がりとそれを支える公民館のイメージである（徳永 一九九九、三二頁）。

「公民館三階建論」からは社会教育と公民館、そして人々の自己教育・学習活動の豊かな多様性が看取されるが、とりわけ注目されるのは三階部分の「私の大学」である。「現代教養講座」と名づけられたそれは「一つの団体やサークルにとらわれない大きな視野をもち、全体の見通しの中で自分の態度や行動をきめていくこと」の重要性を呼びかけ一九五七年から開始された（同、二七―三〇頁）。そのテーマと講師陣は刮目に値する。「現代における文学（亀井勝一郎）」、「映画の見方（瓜生忠夫）」、「原子力と世界の動き（渡辺誠毅）」、「憲法をめぐる政治（中村哲）」、「政治を見る目（丸山真男）」、「日本経済の問題点（美濃部亮吉）」、「現代におけるもののみかた・考え方（久野収）」、「平和運動の問題点と今後の課題（日高六郎）」、「歴史的なものの見方と現代の生き方（大江志乃夫）」、「人間にとって豊かさとは何か（神島二郎）」、「民衆思想史における伝統と革新（安丸良夫）」、「婦人と市民運動（松下圭一）」、「日本とは何か（藤田省三）」等、重厚なテーマに当世第一級の講師の組合せは枚挙に遑《いとま》がない。もちろん、地方の公民館において同水準の人選は望むべくもなかったであろうが、「現代教養講座」が開始された当初の大学進学率が九・〇％（男一五・二％、女二・五％）であったことを考えると、[13] 国立《くにたち》公民館に限らず各地の公民館が提供するこうした学習機会が多くの人々にとってまさに「私の大学」であったことがうかがえよう。

こうした取組は三多摩地域における公民館設置運動や増設運動へと広がり、一九七三年発表の『新しい公民館像をめざして』、いわゆる「三多摩テーゼ」として結実し、日本各地の公民館のあり方を示す影響力をもつに至った（東京都公民館資料作成委員会編 一九七三、四―一二頁）。社会教育における自由・保障・責任の議論の末、公民館を中心に構築された戦後社会教育の一つの到達点であったといえる。

社会の成熟と生涯学習の受容

公民館を中心に築かれた社会教育の全盛の一方で、一九七一年、社会教育のみならず、日本型公教育そのものにも大きな影響を与えた社会教育審議会答申「急激な社会構造の変化に対処する社会教育の在り方について」が示された。同答申は進展する社会の工業化や情報化、人口の都市集中や核家族化傾向の増大、国民の学歴水準の上昇といった社会環境の急激な変化をとらえ「今後、生涯教育の観点に立って、学校教育を含めた教育の全体計画を立案することが必要となってくる」と指摘した。日本における生涯教育／生涯学習への着目と受容である。

そしてこの答申は、その後の生涯教育／生涯学習と社会教育の基本的な関係を決定づける分水嶺でもあった。その特徴の第一は「急激な社会構造の変化」を生涯教育／生涯学習が必要とされる最大の要因としたこと、第二に、生涯教育／生涯学習の充実・発展を社会教育の課題として位置づけたことにある。

急激な社会構造の変化とは、確かに同答申が指摘するような「問題」や「課題」を含むものであった。しかしその一方で、いわゆる脱工業化社会や消費社会と呼ばれる社会の成熟が日本的な特質を纏って到来したともいえよう。山崎正和はそれまで日本社会を特徴づけていた企業や家庭といった目的志向集団の瓦解による人々の個別化状況を指摘し、そこに現れた社会全体の豊かな多様化状況を指摘している（山崎 一九八七、第一・二章）。同答申は、こうした人々の個別化や社会全体の多様化を前提とし、国民個々人に対する学習環境の醸成施策として生涯教育／生涯学習の重要性を説くものであった。そしてそうした発想は、生涯教育／生涯学習を既存の教育制度に対するラディカルな改革理念としてではなく、学習者一人ひとりのニーズへの多様かつ高度な保障施策として生涯教育／生涯学習を構想する理念的基礎を用意するものとなったのである。

第二の点は生涯教育／生涯学習の推進を社会教育の課題とした点であるが、これはある意味で必然でもあった。学校教育の対極にある社会教育は、対象においても、活動の領域においても、遥かに学校を凌ぐ多様性を備えるからである。しかしなお同答申は、従来の社会教育は「ややもすると狭いわくの中でとらえられる傾向」があると指摘し、今後は「ひとびとの日常生活の中でのあらゆる学習活動に対する教育的配慮として広く捉える必要がある」とした。この答申を契機に社会教育は「組織的な教育活動」のみならず、「ひとりで本をよんだり、テレビの教養番組をみたりする個人学習」をもその射程に入れ始める。

かくて「今後の社会教育は、国民の生活のあらゆる機会と場所において行われる各種の学習を教育的に高める活動を総称するものとして広くとらえるべきである」として答申が示すように、その後の社会教育は生涯教育／生涯学習の振興にその身を捧げてゆくこととなる(14)。

生涯学習の興隆と「社会」の忘失

社会教育施策の充実・強化を基軸として開始された生涯教育／生涯学習施策は、依然として改革理念という牙を抜かれたまま、やがて大きな存在感を示していく。一九八一年の中教審答申「生涯教育について」は「今日、変化の激しい社会にあって、人々は、自己の充実・啓発や生活の向上のため、適切かつ豊かな学習の機会を求めている。これらの学習は、各人が自発的意思に基づいて行うことを基本とするものであり、必要に応じ、自己に適した手段・方法は、これを自ら選んで、生涯を通じて行うものである。その意味では、これを生涯学習と呼ぶのがふさわしい」と指摘し、以後、生涯学習の呼称が定着する。その際、生涯学習と峻別された生涯教育は「この生涯学習のために、自ら学習する意欲と能力を養い、社会の様々な教育機能を相互の関連性を考慮しつつ総合的に整備・充実しようとするのが生涯教育の考え方である」と定義された。けだしこの考えこそが、先にみた社会教育審議会が展望する「今後の社会教育」ではなかったか。が、それは生涯教育という概念とともに生涯学習という語に飲み込まれていく。一九八四―八七年の臨教審答申は「個性重視の原則」と「生涯学習体系への移行」を謳った。ここに、成熟社会における人々の個別化状況と個性重視の原則が逢着し、人々の学習や成長は生涯学習の課題となる。翌一九八八年には文部省社会教育局が廃止され、筆頭局として生涯学習局が新設された。かくて社会教育審議会が示した「今後の社会教育」は、ほぼ完全に生涯学習へと置換されることとなった。

こうしたなか、日本における生涯学習のあり方を、その意味で、これ以後の社会教育のあり方を決定づける法律が生まれた。一九九〇年「生涯学習の振興のための施策の推進体制等の整備に関する法律」がそれである。同法は、生涯学習の定義が欠落したままその振興への寄与を目的に制定された法律であったが、そこには以後の社会教育に大きな変容をもたらす要因が少なくとも三つあった。第一に、この法律が生涯学習の振興に際し都道府県の事業および推進体制の整備を全面に押し出したことである。これは、市町村主義を採る社会教育にとって新たなサプライヤーの出現と学習内容の脱地域化を意味した。第二に、生涯学習の振興に際し職業能力の開発・向上や社会福祉等の関連事業・施策をその守備範囲に加えた点である。生涯学習施策は社会教育行政の守備範囲から漏れるこうした厚労・福祉系の領域をカバーする点で、社会教育以上に人々への訴求力をもつに至った。第三に、生涯学習の振興に際し民間事業者の活用をもたらした点である。先にみた臨教審によってすでに「民間教育機関」や「教育産業」、「知識産業」への着目と活用は明示されていたが、その本格導入は、自己教育や相互教育という従来の社会教育の中核となる活動を学習サービスの売買へと変容させることとなった(15)。

こうして、戦後社会の民主化を構築してきた人々の自己教育・学習や相互教育としての社会教育に代わり、趣味や教養を中心とした個々人の生きがいや新しいライフスタイルを彩る学習消費としての生涯学習が全盛を迎えたのである(16)。もちろん、そうした学習への人々の関心と、それを満たす学習環境の多彩な構築は、ある意味、当該社会の文化度の高さを示している。他国における生涯学習が概ね生産性の向上に資する投資的な学習に限られるなか[17]、日本は消費的な学習のみならず、偶発的な学習までをもその概念に編入していたことからもその寛容度が窺われよう。

しかしながら生涯学習の全盛と引き換えた社会教育の埋没は、それまで公教育の一翼として機能してきた「教育(形成)主体としての社会」をとらえる視点とそれへの教育的働きかけという観点を衰退させ、行政による環境醸成責任を単に人々に対する学習機会の直接的な提供へと変容させるものとなった。また、社会教育の要諦の一つであった人々の自己教育・学習や相互教育を、自己完結的で消費的な学習へと転換させた。一九八〇年代から一九九〇年代初頭にかけての生涯学習の興隆は、その一方で、人々の学習行為を供給者と消費者の売買関係に変容させたという意味で「学習の場としての社会」を、個人学習の奨励と相互教育的視点の軽視という意味で「教育(形成)主体としての社会」を、そして、学習者の自主性やニーズへの対応の強調という意味で「教育対象としての社会」を忘失したといえよう。

三　社会教育の再生と分散

生涯学習による「社会」の発見

一九九〇年代に入り、生涯学習政策に変化が顕れ始める。一九九二年の生涯学習審議会答申「今後の社会の動向に対応した生涯学習の振興方策について」は、それまでの個人学習と消費的学習活動の奨励を継承しつつも、学習を通して得られる「ふれあい」や「交流」を強調するようになる。「生涯学習を、学ぶ人自身の個人としての生きがいとするだけでなく、家庭や職場や地域において、人々が共に学び、協力し、励まし合って生涯学習に取り組んでいくことで、家庭や職場や地域が生き生きと活気にあふれ、充実し、発展していくことが期待される」とする指摘(生涯学習

審議会 一九九二、一九八―一九九頁)は、前節において言及した「社会」の忘失のうち、まずは「学習の場としての社会」および「教育(形成)主体としての社会」の発見と再生の試みといえよう。

同答申が推進の方向性としてリカレント教育や現代的課題への対応を強調し始めた点も大きな変化であった。現代的課題の具体としては「生命、健康、人権、豊かな人間性、家庭・家族、消費者問題、地域の連帯、まちづくり、交通問題、高齢化社会、男女共同参画社会、科学技術、情報の活用、知的所有権、国際理解、国際貢献・開発援助、人口・食料、環境、資源・エネルギー」が例示された(同、二一二頁)。さらに注目されるのは「現代的課題については、学習者が学習しようと思っても学習機会がなかったり、自己の学習課題に結びつかなかったり、学習課題として意識されないものも多い」ことを指摘したうえで、「これからの我が国においては、人々がこのような現代的課題の重要性を認識し、これに関心を持って適切に対応していくことにより、自己の確立を図るとともに、活力ある社会を築いていく必要がある」とした点である(同、二一一―二一二頁)。生涯学習政策における「教育対象としての社会」の発見といえよう。

そして一九九〇年代の終わり、生涯学習は最後の「社会」を発見する。すなわち、社会教育そのものの発見である。折からの地方分権改革・規制緩和の影響を色濃く反映させた一九九八年の生涯学習審議会答申「社会の変化に対応した今後の社会教育行政の在り方について」は、生涯学習に代替されていた社会教育に対し、改めての言及をした点でまずは注目される。そこでは必置であった公民館運営審議会の規制緩和や博物館等の財団運営など、社会教育関連法令の規制緩和や社会教育施設の弾力的運用を指摘しつつ、地方の実情にあった社会教育のあり方が示された。埋没していた社会教育の再発見と、それに伴う市町村主義の再確認といえる。とはいえ、ここで構想された市町村主義とは、首長部局や民間の諸活動(ボランティアやNPO等)、住民の参加や学校・家庭・地域との連携を含む新たな市町村主義の確立であり、ネットワーク型行政としてのそれであった。とまれ、本答申による社会教育の発見とその新たな構想は、新生社会教育の胎動であったといえよう。

日本型生涯学習政策の終焉と新生社会教育

二〇〇四年の中央教育審議会生涯学習分科会「今後の生涯学習の振興方策について(審議経過の報告)」は、いわば、日本型生涯学習政策の終焉を宣言するものであった[18]。同報告はこれまでの生涯学習施策の流れと成果を整理しつつ、生涯学習政策に内在する課題として社会教育との混同や社会教育施設等の取組が社会の要請に合致していないこと、関係機関の連携不足や学習成果の評価・活用の停滞等を指摘し、こうした課題は「これまで、生涯学習に係るその時点で緊急的と考えられる課題に焦点が当てられ、生涯学習振興の基本的な考え方が必ずしも明確に示されていなかったことに一因がある」とした。個別化した人々による消費的な学習活動とそうしたニーズへの無条件ともいえる学習供給への偏向に対する痛烈な警鐘であり、ある種の高揚ととらえられる日本型生涯学習政策への葬送であったといえよう。同報告はそうした反省から「今後の生涯学習振興方策の基本的方向」を示し、「基本的考え方」として「個人の需要」と「社会の要請」のバランス、「人間的価値」と「職業的知識・技術」の調和、そして「継承」と「創造」の三点を提唱した。とりわけ注目されるのは「個人の需要」と「社会の要請」のバランスである。

「個人の需要」と「社会の要請」のバランス

個人的な興味、関心、希望などを充たすべく、教育・学習の機会を活用する場合には、個人的要求が中心となりがちであり、ともすれば、社会にとって必要なことへの関心や対応が欠如しがちである。社会の存続を図るためには、社会に共通の課題に取り組む必要がある。しかし、それは、必ずしも個人の興味・関心に合致しないことが多いが、それへの取組を怠ると、社会的に様々な問題の発生につながるおそれが生ずる。したがって、生涯学習振興にあっては、個人の需要と社会の要請の両者のバランスを保つことが必要である。

先に指摘したように、一九九二年の生涯学習審議会答申においてすでに「現代的課題」が示され、個人のニーズとは異なる次元からの学習要請がなされていた。本報告によって、それが「社会の要請」として明言されたといえよう。かくして個々人のニーズに対する学習供給を本旨としてきた日本型生涯学習政策は終焉したのである[19]。

その二年後となる二〇〇六年、教育基本法が全面改正された。争点の多々あるなか、静かな改正をみたのが第一二条（社会教育）である。旧教育基本法はその第七条で社会教育を「家庭教育及び勤労の場所その他社会において行われる教育は、国及び地方公共団体によつて奨励されなければならない」として、社会において行われる教育の性質には言及をしていない。それに対し新法第一二条（社会教育）では「個人の要望や社会の要請にこたえ、社会において行われる教育は、国及び地方公共団体によって奨励されなければならない」とし、先にみた中央教育審議会生涯学習分科会が生涯学習の「基本的考え方」として示した「個人の需要と社会の要請のバランス」という施策目標をそのまま社会教育の新たな定義として持ち込み、社会教育として奨励すべき教育・学習の性質を規定したのである。

さらに旧法第七条第二項では「国及び地方公共団体は、図書館、博物館、公民館等の施設の設置、学校の施設の利用その他適当な方法によつて教育の目的の実現に努めなければならない」として、実現すべきを「教育の目的」、すなわち同法第一条で規定する「人格の完成」（つまりは学校教育と社会教育は目的を一にした異なる取組であった）としていたのに対し、新法第一二条第二項では「国及び地方公共団体は、図書館、博物館、公民館その他の社会教育施設の設置、学校の施設の利用、学習の機会及び情報の提供その他の適当な方法によって社会教育の振興に努めなければならない」とし、「個人の要望や社会の要請にこたえ、社会において行われる教育」としての社会教育の振興に対する努力を求めるに至ったのである。社会教育の自己目的化といえようか。いずれにせよ家庭教育の別立てによって「領域論としての社会教育」は明瞭になったかにみえるが、以後、新生社会教育はきわめて広範な領域のなかで個別課題の解決に奔走することになる。

外延としての新生社会教育

教育基本法改正以降の新生社会教育は、公教育の一翼としてみた場合、概ね第一三条(学校、家庭及び地域住民等の相互の連携協力)に示された「教育におけるそれぞれの役割と責任」の社会教育的自覚と責任の遂行過程として顕れる。すなわち、学校・家庭・地域住民等が教育におけるそれぞれの「役割」と「責任」を果たすための後方支援活動の全体として新生社会教育は現出するのである。

第一の取組は、何より、学校支援の取組である。教育基本法改正により二〇〇八年に策定された教育振興基本計画は、社会全体で「教育立国」の実現に取り組むことを謳いあげた。その具体的な取組の筆頭として開始されたのが教育基本法第一三条を推進する学校支援地域本部事業である。詳細は第六章に譲るが、二〇一六年まで継続された同事業は、対極にあった学校の機能強化に活動の場を見出した新生社会教育の一大事業であったといえよう。現在は地域学校協働本部(地域学校協働活動)へと進展し、コミュニティ・スクールと地域学校協働活動の一体的な推進がめざされている。[20] この取組が仮に一条校たる学校との真に協働的なものとなったとしても、そのパートナーは「地域」である。社会教育は、パートナーたる「地域」(という特定の集団)に対する後方支援の任にある。

第二に注目されるのは家庭教育支援の取組である。詳細は第七章に譲るが、家庭教育支援の核心は、家庭が教育における本来的な「役割」と「責任」を果たすための支援であり、新生社会教育は「家庭教育を行うことが困難な社会」という社会課題をとらえ(家庭教育支援の推進方策に関する検討委員会 二〇一七、二頁)、その解決に責任を負い、家庭の教育力の向上を任務としたのである。改正教育基本法第一〇条によって家庭教育が社会教育の領域から切り離されたことにより、社会教育の対象として家庭をとらえることが可能になったといえよう。この際も、社会教育の任はあくまでも家庭が十全にその「役割」と「責任」を果たすための後方支援である。

第三に注目されるのは放課後事業である。子どもをめぐる重大事件を背景に、青少年の問題行動や地域・家庭の教育力の低下が指摘され、緊急対策的に開始されたのが「地域子ども教室推進事業」（二〇〇四年）である。[21]同事業は文部科学省「子どもの居場所づくり新プラン」の中心事業であり、地域の大人の協力を得て学校等を活用し、緊急かつ計画的に子どもたちの活動拠点（居場所）を確保し、放課後や週末等におけるさまざまな体験活動や地域住民との交流活動等を支援するものであった。[22]こうした居場所づくりはその後二〇〇七年から開始された「放課後子どもプラン」に引き継がれた。同事業は文部科学省の「放課後子ども教室推進事業」と厚生労働省の「放課後児童健全育成事業」の一体的実施を目指した総合事業であり、第八章でみた福祉と社会教育の融解領域の取組といえよう。現在は「新・放課後子ども総合プラン」として実施され、先にみた「地域学校協働活動」の一環に位置づけられている。[23]

日本型生涯学習政策の興隆と終焉、その後に顕れた新生社会教育は、逆に従来までの生涯学習事業を包摂しながら、その活動領域を拡大させている。こうした新生社会教育は、ある種の万能感を帯び、その意味でかつての生涯学習と同じ高揚感を漂わせ、社会のあらゆる領域に点在する課題を解決する活動群として在る。[24]かつて学社連携や学社融合が提唱された時代は、あるいは社会教育は学校教育の対極にあるもう一つの翼だったかもしれない。しかしながらいまや学校の正式なパートナーは「地域」や「家庭」であり、新生社会教育は各々の事業ごとに必要とされる「地域」と「家庭」が、その「役割」と「責任」を十全に果たせるよう支援する活動の全体としてとらえられるのである。

おわりに

戦後社会教育は人々の自己教育・学習ないし相互教育の自由を内包として出発したが、生涯学習の興隆により学習供給と学習消費の責任が市場化されるプロセスを経て、学校や家庭、地域という教育主体の新たな役割と責任をそのつど保障する後方支援の取組へと変容し、いまに至っている。

一方で新生社会教育に課された期待はそうした取組に留まらない。二〇一八年の中教審答申「人口減少時代の新しい地域づくりに向けた社会教育の振興方策について」では、[25]「住民の主体的な参画による持続可能な社会づくり、地域づくり」に対する期待が示され、「地域コミュニティの維持・活性化への貢献」が求められた。加えて、年齢・性別・障害の有無・国籍・所得等にかかわらず、さらには、孤立しがちな人や、生きづらさを抱えた人も含め「全ての人が共に認め合い、温かい関係性の中で自らを高めながら暮らすことのできる共生社会を実現し、社会福祉を増進する」ことで「社会的包摂への寄与」が期待されている。地方創生の文脈からは「地域防災」や「ソーシャル・ビジネス」、社会教育施設を活用した「観光振興」や「国際交流」、「産業振興」等が社会教育の役割として求められている。またこうした役割を担うため、社会教育施設の複合化や所管の首長化、ネットワーク行政の実質化に向けた首長、NPO、学校、企業等との関係強化が求められている。ほぼ、社会ないし地域そのものに対する関与の要請といえよう。

今後、新生社会教育が公教育の一翼を担いながらこうした要請にどう応えていくのかはみえない。が、少なくとも大小二つの構え方があろう。小さな構えとは、社会ないし地域そのもののエッセンスを組織化し、地域学校協働本部へと集約することで学校との合流を果たし、後方から、そして近距離から、公教育の一翼としての機能を担い続けることである。大きな構えとは、社会ないし地域そのものを抱えながら、対極にある学校と向き合うことである。これには、一条校たる学校への求めも当然拡大する。すなわちそこにイメージされる学校は、本書で検証したような設置主体や教育保障の多様性を伴い、外国籍や困難を抱えた子どもであるか否かを問わず十全な保障責任を果たし得る学校像である。それはまた、社会教育を介して社会や地域そのものと共生する真に「地域とともにある学校」であり、「社会に開かれた教育課程」を実現する学校である。新たな日本型公教育は、こうして構想される。

その際最も重要なことは、社会教育が地域ないし社会そのものを「教育（形成）主体としての社会」として適切に抱えられるかどうかである。すなわち、所与の「社会の要請」に応えるのみならず、いくつもの異なる「社会の要請」を共存させ、さらには「要請しない社会」をも一つの要素とした社会を構築するための、新たな社会教育の自由とそれを保障する責任と力量の獲得である。「個人の要望」や「社会の要請」に応えるだけが社会教育ではなく、「多様な個々人の交わりや、異質な他者との出会いの場」（大桃 二〇〇一、三〇頁）たる社会そのものを形成することにこそ社会教育の責任があるのであり、そうあってこそ、国民教育の桎梏を乗り越え両翼で飛翔する新たな日本型公教育が構築されるのである。

注

（1）日本の社会教育の固有性に関しては宮坂（一九六六、一五頁）および橋口（一九六四、一一頁）を参照されたい。

（2）国生（一九八六、一一九頁）は『七一雑報』（一八八二）中の「子弟ノ教育トハ唯ニ学校ノ教育ノミヲ云フニ非ズ、我邦ニテ一般ニ学校ト教育トハ共ニ同一ニシテ相終始スベキモノト誤認シタルガ為、勉強ハ学校ニ在ル間ノミニ限リ、父兄タル者モ学校ニ入ルマデハ更ニ子弟ノ教育ヲ慮カラズ、学校ヲ出レバ亦タ之ヲ放任シテ省ミザルガ如キハ、是レ我邦学問オ振ハザル所ナリ」という記述に着目し、ここに社会教育の起点を見出している。なお、以下、本文中の仮名遣いは引用する原典のままとする。

（3）「青少年団体の設置並に育成に関する件」（一九四五年九月一七日次官会議報告）、国立国会図書館所蔵（請求番号：平一六内閣〇〇〇〇二一〇〇)。

(4) 国際特信社「第一次米国教育使節団報告書」一九四六年、五七頁、国立国会図書館所蔵(請求番号：FB14-158)。(https://dl.ndl.go.jp/info:ndljp/pid/1272931)(二〇二〇年三月四日閲覧)

(5) 日本国憲法『官報』(号外)一九四六年一一月三日、国立国会図書館所蔵。(https://dl.ndl.go.jp/info:ndljp/pid/2962456)(二〇二〇年三月四日閲覧)

(6) 教育基本法『官報』第六〇六一号、一九四七年三月三一日、国立国会図書館所蔵。(https://dl.ndl.go.jp/info:ndljp/pid/2962575)(二〇二〇年三月四日閲覧)

(7)「地方における社会教育団体の組織について」文部省『終戦教育事務処理提要』第四集、一九五〇年、二五七頁。

(8) 社会教育法『官報』第六七二〇号(号外)一九四九年六月一〇日、国立国会図書館所蔵。(https://dl.ndl.go.jp/info:ndljp/pid/2963262/9?tocOpened=1)(二〇二〇年三月四日閲覧)。以下、一九四九年公布の社会教育法に関しての記述はすべてこれによる。

(9) 法制化の過程に関しては寺中監修(一九五三)を参照されたい。

(10) この点は横山・小林編著(一九八一)、第三部を参照されたい。

(11) 文部省「社会教育調査」一九七五年。(https://www.e-stat.go.jp/stat-search/files?page=1&toukei=00400004&tstat=000001017254)(二〇二〇年三月四日閲覧)

(12) 長野県下伊那郡公民館活動史編纂委員会編(一九七四)、第二章参照。

(13)「文部科学統計要覧(平成三〇年版)」。(https://www.mext.go.jp/b_menu/toukei/002/002b/1403130.htm)(二〇二〇年三月四日閲覧)

(14) 同答申の生涯教育／生涯学習概念への影響に関しては大桃・背戸編著(二〇一〇)、第一章および背戸(二〇〇四)を参照されたい。

(15) 生涯学習振興法がもたらした影響に関しては姉崎(二〇一三)および国生(一九九一)を参照されたい。

(16) 学習消費の状況に関しては背戸(二〇〇四)を参照されたい。

(17) たとえば社会教育基礎理論研究会編(一九九一)。

（18）中央教育審議会生涯学習分科会「今後の生涯学習の振興方策について（審議経過の報告）」二〇〇四年。(https://www.mext.go.jp/b_menu/shingi/chukyo/chukyo2/toushin/04032901/013.pdf)（二〇二〇年三月四日閲覧）。以下の引用箇所もこれによる。

（19）この場合の終焉とは、決して生涯学習の意義がなくなったという意味ではなく、また、施策の停滞を指摘するものでもない。緩やかにではあるが、むしろ公教育の基本理念としての生涯学習は、政策的高揚の沈静を経て着実に進行しているように思われる。この点に関しては別稿を期したい。

（20）文部科学省ホームページ「学校と地域でつくる学びの未来」。(https://manabi-mirai.mext.go.jp/index.html)（二〇二〇年三月四日閲覧）

（21）地域子ども教室推進事業普及委員会「「地域子ども教室推進事業」実施状況調査報告書」二〇〇六年。(https://manabi-mirai.mext.go.jp/document/houkoku_all.pdf)（二〇二〇年三月四日閲覧）

（22）文部科学省「重要対象分野に関する評価書——少子化社会対策に関連する子育て支援サービス」。(https://www.mext.go.jp/a_menu/hyouka/kekka/08100102.htm)（二〇二〇年三月四日閲覧）。なお、同事業は二〇〇五年より「地域教育力再生プラン」の一つとして再編されている。

（23）「「新・放課後子ども総合プラン」について（通知）」。(https://www.mhlw.go.jp/content/11906000/honnbun.pdf)（二〇二〇年三月四日閲覧）

（24）ここで取り上げてきた諸活動は、現在、注(20)の「学校と地域でつくる学びの未来」という文部科学省のホームページ上で統合されているに過ぎない。いわば「学校と地域でつくる学びの未来」が新生社会教育の内包といえようか。

（25）中教審答申「人口減少時代の新しい地域づくりに向けた社会教育の振興方策について（答申）」二〇一八年。(https://www.mext.go.jp/b_menu/shingi/chukyo/chukyo0/toushin/1412080.htm)（二〇二〇年三月四日閲覧）。以下の引用もこれによる。

参考文献

姉崎陽一　二〇一三、「社会教育法制と生涯学習振興整備法」小林文人・伊藤長和・李正連編著『日本の社会教育・生涯学習

——新しい時代に向けて』大学教育出版。

井村圭壯・今井慶宗編著 二〇一五、『現代の保育と家庭支援論』学文社。

上野満帆・中間由紀子 二〇一九、「戦後占領期における婦人教育政策の方針と展開——島根県を事例に」地域農林経済学会編『農林業問題研究』第五五巻第四号。

碓井正久編 一九七一、『社会教育』東京大学出版会。

大桃敏行 二〇〇一、「参加型学校改革——親子間の距離の縮小と多様性の承認」日本教育制度学会『教育制度学研究』第八号。

大桃敏行・背戸博史編著 二〇一〇、『生涯学習——多様化する自治体施策』東洋館出版。

小川利夫 一九七三、『社会教育と国民の学習権——現代社会教育研究入門』勁草書房。

閣議決定 二〇〇八、「教育振興基本計画」。(https://www.mext.go.jp/a_menu/keikaku/detail/__icsFiles/afieldfile/2013/05/16/1335023_002.pdf)(二〇二〇年三月四日閲覧)

家庭教育支援の推進方策に関する検討委員会 二〇一七、「家庭教育支援の具体的な推進方策について」。(https://www.mext.go.jp/component/a_menu/education/detail/__icsFiles/afieldfile/2017/04/03/1383700_01.pdf)(二〇二〇年三月四日閲覧)

国生寿 一九八六、「「七一雑報」にみられる社会教育の概念とその萌芽形態」同志社大学人文科学研究所編『「七一雑報」の研究』同朋舎出版。

国生寿 一九九一、「生涯学習振興法と公的社会教育の責務」同志社大学『人文學』第一五〇号。

小林文人 二〇一三、「日本の社会教育・生涯学習——その特質と課題」小林文人・伊藤長和・李正連編著前掲書。

佐藤三三 二〇〇九、「社会教育は、なぜ「社会教育」と命名されたのか(その一)——明治一〇年代の社会教育論研究の検討を通して」『弘前大学教育学部紀要』第一〇一号。

下伊那主事会 一九六五、「公民館主事の性格と役割」(日本現代教育基本文献叢書『社会・生涯教育文献集』V、四九、日本図書センター、二〇〇一所収)。

社会教育基礎理論研究会編 一九九一、『諸外国の生涯学習』雄松堂出版。

社会教育審議会 一九七一、「急激な社会構造の変化に対処する社会教育の在り方について」(生涯学習・社会教育行政研究会編『平成二四年版 生涯学習・社会教育行政必携』第一法規、二〇一二所収)。

衆議院ホームページ、「生涯学習の振興のための施策の推進体制等の整備に関する法律」。(http://www.shugiin.go.jp/internet/itdb_housei.nsf/html/houritsu/11819900629071.htm)（二〇二〇年三月四日閲覧）
生涯学習審議会　一九九二、「今後の社会の動向に対応した生涯学習の振興方策について」（前掲『平成二四年版　生涯学習・社会教育行政必携』所収）。
生涯学習審議会　一九九八、「社会の変化に対応した今後の社会教育行政の在り方について（答申）」。(http://warp.ndl.go.jp/info:ndljp/pid/11293659/www.mext.go.jp/b_menu/shingi/old_chukyo/old_gakushu_index/toushin/1315178.htm)（二〇二〇年三月四日閲覧）
新海英行　二〇一三、「戦後社会教育の生成と展開――改革から反改革へ」小林文人・伊藤長和・李正連編著前掲書。
背戸博史　二〇〇四、「学校教育と生涯学習の接続を考える」日本教育制度学会編『教育制度学研究』第一一号。
背戸博史　二〇一〇、「日本における生涯学習概念の転換」大桃敏行・背戸博史編著前掲書。
田中耕太郎　一九四六、『教育と政治』好学社（前掲『社会・生涯教育文献集』Ⅱ、一七、二〇〇〇所収）。
中央教育審議会答申　一九八一、「生涯教育について（答申）」。(https://www.mext.go.jp/b_menu/shingi/chuuou/toushin/810601.htm)（二〇二〇年三月四日閲覧）
帝国地方行政学会　一九七二a、『学制百年史（資料編）』。
帝国地方行政学会　一九七二b、『学制百年史』。
寺中作雄　一九四九、『社会教育法解説』社会教育図書（『日本現代教育基本文献叢書　教育基本法制コンメンタール　七』日本図書センター、一九九八所収）。
寺中作雄監修　一九五三、『青年学級振興法詳解』同仁会出版（前掲『社会・生涯教育文献集』Ⅱ、一五、二〇〇〇所収）。
東京都公民館資料作成委員会編　一九七三、『新しい公民館像をめざして』（前掲『社会・生涯教育文献集』Ⅴ、五〇、二〇〇一所収）。
徳永功　一九九九、「私と公民館――地域民主主義の確立をめざして」『明治大学社会教育主事課程年報』第八巻、三三頁。
長澤成次　二〇〇六、『現代生涯学習と社会教育の自由――住民の学習権保障と生涯学習・社会教育法制の課題』学文社。
長野県下伊那郡公民館活動史編纂委員会編　一九七四、『下伊那公民館活動史――下伊那地方における公民館の歩み』（前掲『社

会・生涯教育文献集』V、四九、二〇〇一所収)。
日本社会教育学会編 一九八六、『生涯教育政策と社会教育』東洋館出版。
ネルソン、J・M、新海英行監訳 一九九〇、『占領期日本の社会教育改革』大空社(前掲『社会・生涯教育文献集』I、二、一九九九所収)。
橋口菊 一九六四、「社会教育の概念」小川利夫・倉内史郎編『社会教育講義』明治図書(前掲『社会・生涯教育文献集』I、五、一九九九所収)。
畠山豊吉 一九五五、「青年学級振興法の基本構造と実態」『岩手大学学芸学部研究年報』第八巻。
宮坂広作 一九六六、「明治期における社会教育概念の形成過程——社会教育イデオロギーの原形態」日本教育学会『教育学研究』第三三巻第四号。
山崎正和 一九八七、『柔らかい個人主義の誕生——消費社会の美学』中央公論社。
横山宏・小林文人編著 一九八一、『社会教育法成立過程資料集成』昭和出版。

あとがき

編者の二人は長年にわたって自治体やＮＰＯ、生涯学習施設などへの訪問調査を一緒に行ってきた。振り返ってみると、共通の関心は誰がどのようにして教育や学習の機会を保障するのかという点にあったように思う。二人の最初の共著論文は一九九八年の日本教育制度学会の紀要に掲載していただいたものであり、生涯学習の推進における住民意向の反映と行政の責任をテーマに、学習機会の供給主体の多様化や国家と社会の相互浸透などとの関係から検討を行った。

二一世紀に入ると、日本型公教育の中核を構成してきた一条校についても、同様の検討課題が鮮明化してくる。具体的には、本書で検討したように、民間の営利・非営利組織を含めた供給主体の多様化、多様な教育機会の確保の要請、教育責任における学校と家庭との関係の政策変化などである。また、一条校を核とした公教育の揺らぎや境界の変容なども指摘されるようになる。このようななかで、編者の一人である背戸が研究代表者を務める科研の共同研究のメンバーで、日本型公教育の揺らぎや教育における公私間関係の変容をテーマとする図書をつくりたいということになった。分析の対象を広げるために、これまで一緒に共同研究を行ってきた後藤武俊さんと髙橋哲さんにも加わってもらうことになった。

本書の作成に向けた検討会では「教育における公私関係の再構成」や「日本型公教育の揺らぎ」などが書名の候補にあがっていたが、岩波書店編集部の提案もあり、『日本型公教育の再検討――自由、保障、責任から考える』とした。本書の特徴として、次の三点をあげることができると考えている。一つは、序章でも述べたように、現在の公教育の変容やそこからの離脱を、公教育の崩壊としてよりも次の公教育の形態への模索としてとらえ、変容の動態や再編課題を考察しようとしたことである。二つ目は、日本型公教育の再検討において、対象を一条校に閉じることなく、広く一条校と家庭や地域との関係、教育と福祉との関係、学校教育と社会教育との関係も含めて検討を行ったことである。三つ目は、すべての章ではないが、アメリカとの比較の視点を取り入れ、日本の制度変容の特徴や改編課題をより明確にしようとしたことである。これからの公教育を考えていくうえで、本書が多少とも参考になれば幸いである。

本書は日本学術振興会の次の科研費研究の成果の一部である。基盤研究(B)「生涯学習行政の推進における公私に関する理論的実証的研究」(研究代表者:背戸博史、課題番号:17H02666、二〇一七~一九年度)と、基盤研究(B)「困難を抱えた若者に対する学習機会としてのオルタナティブ教育の国際比較研究」(研究代表者:後藤武俊、課題番号:18H00972、二〇一八~二〇年度)である。

岩波書店には本書の出版をお引き受けいただき、編集部の田中朋子さんには企画段階からたいへんお世話になった。私たちの検討会に参加していただき、貴重なご意見をいただいた。これまでの共同研究で、そして本書の出版においてお世話になった皆様に、深い感謝の意を表したい。

二〇二〇年四月　執筆者を代表して

大桃敏行
背戸博史

荒見玲子（あらみ・れいこ）

名古屋大学大学院法学研究科教授．行政学，政策学，地方自治．「地域包括ケアシステム――多層化・冗長化する多職種・多機関連携のマネジメント」(伊藤正次編『多機関連携の行政学――事例研究によるアプローチ』有斐閣)，“How Do Municipalities Impact Parents' Attitudes towards Childcare? Multilevel Analysis of Policy Feedback in Japanese Childcare Policy”(*Journal of Law and Politics* 269)．

後藤武俊（ごとう・たけとし）

東北大学大学院教育学研究科准教授．教育行政学．「学校外教育の公共性に関する考察――困難を抱える子ども・若者への包括的支援の観点から」(『日本教育行政学会年報』45)，「米国におけるオルタナティブ教育の公的ガバナンスに関する考察――困難を抱えた若者への学習機会保障の観点から」(『東北大学大学院教育学研究科研究年報』67(1))．

柴田聡史（しばた・さとし）

琉球大学地域連携推進機構准教授．教育制度論，学校経営論．「NCLB法以降の学校管理職養成・評価システムの変容」(北野秋男・吉良直・大桃敏行編『アメリカ教育改革の最前線――頂点への競争』学術出版会)，「戦後改革期における学校と地域の連携と校長の役割――教育指導者講習(IFEL)に着目して」(『琉球大学生涯学習教育研究センター研究紀要』7)．

下村一彦（しもむら・かずひこ）

東北文教大学人間科学部准教授．幼児教育，保育環境．『幼児教育の探求』(共著，東北文教大学出版会)，「山形県での里山保育の普及に向けた保育者養成の取組(1)(2)」(共著，『東北文教大学短期大学部紀要』4，6)．

髙橋　哲（たかはし・さとし）

埼玉大学教育学部准教授．教育法学．「教職員の「働き方改革」をめぐる法的争点――教員勤務時間管理法制の日米比較研究」(『日本教育法学会年報』49)，『現代米国の教員団体と教育労働法制改革――公立学校教員の労働基本権と専門職性をめぐる相克』(風間書房)．

広井多鶴子（ひろい・たづこ）

実践女子大学人間社会学部教授．教育学，家族史．『現代の親子問題――なぜ親と子が「問題」なのか』(共著，日本図書センター)，「教育と家族論の現在――核家族・近代家族・家族の個人化をめぐって」(『教育学研究』86(2))．

宮口誠矢（みやぐち・せいや）

東京大学大学院教育学研究科博士課程．インディアナ大学客員研究員．教育行政学．「米国ホームスクール政策に関する理論的課題――子ども・親・州の三者関係に着目して」(『日本教育政策学会年報』24)，「義務教育としてのホームスクールの制度原理――米国アイオワ州の規制制度と支援制度を事例として」(『日本教育行政学会年報』45)．

大桃敏行

学習院女子大学国際文化交流学部教授．教育行政学，教育制度論．『教育行政の専門化と参加・選択の自由――19世紀後半米国連邦段階における教育改革論議』（風間書房），『教育現場に革新をもたらす自治体発カリキュラム改革』（共編著，学事出版），『アメリカ教育改革のポリティクス――公正を求めた50年の闘い』（共訳，東京大学出版会）．

背戸博史

琉球大学地域連携推進機構教授．教育制度論，社会教育．『生涯学習――多様化する自治体施策』（共編著，東洋館出版社），「学校教育と生涯学習の接続を考える」（『教育制度学研究』11），「生涯学習施策に関する公共管理システムの転換がもたらす行政の新たなる責任」（『琉球大学生涯学習教育研究センター研究紀要』1）．

日本型公教育の再検討――自由，保障，責任から考える

2020年7月21日　第1刷発行
2021年5月14日　第2刷発行

編　者　大桃敏行《おおももとしゆき》　背戸博史《せとひろふみ》

発行者　岡本　厚

発行所　株式会社　岩波書店
〒101-8002 東京都千代田区一ツ橋2-5-5
電話案内 03-5210-4000
https://www.iwanami.co.jp/

印刷・理想社　カバー・半七印刷　製本・松岳社

ISBN 978-4-00-061412-2　Printed in Japan